# PREUVES

### DE

# LA RELIGION.

# PREUVES
# DE LA RELIGION
# DE
# JESUS-CHRIST,

*CONTRE*

## LES SPINOSISTES ET LES DEISTES.

*Par M. L. F.*

## TOME I. PARTIE I.

---

*DE LA RÉVÉLATION NATURELLE.*

---

*A PARIS, RUE S. JACQUES,*

Chez {
La Veuve Estienne & Fils, à la Vertu.
ET
Jean Herissant, à S. Paul & à S. Hilaire.
}

---

M. DCC. LI.
*Avec Approbation & Privilege du Roi.*

# PLAN
## DE L'OUVRAGE.

D ANS l'Ouvrage que l'on préfente au Public, on a principalement en vûe les jeunes-gens. On fe propofe de les prémunir contre les progrès étranges que l'incrédulité fait tous les jours.

On embraffe dans ce Plan la défenfe de toutes les vérités de la Religion; parcequ'il n'en eft aucune qui foit aujourd'hui épargnée par les Incrédules. Les uns rejettent la Divinité; les autres, en la reconnoiffant, ne veulent ni efprits, ni loix, ni une autre vie: s'il en eft qui ne fe déclarent pas ouvertement contre ces derniers articles, ils n'y tiennent que foiblement, comme à des opinions obfcures & incertaines. Tous fe réuniffent contre la Révélation : ils lui oppofent la Philofophie : ils fe donnent pour les feuls Sages, qui favent penfer : ils traitent les Chrétiens de crédules aveugles, qui font la duppe des Prêtres & des Moines, felon eux, encore plus ambitieux & intéreffés, qu'ignorans & fuperftitieux. Il falloit dépouiller les Incrédules des titres faftueux dont ils fe parent, détruire leurs fophifmes, renverfer leurs fyftêmes : il falloit venger les Chrétiens, en démontrant que de toutes les vérités connues des hommes, la mieux établie eft la vérité du Chriftianifme.

On commence par établir la fpiritualité de l'ame. Tant que l'homme ne fe connoît pas lui-même, il ne fauroit prendre qu'un petit intérêt à connoître qui l'a fait, & pourquoi il est fait. Lui ouvrir les yeux sur l'excellence de sa nature, c'est exciter sa curiosité sur la noblesse de son origine, sur la grandeur de sa destination, sur l'importance de ses devoirs. Se prêter à une curiosité si légitime, ce n'est pas la satisfaire, ou du moins la fixer : elle n'en devient que plus avide de nouvelles lumieres, & mieux disposée à recevoir la Révélation.

C'est flatter agréablement l'esprit d'un jeune-homme, par les avantages qu'on lui fait tirer de sa raison, que de l'aider à découvrir que son corps est la moindre partie de lui-même ; qu'il tient son être d'un principe infiniment parfait ; qu'il est une autre vie qui doit succéder à la vie présente ; qu'il n'existe pas pour vivre selon ses caprices ; qu'il est un ordre auquel il doit se conformer : mais

ce n'eſt point le contenter. Il eſt
naturel qu'il veuille approfondir ces vérités, en pénétrer les
conféquences, ſavoir quels biens
il peut eſpérer après cette vie,
quels maux il a à craindre, apprendre comment il doit honorer l'Auteur de ſon être, pour lui
plaire, tout ce qu'il ſe doit à lui-
même, tout ce qu'il doit à ſes
ſemblables. S'il trouve la raiſon
ſourde à de ſi juſtes vœux ; peut-
il dédaigner la Révélation qui
s'offre de les remplir ?

Après quelques obſervations
ſur le fondement de la certitude des faits, & ſur la force des
preuves hiſtoriques ; on lui met
entre les mains les livres de Moïſe. On prouve qu'ils ne ſont ni
ſuppoſés, ni altérés ; que Moïſe
eſt inſtruit, judicieux, ſincere ;
qu'il ne peut être ſoupçonné ni
d'avoir voulu, ni d'avoir pu en
impoſer aux Iſraëlites. On prou-

ve enfuite l'infpiration de Moïfe
par fes miracles, par fes prophéties, par les idées qu'il donne à
l'homme, de l'Auteur de fon être,
de fes devoirs, de la création, de la
caufe de fes miferes, & de leur reméde dans un Libérateur qu'il lui
annonce. On ne perd plus de vûe
une promeffe fi touchante. On
n'eft plus occupé qu'à s'affurer de
fon accompliffement.

On puife une idée des autres
Prophétes de la nation Juive
dans leurs écrits. On entend ces
hommes célébres chargés de pré-
dire le tems où le Libérateur an-
noncé par Moïfe doit fe montrer
à la terre ; la vie qu'il doit y me-
ner ; les changemens qu'il doit y
produire. On examine l'hiftoire
de Jefus-Chrift, l'intégrité des
livres qui la contiennent, la fincé-
rité des Hiftoriens qui l'ont écrite, l'impoffibilité où étoient ces
Ecrivains d'être trompés & de

tromper. La vérité de cette histoire mise dans une pleine évidence, on la compare avec les prophéties : il en réfulte clairement que Jefus-Chrift eft le Libérateur promis.

On s'applique à connoître la nature de ce Libérateur. On fe rend attentif à fes difcours. Jefus-Chrift fe donne pour le Fils de Dieu, & il appuye ce titre augufte fur un nombre infini de miracles revêtus de tous les caracteres néceffaires pour faire preuve ; fur des prophéties claires & circonftanciées, vérifiées par l'événement ; fur des promeffes exécutées, & dont l'exécution n'eft poffible qu'à l'Etre fuprême. Qui peut fe refufer à de telles preuves? Pour en fentir plus vivement le prix & la valeur, on difcute les prodiges du Paganifme, fes oracles, & les progrès du Mahométifme.

Dès qu'il est constant que Je-
sus-Christ est Dieu; il ne reste
plus qu'à l'écouter avec une sou-
miſſion entiere; à recevoir de ſa
main les livres qu'il a dictés à ſes
premiers Diſciples; à s'inſtruire
de ſa Doctrine. On en recueille
un précis ſur ſes Myſteres, ſur
ſa morale, ſur ſes ſecours, ſur ſes
promeſſes, ſur ſes menaces. On
y joint des réflexions qu'inſpi-
rent la profondeur & la ſainteté
de cette Doctrine.

Tel eſt le deſſein de ce nouveau
Traité de la Religion. On n'en
préſente que l'eſquiſſe; parceque
chaque Partie eſt précédée d'un
Plan, & terminée par une Con-
cluſion, où l'on reprend toutes
les preuves; outre une récapitu-
lation des trois premieres Parties,
placée à la tête de la quatriéme.

Il ne faut pas s'attendre à trouver ici beaucoup de neuf: la matiere a été maniée par trop de

# TABLE

## DES SOMMAIRES

### DE CE VOLUME,

## I. PARTIE.

### DE LA RÉVÉLATION NATURELLE.

## CHAPITRE PRÉLIMINAIRE.

## SECTION I.

### DE LA DIFFÉRENCE DE L'AME ET DU CORPS.

## CHAPITRE I.

## CHAPITRE II.

# TABLE.

## SECTION II.

### DE L'EXISTENCE DE DIEU.

### CHAPITRE I.

### CHAPITRE II.

# TABLE.

Tome I. Partie I. e

# TABLE.

## CHAPITRE VI.

# SECTION III.

## DE L'IMMORTALITÉ DE L'AME.

## CHAPITRE I.

## SECTION IV.

### PRINCIPES DES MOEURS.

## CHAPITRE I.

## CHAPITRE II.

# TABLE.

## SECTION V.

### CHAPITRE I.

PREUVES

# PREUVES
## DE LA RELIGION
### DE
# JESUS-CHRIST.

## I. PARTIE.
## DE LA RÉVÉLATION
### NATURELLE.

### CHAPITRE PRÉLIMINAIRE.

*On trace à un jeune homme l'idée des ennemis de la Religion. On l'invite à s'instruire. Plan de la premiere Partie.*

I.

**S**I je vous demandois, mon cher Eusebe, quelle idée vous avez de vous-même, de votre origine, de votre destination, de vos devoirs, de vos

Tome I.            A

forces, de vos befoins, de vos reffources; inftruit comme vous l'êtes de la Religion, je fuis, me répondriez-vous fans héfiter, un compofé d'efprit & de corps. Mon origine eft divine : c'eft le Créateur de l'univers qui m'a donné l'être. La grandeur de ma deftination répond à la nobleffe de mon origine. Dieu m'a fait pour lui-même. Il veut que je l'aime de toute l'étendue de mon cœur, & mon prochain comme moi-même. Ces devoirs ne me paroiffent pas auffi faciles, qu'ils me paroiffent juftes : il y a dans moi comme deux hommes : l'un approuve la loi de fon Dieu ; l'autre la hait, & ne fe porte que vers les biens fenfibles. Ces contradictions qui fe trouvent dans le fond de mon être, ne m'étonnent point : je tire ma naiffance d'un pere coupable. Adam créé dans l'innocence fut heureux, tant qu'il fut innocent ; devenu rebelle, il perdit la paix, & tranfmit à fes defcendans fon crime & fa mifere. Ma reffource eft dans Jefus-Chrift : c'eft lui qui combat en moi par fa grace contre les penchans funeftes qui m'entraînent vers le mal.

II. Ces idées, mon cher Eufebe, font grandes, fublimes, lumineufes, confolantes. Voulez-vous en fentir tout le prix ? repréfentez-vous un homme à qui vous propoferiez les queftions que je viens de vous faire, & qui vous répondroit : j'ignore ce que je fuis. Cette partie de moi qui penfe, qui réfléchit fur fes penfées, qui connoît tant de chofes, ne fe connoît pas elle-même. Je ne fais qui m'a mis au monde, ni ce que c'eft que le monde. Je me vois enfermé dans les efpaces immenfes de l'univers ; & je me trouve attaché à un coin de cette vafte étendue : mais pourquoi fuis-je plutôt placé en ce lieu qu'en un autre ? Pourquoi ce peu de tems qui m'eft donné à vivre, m'eft-il affigné à ce point plutôt qu'à un autre de toute l'éternité qui m'a précédé, & de toute celle qui me fuit ? De toutes parts fe préfentent à mon imagination des infinités qui m'engloutiffent comme un atôme. Tout ce que je connois, c'eft que je dois bientôt mourir. Mais ce que j'ignore le plus, ce font les fuites de cette mort que je ne puis éviter.

Où vais-je ? je fais feulement qu'en fortant de ce monde, je tombe pour jamais dans le néant, ou, felon d'autres, dans les mains d'un Dieu jufte. Laquelle de ces deux conditions fera mon partage éternel ? je suis tranquille là-dessus. Je borne mes soins à couler dans la joie, des jours qui passent avec la rapidité d'un éclair, sans m'embarrasser l'esprit de ce qui en peut arriver. Mes inclinations font ma loi souveraine. J'avoue que je fais tout ce qu'il faut pour me précipiter dans un malheur effroyable, au cas qu'il y en ait un. Je ne cherche point à éclaircir un tel doute. Je veux tenter un si grand *Peut-être*, & me laisser mollement conduire à la mort, dans l'incertitude d'un avenir éternel. Comparez, mon cher Eusebe, ces sentimens avec ceux que la Religion vous inspire. Quelle noblesse, quelle élevation dans les vôtres ! quelle bassesse, quelle perversité dans ceux de l'impie !

III. Mais, direz-vous, est-il des hommes qui soient capables d'un aveuglement assez monstrueux, pour douter s'il y a un Dieu qui les a faits; d'une indifférence assez stupide, pour attendre sans émotion la perte éternelle de leur être; ou d'un repos assez brutal, pour se réjouir dans l'espérance de leur anéantissement ? La Religion enseigne que l'homme naît corrompu, & l'expérience ne le montre que trop. Mais cette corruption; quelque triftes & quelque étranges qu'en foient les effets, ne va pas jufqu'à nous ôter entiérement la raifon, jufqu'à nous dépouiller de tout fentiment, jufqu'à nous arracher l'amour de nous-mêmes. Si elle obfcurcit, elle n'efface pas toutes les notions que l'Auteur de la nature a empreintes dans notre ame, & qui font comme les germes des premieres vérités falutaires. Je conviens, ajoûterez-vous, que pour faire développer & croître ces germes précieux, il faut réfléchir : ainfi je ne ferois pas étonné qu'il pût fe trouver un homme, tel que vous venez de le peindre, parmi les nations barbares & fauvages, où l'on voit des figures humaines, plutôt que des hommes raifonnables. Mais lorfqu'on a eu le bonheur de naître dans le fein de l'Eglife, peut-on ne pas réfléchir fur ces notions gravées au fond de nos cœurs ? On nous les retrace dès le berceau ; on nous y rend attentifs ; on nous en entretient ; on nous les remet fans ceffe devant les yeux.

Je voudrois, mon cher Eufebe, pour l'honneur de l'humanité, pouvoir vous répondre que le portrait que je vous ai

tracé, eft celui d'un monftre qui n'exifte point. Mais combien de bouches,
combien d'écrits s'éleveroient contre ma
réponfe ? Il n'eft pas douteux qu'il n'y
ait des Athées, c'eft-à-dire, des hommes
qui s'eñorcent de fe perfuader qu'il n'y a
point de Dieu. Tel eft le pouvoir des
paffions fur un cœur qui s'y abandonne.

On n'arrive pas tout d'un coup, mais
par dégrés, à cet excès de dépravation
& de fcélérateffe qui vous épouvante.

On fe livre aux plaifirs des fens, &
l'on veut en jouir fans contradiction. Or
la Religion défend ces plaifirs ; elle en
montre de plus purs & de plus folides ;
elle ne permet de chercher la paix & la
félicité, que dans le fouverain bien,
feul capable de remplir l'étendue de nos
vaftes defirs. La confcience, de concert
avec la Religion, reproche au fenfuel
fon défordre & fa dégradation. Eft-il
poffible de goûter quelque douceur au
milieu de tant de cris importuns ? On
craint d'abord des maîtres fi rigides & fi
incommodes ; bien-tôt on les hait, on
les fuit, on travaille à étouffer leur
voix ; on y réuffit malheureufement, ou
du moins on l'affoiblit de telle forte,
qu'elle ne fe fait prefque plus entendre.

Le cœur enchanté d'un faux bonheur, préfente à l'efprit les images riantes des objets qui le poffédent. Il le diftrait & l'amufe fans ceffe par de nouvelles images. Les idées de la Religion n'étant pas mifes en œuvre & releguées dans un coin de l'ame, perdent de leur force & de leur éclat; elles y contractent une efpece de rouille. Si elles ofent quelquefois fortir de leur retraite obfcure, on les y repouffe par mille frivoles difficultés qu'on leur oppofe. L'efprit n'eft appliqué qu'à en inventer de nouvelles, il en cherche dans le commerce des incrédules & dans de mauvais livres, qui flattent le cœur par les obfcénités qui y font répandues. Les ténèbres s'épaiffiffent; on parvient jufqu'à regarder les premiers principes des mœurs comme des préjugés de l'enfance, les reproches de la confcience comme des fuites d'une éducation qui n'eft que de convention & d'ufage, les paffions les plus honteufes comme un bien néceffaire à l'homme, & qui fait partie de fa nature.

L'idée de la divinité fubfifte encore. Se foutiendra-t-elle long-tems dans une ame fi corrompue ? L'idée d'un Dieu faint & jufte ne fe concilie pas aifé-

ment avec le mépris de la Religion &
de la conscience ; elle n'est point favorable aux passions ; elle inquiéte ; elle
trouble. On voudroit bien, sans y toucher, pouvoir ne se pas croire libre,
pour n'être pas responsable de ses actions ; ou du moins on voudroit se persuader qu'en mourant on périt tout
entier, pour n'avoir rien à craindre
après cette vie. Mais ces postes ne sont
pas tenables. Le sentiment intérieur
qu'on a de sa liberté, est trop vif pour
la révoquer en doute ; on parviendroit
plus facilement à douter si l'on est susceptible de douleur.

Quand on se persuaderoit que la mort
est la destruction totale de l'homme, on
ne se délivreroit pas de la terreur qu'inspire naturellement la vûe d'une justice
toute-puissante, ennemie du crime :
on craindroit à chaque instant d'en être
écrasé. Mais il est impossible de reconnoître un Dieu, & de se persuader sérieusement qu'il ne puisse pas réserver
l'homme à une autre vie, s'il le veut :
or il est impossible de s'assurer qu'il ne
le veut pas. On cherche donc un autre
retranchement.

On exténue le plus qu'on peut,

l'idée de l'homme : ce n'eft qu'un vil infecte qui rampe fur la terre ; ce n'eft qu'un petit amas de poufliere. Quelle apparence , dit - on , que la Divinité s'abaiffe jufqu'à être attentive aux mouvemens d'une fi foible créature ? un fi menu détail eft indigne de fa grandeur. Mais on n'eft point tranquille dans un fi frêle retranchement ; on ne s'y croit point en sûreté ; on fent malgré foi que plus l'homme eft un ouvrage fragile , plus les foins de la Providence lui font néceffaires ; que plus Dieu eft grand , plus il lui eft facile de régir le monde , fans fortir de fon repos inaltérable ; qu'enfin Dieu ne peut être infiniment grand, & infiniment jufte, fans voir tout, & fans juger de tout felon les regles immuables de fa fageffe & de fa fainteté.

L'impie ne pouvant reconnoître un Dieu , & trouver en même-tems un azile contre fa juftice redoutable , eft fâché qu'il y ait un Dieu ; il defire qu'il n'y en ait point ; il fait des fuppofitions ; il bâtit des fyftèmes , ou il en adopte de tout formés ; les plus extravagans font ceux à qui il donne la préférence. Que fubftitue-t-il à un Efprit infiniment parfait ? Il fubftitue un je ne fais

A v

quoi, qu'il appelle *hafard*, *nature*, *néceſſité* ; il ſe repaît de ces mots vuides de ſens, mais commodes & aſſortis au genre de vie qu'il eſt réſolu de ſuivre; il ſe félicite de ſes rares découvertes ; & du haut de ſon génie, il regarde le reſte des mortels comme une troupe d'ignorans, de ſuperſtitieux, d'eſclaves, dignes à peine de ſa compaſſion.

Il peut vous arriver de rencontrer des hommes de ce caractere. Il vous ſera aiſé de les reconnoître, non à une force de raiſonnement contre les dogmes qu'ils déteſtent; mais à des ris dédaigneux, à des grimaces inſultantes, à des plaiſanteries profanes : ce ſont-là leurs armes les plus redoutables. A ce badinage inſolent, vous les prendriez pour des hommes bien décidés, exemts de crainte & d'inquiétude : ce ſeroit vous tromper. Cette penſée: *mais s'il y a un Dieu*, s'éleve ſouvent dans l'ame de l'impie, & plus il a d'eſprit, plus il eſt expoſé aux retours fréquens de cette penſée effrayante. Car quelque abruti qu'on le ſuppoſe par les paſſions, il lui eſt impoſſible de ſe convaincre qu'il n'y a point de Dieu. Les paſſions peuvent bien lui faire ſouhaiter qu'il n'y en

eût point : elles peuvent même, si vous
le voulez, obscurcir à ses yeux les preuves de cette premiere vérité : mais comme elles ne peuvent lui en fournir qui
le contentent, contre cette vérité ; il est
impossible qu'elles lui fassent jamais
franchir les bornes du doute. Or le
doute sur un sujet si essentiel ne forme-
t-il pas la situation la plus désespérante
pour un homme qui réfléchit ? Mais
quelle réflexion attendre d'un homme
capable de douter de l'existence de
Dieu ?

IV. Il est des esprits d'une certaine
trempe, s'il est permis d'user de ce terme, qui peuvent tomber dans le même
goufre, sans y être entraînés par les
passions grossieres & honteuses. Vains
& inquiets, ils ne sauroient s'attacher
au vrai qu'ils connoissent ; ils craignent
de penser comme les autres hommes ; les
idées communes les aviliroient ; il leur
en faut de neuves & de singulieres ; ils
veulent être créateurs. Faux & bornés,
ils ne voient qu'à demi & de travers ;
trop foibles pour envisager une vérité
entiere, ils ne la regardent que par ses
côtés les moins clairs, & la séparent
toujours de ses preuves ; ils n'adorent que

A vij

leurs productions, quelque abfurdes qu'elles foient. Il eft encore des efprits incertains & flottans, hériffés de difficultés, occupés à détruire & à renverfer, en garde contre les preuves, fermés à toutes les démonftrations, Pyrrhoniens de caractere.

V. La Religion a d'autres ennemis connus fous le nom de *Déiftes*. Ceux-ci font profeffion d'admettre un premier Etre : mais la Révélation eft pour eux un fujet intariffable de plaifanteries. Leur principe commun eft de n'écouter que la raifon. Sur ce principe, chaque Déifte bâtit un fyftème. L'un détruit ce que l'autre édifie. Ici l'immortalité de l'ame eft une chimere ; là il faut être infenfé pour la révoquer en doute. Dans telle tête, la Providence dégraderoit l'Etre fuprême ; & cette tête eft vifiblement renverfée felon un autre Déifte. Celui-ci traite de vains fons la juftice & l'injuftice, & ne connoît point d'autre regle que la propre utilité : celui-là affujettit à certains devoirs les créatures raifonnables.

Vous ne devez pas être furpris de voir les Déiftes ainfi divifés entre eux. Quelle autorité pourroit les réunir ? chez eux, il n'appartient qu'à la raison de juger souverainement & en dernier reſſort de toute vérité : or chaque Déiſte a ſa raiſon, & par conſéquent plein pouvoir de décider ſelon ſon bon plaiſir & ſes intérêts.

Vous ne devez pas être plus ſurpris de leur oppoſition à la révélation ; ſi vous avez bien compris la ſource de l'athéiſme. La Révélation n'eſt point favorable aux paſſions : voilà le dénouement.

Il eſt aiſé de s'en convaincre par la lecture de leurs écrits; les argumens qu'ils emploient contre la Révélation, ſont ſi dénués de force, qu'au premier aſpect, tout homme qui penſe les juge incapables de faire la moindre impreſſion, ſi ce n'eſt ſur des imbéciles ou ſur des vicieux. Ce ſont des déclamations contre la politique des Légiſlateurs, & les artifices des Prêtres; contre les mœurs des Chrétiens & du Clergé; contre la profondeur impénétrable de nos myſteres ; ce ſont des faits deſtitués de toute vraiſemblance, des blaſphêmes, des railleries.

Un Numa, un Minos, un Lycurgue, un Mahomet, & tant d'autres, ſachant que l'idée de la Divinité eſt profondé-

ment gravée dans le cœur humain, &
qu'elle y fait naturellement une forte
impreſſion de reſpect & de ſoumiſſion,
s'appuient de l'autorité des Dieux, &
ſe couvrent de leur nom pour diſpoſer
les peuples à recevoir les loix qu'ils
veulent leur impoſer. Les Prêtres du
Paganiſme emploient la même fourbe-
rie & la même impoſture pour acquérir
du crédit & pour amaſſer des richeſſes.
Donc il n'y a point de véritable révélation.

Quelle conſéquence ! on concluroit
auſſi follement qu'il n'y a point de véritable hiſtoire, parce qu'il y en a de
fauſſes; ou que tous les hommes ſont
fourbes, parce qu'il y en a qui le ſont.
Longtems avant qu'il y eût des Rois,
& que les Colleges des Prêtres fuſſent
établis, l'on trouve des Révélations divines. S'il n'y en avoit point eu dans les
premiers ſiécles du monde ; ſi les peuples
n'avoient pas appris par le canal de la
tradition que Dieu avoit révélé à pluſieurs de leurs ancêtres, & à divers
Chefs de familles, de quelle maniere il
vouloit qu'on le ſervît ; jamais les Légiſlateurs, pour faire adopter leurs loix,
ne ſe feroient aviſés de feindre qu'ils les

avoient reçues de quelque divinité.

S'il n'y avoit jamais eu d'inspirations divines ; jamais les Prêtres n'euffent eu la penfée de contrefaire les infpirés : de même que fi toutes les maladies étoient incurables , & qu'il n'y eût jamais eu de vrais remedes ; jamais il n'y auroit eu de charlatans qui euffent eu la penfée de contrefaire les Médecins , & de débiter de faux remedes : comme il n'y en a jamais eu qui fe foient vanté d'empêcher de mourir, parce qu'il n'y a point d'exemples d'immortalité fur la terre.

L'erreur fuppofe toujours quelque vérité dans le même genre. Un impofteur ne réuffit à en impofer , que parce que les efprits prévenus de la vérité , fe trouvent comme panchés à prendre pour elle ce qui lui reffemble. Les fauffes religions fe font introduites dans le monde , parce qu'on a voulu innover fur le plan de la premiere. Les fauffes divinités ont trouvé créance dans les efprits , parce que l'idée, au moins confufe, de la véritable s'y trouvoit placée. Tant de frivoles prédictions, tant de chimériques prodiges ont été crus , parce qu'on en avoit ou vû , ou entendu raconter de véritables ; ou qu'on en avoit l'idée dans

celle d'une divinité toute-puiſſante. Le
faux ne trouve ſi aiſément accès dans
notre ame, que parce que le vrai dans
le même genre, ou de quelque choſe
qui y rapport, s'y trouve auparavant
plus ou moins enveloppé. En un mot,
le menſonge n'eſt que la privation & le
néant de la vérité, & la vérité précede
toujours le menſonge. L'un & l'autre
ont leurs caracteres qui les diſtinguent.

Qu'ont de commun la miſſion de Moïſe & de Jeſus-Chriſt, & l'entretien ſecret de Numa avec la Nimphe Egerie,
de Minos avec Jupiter dans ſa caverne,
de Lycurgue avec la Pythie de Delphes,
de Mahomet avec l'Ange Gabriel ? Il y
a plus de rapport entre la lumiere & les
ténébres, qu'il n'y en a entre des révélations deſtituées de toute preuve, &
des révélations confirmées par toutes les
preuves que la raiſon peut exiger.

Les déſordres qui regnent dans les
Chriſtianiſme, ne ſont qu'un vain prétexte pour attaquer la Religion. Les
Etats gouvernés par les plus ſages loix
renferment toujours dans leur ſein un
grand nombre de Sujets prévaricateurs
& rebelles ; & l'on riroit de la ſimplicité
d'un étranger, qui voiant dans un Etat

regner des défordres & des abus, concluroit qu'il n'y a point de loix. Que
penferoit un Déifte d'un raifonneur qui
jugeroit du premier Etre par la conduite
de ceux qui font profeffion de le reconnoître ? Il eft vrai que fi les Chrétiens
agiffoient raifonnablement, ils ne devroient s'écarter en rien des regles de
la Religion : car la raifon veut que dans
toutes fes actions l'on fe détermine fuivant les motifs les plus forts : or la
force des motifs confifte dans l'intérêt
qu'ils offrent à l'efprit ; & il n'eft point
affurément d'intérêt plus grand que celui
que la Religion propofe à l'amour que
l'homme a pour lui-même. Mais fi les
Déiftes font incrédules par réflexion, il
eft beaucoup de Chrétiens qui le font
en quelque forte par inattention, c'eft-
à-dire, qui n'ont prefque pas d'idée de
la Religion, qui s'en occupent très-
peu, qui n'y penfent feulement pas.
Quel effet peut produire la Religion
dans les ames de cette efpéce ? la lumiere du foleil guide-t-elle les aveugles,
& ceux qui ne veulent pas ouvrir les
yeux ?

Un fait indubitable, c'eft que la
Religion Chrétienne a formé dans tous

les tems un grand nombre d'hommes vraiment vertueux : au lieu que toutes les Sectes des incrédules n'en formeront jamais un seul. Et s'il est possible qu'un naturel extrêmement heureux rende un Déiste honnête homme & bon citoien ; il faudroit avoir perdu le sens pour se fier à lui, lorsqu'on découvre que son naturel machinalement porté à la vertu, est combattu par un intérêt un peu important.

L'incompréhensibilité de nos mystéres ne peut donner lieu à une objection sérieuse contre la Révélation. Les Déistes, ces hommes qui veulent passer pour des génies du premier ordre, n'ignorent pas que l'esprit humain est renfermé dans des limites si étroites, qu'il n'y a point de matiere accessible à notre raison & à nos sens, qui ne soit sujette à des difficultés, dont jusqu'ici il a été impossible de se débarrasser entiérement. Si c'étoit sérieusement qu'ils insistassent sur des difficultés qui n'empruntent leur force que de l'incompréhensibilité d'un sujet ; que voudroient-ils qu'on pensât de leur foi par rapport à un premier Etre ? car malgré toute l'étendue de pénétration qu'ils s'attribuent, il n'eſt pas vraiſemblable qu'ils s'en attribuent une aſſez vaſte pour comprendre la Divinité. Il leur ſuffit ſans doute, pour admettre un premier Etre, d'avoir des preuves qui les aſſurent de ſon exiſtence, quoiqu'ils ne comprennent pas ſa nature. Pourquoi ne ſuffiroit-il pas à un Chrétien, pour croire des myſteres incompréhenſibles, d'avoir des preuves que Dieu les a révélés? Pour croire en Dieu, faut-il avoir des lumieres auſſi étendues que celles de Dieu même?

Vous ſentez la foibleſſe de ces raiſons. C'eſt-là néanmoins que réſide la force du Déiſme. Ses autres moiens, je veux dire les contes, les blaſphêmes, les railleries, ne peuvent paroître tolérables qu'à des ignorans du plus bas ordre, dont le cœur eſt auſſi plein de vices, que l'eſprit eſt vuide d'idées. Que peuvent prouver des fables ſubſtituées au Pentateuque & à l'Evangile, ſi ce n'eſt la haine impuiſſante de ceux qui les débitent contre la vérité qui les condanne? Que peuvent prouver des blaſphêmes contre des myſteres dont tout homme raiſonnable doit ſouhaiter l'exiſtence, ſi ce n'eſt la fureur & l'emportement de ceux qui vomiſſent ces blaſphêmes, contre une Religion qui les menace d'une éternité malheureuſe ?

Les railleries ne prouvent jamais rien. On peut réuſſir par de bons mots, par de brillantes ſaillies, par de badines images, à ſe faire un nom de bel eſprit dans un certain monde qui n'aime pas la Religion ; parce qu'il la connoît peu, & qu'il ne la regarde pas comme la ſource de la félicité, mais plutôt comme une triſte ſervitude. On peut divertir le vulgaire, dont le cerveau eſt toujours ouvert à des images riantes, & toujours fermé au raiſonnement. On peut même dans la diſpute acquérir un air de conquérant, en réduiſant au ſilence un eſprit ſolide & éclairé, mais d'une imagination moins vive & moins féconde. Mais un railleur en matiere de Religion, ne paſſera jamais dans l'eſprit d'un homme judicieux, que pour un pitoiable raiſonneur qui cherche à ſuppléer au défaut des preuves par ſes plaiſanteries ; & dans l'eſprit des gens de bien, pour un impie qui cherche à s'étourdir dans ſes doutes.

Il eſt manifeſte que l'oppoſition des Déiſtes à la Religion révélée n'eſt fon-

dée que fur des motifs frivoles, & qu'il
en faut chercher la caufe dans leur cœur.
Pour l'y découvrir, il n'eft pas néceffaire
d'y creufer bien avant, ni même de
fuivre leur conduite. Il fuffit d'entendre
leur morale : car il eft certain que s'il
en eft parmi eux qui ne s'abandonnent
pas à leurs penchans d'une maniere ef-
frénée ; & autant qu'ils le peuvent fans
s'expofer à la févérité des loix ; ils s'é-
cartent en cela de leurs maximes : puifque felon ces fublimes efprits, l'amour
propre & les paffions font des préfens
de la Divinité néceffaires au bonheur
du genre humain. Mais ce qui les ca-
ractérife finguliérement, c'eft tout ce
qu'ils difent contre les perfonnes qui
embraffent le célibat pour n'être point
partagées entre Dieu & le monde. Ils
ne tariffent point fur ce fujet en foup-
çons injurieux, en accufations atroces,
en miférables plaifanteries. Quelle preuve plus évidente que la continence eft
une vertu inconnue aux Déiftes ?

Vous me demanderez comment des
hommes de cette efpece confervent l'i-
dée d'un premier Etre. La queftion eft
extrêmement délicate & embarraffante.
Ils y font apparemment forcés par l'évi-

dence. Mais ils ajoûtent à cette idée; ils en retranchent tout ce qui leur plaît pour l'ajuster à leur morale & à leur conduite.

VI. Tels font les hommes qui s'annoncent dans le monde fous le titre d'*Esprits-forts*. On ne peut guéres abuser plus groffiérement des termes. Car un Efprit-fort doit être un Philofophe qui prend pour guide les lumieres les plus pures de la raifon, qui pefe tout, qui examine tout dans le filence des paffions, & qui ne fe rend qu'à l'évidence: or, felon cette idée, il n'eft point d'hommes qui méritent moins le titre d'Efprits-forts, que les incrédules. Car en leur accordant que les preuves de la Religion embraffée par tant de grands génies, qui n'ont rien négligé pour former & pour étendre leur raifonnement, ne leur paroiffent pas d'une folidité convaincante; il eft bien certain qu'ils n'ont pas de preuves démonftratives de fa fauffeté. Par conféquent ils ne peuvent être que dans le doute fur ce fujet important: or dans le doute, fi la Religion eft véritable & divine, peuvent-ils raifonnablement s'élever contre avec tant de hauteur, en parler avec tant d'infolence, en plaifanter d'une maniere

fi profane, en violer toutes les regles &
tous les devoirs ? Peut-être trouvent-
ils dans une conduite fi infenfée la
fatisfaction de fortir d'un doute fi in-
quiétant. Mais quoi de plus pitoiable
que de fonder la conviction fur la conduite, au lieu de régler la conduite fur
la conviction ? quelle Logique pour des
gens qui fe vantent de fuivre pas à pas
l'évidence ?

Cependant les incrédules font aujour-
d'hui en poffeffion du titre d'*Efprit-fort* :
& il faut avouer que dans un certain
fens, ils en font bien dignes ; car quelle
doit être leur force, pour fe raffurer
contre tout ce qui devroit les allarmer,
& pour fe roidir contre l'évidence & leur
confcience qu'ils ne peuvent entiérement étouffer ? Accordons-le leur donc,
autant pour nous conformer au langage
qui eft devenu commun, que pour les
caractérifer, & les diftinguer des efprits
qui écoutent la raifon. Mais que penfez-vous de ces jeunes gens qui afpirent
à un fi beau titre, & qui pour en être
illuftrés, prononcent d'un ton fier, que
Dieu ne veille pas fur leurs actions ;
qu'ils font maîtres de leur conduite ;
que leur ame n'eft qu'un peu de vent

& de fumée. Il femble qu'ils craignent de paffer pour lâches, s'ils paroiffoient attachés à une Religion qui apprend à craindre Dieu : comme fi la bravoure confiftoit à être brave contre Dieu même.

VII. Le malheur de ces jeunes gens vous touche & vous afflige ; il me pénétre auffi de la plus vive douleur. C'eft fouvent l'effet des mauvais difcours qu'on a lûs ou entendus, dont on ne fent point la conféquence. Le même fentiment qui fait qu'on veut paroître grand garçon, & qu'on fe pique d'être plus fort de corps qu'on ne l'eft réellement, fait qu'on adopte & qu'on répéte des difcours hardis prononcés d'un air débarraffé. Mais la véritable caufe de ces difcours impies dans la bouche des jeunes gens, c'eft une ignorance de la Religion, qui fuffit feule pour faire donner dans ce travers, avant que la violence des paffions, & les crimes où elles précipitent, l'aient rendu néceffaire. On ne tient que foiblement à la Religion, quand on ne la connoît pas. Une vaine crainte, une raillerie, un rien détermine à blafphêmer ce que l'on ignore.

Le

Le goût que vous avez pour la vérité, & la piété qui vous est comme naturelle, semblent vous éloigner pour toujours d'un précipice si affreux. Défiez-vous de si heureuses dispositions, si vous négligez de vous instruire. Le goût du vrai diminue & se perd insensiblement, lorsqu'on n'a pas soin de le nourrir & de le fortifier. La piété sans lumiere dégénere peu à peu, & devient susceptible des plus étranges métamorphoses. Un moyen sûr d'être immuable dans l'amour de la Religion, est de la connoître. Il faut l'étudier. Il faut en approfondir les preuves. Ne craignez pas que cette étude soit au-dessus de vos forces. Les preuves de la Religion se présentent d'elles-mêmes. Notre esprit est fait pour elles. Il les saisit comme malgré lui. Notre cœur s'en laisse frapper. La vérité le touche & le console.

Voulez-vous attendre que votre foi ait couru tous les dangers, pour l'armer contre les doutes, les mépris, les railleries, les mauvaises difficultés des incrédules si nombreux aujourd'hui ? Ce seroit être bien téméraire & bien présomptueux. Ce seroit estimer bien peu un don d'un si grand prix, que de l'exposer

fans défenfe. La force de l'impiété n'eft
que foibleffe, n'eft que folie; je le fais :
mais pour qui ? pour ceux qui connoiffent la Religion ; qui en connoiffent le
vrai, le beau, le folide, le grand. Jefus-Chrift vous rendra impénétrable à
tous les traits de l'impie. Je le veux
croire. Mais n'êtes-vous pas honteux
d'avance de n'avoir que des oreilles pour
entendre blafphêmer fon nom ? Je rou-
gis en vous voyant muet au milieu des
infultes & des outrages faits à votre
Dieu.

Travaillons à nous mettre en état de
repouffer ces outrages, & de les faire
retomber fur ces hommes qu'on décore
du titre d'*Efprits-forts*. Etudions enfemble notre Religion. Dans un âge plus
mûr, vous approfondirez tout feul, ce
que nous ne ferons qu'ébaucher ; mais
j'efpere que l'ébauche fuffira pleinement
pour vous convaincre qu'on ne peut rejetter la Religion de Jefus-Chrift, fans
renoncer à la raifon : parceque la Religion de Jefus-Chrift eft liée infépara-
blement avec la révélation naturelle, je
veux dire, avec ces premieres idées que
nous recevons en naiffant de l'Auteur
de la nature, ces premieres vérités qui

font en quelque forte partie de nous-
mêmes, qui fe préfentent à tout efprit
attentif, aufquelles tout nous rapelle,
qui ont été connues dans tous les tems,
& chez toutes les Nations, qui font ve-
nues jufqu'à nous par une tradition auffi ancienne que le monde, que l'homme raifonnable ne peut combattre, fans
fe reprocher intérieurement fa mauvaife
foi, & fans être intimement convaincu
qu'il ne s'y oppofe que par l'intérêt de
fes paffions.

VIII. Je vous vois plein d'ardeur, &
tout prêt à me fuivre dans une fi belle
carriere. Entrons-y, mais déterminés à
faifir pour toujours les vérités que nous
concevrons clairement. Commençons
par nous connoître. Nous pafferons enfuite à la connoiffance de notre auteur,
de notre deftination, de nos devoirs, de
nos befoins. Ces objets intéreffans feront la matiere d'autant de Sections.

Dans la premiere Section, nous éta-
blirons la différence de l'ame d'avec le
corps, par l'expofition des abfurdités du
Matérialifme, c'eft-à-dire, du fyftême
qui attribue la penfée à la matiere ; &
par les preuves que l'ame porte dans fon
propre fond de la fpiritualité de fon être.

B ij

Nous commencerons la seconde Section par une réfutation générale de l'Athéísme. Nous donnerons ensuite les preuves de l'existence de Dieu, & de ses attributs. Nous la terminerons par la discussion des systêmes d'Epicure, de Spinosa, & de quelques autres Philosophes. Dans la troisiéme, nous verrons que l'immortalité de notre ame est une suite de la spiritualité de son être, & de l'existence de Dieu. Dans la quatriéme, nous prouverons qu'il y a un ordre immuable qui régle nos devoirs, & que les principes de Spinosa sur les mœurs sont absurdes. Enfin dans la cinquiéme Section, pour sentir la nécessité de la Révélation, nous n'aurons qu'à comparer nos dispositions intérieures avec les vérités que nous aurons découvertes. L'opposition entre nos penchans, & nos lumieres, nous persuadera aisément nos besoins. Entrons en matiere.

# SECTION I.

## DE LA DIFFÉRENCE DE L'AME ET DU CORPS.

Abſurdités du Matérialiſme. Spiritualité de l'Ame. Réponſe à quelques difficultés.

# CHAPITRE I.

### *Abſurdités du Matérialiſme. Spiritualité de l'Ame.*

VOus ne doutez pas, mon cher Euſebe, que vous ne ſoyez compoſé d'un être étendu & diviſible, qui a une certaine longueur, une certaine largeur, pluſieurs parties qui peuvent être ſéparées les unes des autres, qui ont diverſes figures, différentes couleurs : & d'un être qui penſe, qui connoît, qui ignore, qui croit, qui eſt certain, qui doute, qui ſe trompe, qui apperçoit ſes erreurs, qui veut & ne veut pas, qui aime le bien & qui hait le mal,

qui a du plaisir & de la douleur, qui es-
pere & qui craint, qui se réjouit de ce
qu'il a & qui desire ce qu'il n'a pas, qui
est irrésolu, qui change, qui se repent,
qui se connoît, qui a un empire sur soi,
qui délibere, qui choisir entre vouloir
& ne vouloir pas.

Mais qu'est-ce que cet être qui pense
en vous, & que vous appellez votre
ame, si différent par ses opérations de
cette masse stupide que vous appellez
votre corps? Est-ce un être entiérement
distingué de la matiere? ou n'est-ce que
de la matiere? c'est-à-dire, est-ce une
chose qui n'a ni étendue, ni longueur,
ni largeur, ni profondeur, qui est indivisible, sans parties & sans figure?
ou n'est-ce qu'une chose étendue, qui a
sa longueur, sa largeur, sa profondeur,
qui est divisible, qui a des parties, qui
est capable de mouvement, de repos,
de figure, & qui ne differe des corps que
nous voyons, que parceque c'est une
matiere si subtile & si déliée qu'elle
échappe à nos sens?

Il me semble que vous seriez fâché
qu'il y eût des preuves capables de vous
faire douter si cette portion de vous-
même que vous croyez d'une nature si

fupérieure à votre corps, n'eft qu'un
peu de matiere. Soyez tranquille là-deffus. La fpiritualité de l'ame n'eft pas du
goût des Efprits forts, parcequ'elle ne
quadre pas avec leur fyftême fur les
mœurs & fur une autre vie : mais ces
Meffieurs n'ont point de preuves de fa
matérialité. Ici, comme dans le refte de
leur fyftême contre la Religion, tout ce
qu'ils peuvent faire, c'eft de fe retrancher fur leur ignorance, & de nous ac-
cufer de manquer de preuves nous-mêmes. La matiere, difent-ils, n'eft pas
affez connue. Elle peut avoir d'autres
propriétés que la longueur, la largeur,
la profondeur, la divifibilité, le mouvement, la figure. Pourquoi la penfée
ne feroit-elle pas une de ces propriétés
inconnues de la matiere ? Examinons une
queftion fi importante, & qui nous touche de fi près ; avant que de nous rendre
attentifs aux preuves que notre Ame
porte en elle-même de la fpiritualité de
fon être.

## ARTICLE I.

### ABSURDITÉS DU MATÉRIALISME.

*L'Ame est différente du Corps. Si elle étoit matérielle, elle auroit toutes les propriétés de la matiere, & seroit sujette à toutes les révolutions qui se passent dans le corps. Elle n'est ni mouvement ni figure. Si elle étoit matérielle, elle seroit incapable des facultés qui conviennent à l'Ame raisonnable : elle ne pourroit ni juger, ni raisonner, ni concevoir aucun objet dans sa totalité, ni appercevoir de différence entre ses sensations.*

I. JE vous prie de me dire pourquoi vous jugez qu'un cercle n'est pas un quarré : parceque, répondrez-vous, ces deux figures n'ont rien de commun, & qu'on ne peut les confondre sans les détruire. Je ne connois l'un que par sa rondeur, & l'autre que par l'égalité de ses côtés. Si j'ôte au cercle sa rondeur, & que je l'attribue au quarré ; je détruis l'un & l'autre : parceque le cercle

n'eſt cercle que par ſa rondeur, & que
le quarré n'eſt quarré que par l'égalité
de ſes côtés. Si je vous répliquois que
vous ne connoiſſez pas aſſez toutes les
propriétés de ces figures, pour en juger
ſi déciſivement ; la réplique vous paroî-
troit ſans doute ridicule ; parceque c'eſt
un principe que nous devons juger des
choſes par les idées que nous en avons.
Suivons ce principe.

L'ame & le corps n'ont rien de commun. Nous ne connoiſſons l'ame que
par des penſées. Nous ne connoiſſons
le corps que par des mouvemens & par
des figures. Les confondre, c'eſt les détruire. Otez au corps la longueur, la
largeur, la profondeur, les parties ; fai-
tes-en un être ſimple & indiviſible,
vous le détruiſez ; vous ne le concevez
plus. Otez à l'ame la ſimplicité & l'indiviſibilité ; donnez-lui des parties ;
vous ne concevez plus un être qui penſe ; vous ne concevez qu'un corps. Pour
ſentir encore mieux cette ſimplicité &
cette indiviſibilité de votre ame ; conſi-
dérez ſes manieres d'être : car les manieres d'être ne peuvent être d'une nature
différente de leur ſujet. Quoi de plus
ſimple & de plus indiviſible qu'un vou-

B v.

loir, une affirmation, une négation, un defir de la juftice, un defir de la vengeance! Peut-on les divifer? Ont-ils des parties? Ont-ils une fuperficie? Peut-on leur donner une figure? Concevez le grain de matiere le plus fin & le plus délié; fuppofez-le devenu, par exemple, la penfée que nous exprimons par un oui ou par un non, il s'évanouit dès-là même, & il ne refte qu'un rien de matiere. Eft-il moins impoffible de fuppofer un oui ou un non changé en un grain de poufliere? Il eft donc aufli abfurde de vouloir imaginer une matiere penfante, qu'il eft abfurde de vouloir imaginer un cercle quarré, une vallée montagne.

II. Qu'importe que la matiere ne foit pas affez connue, & qu'elle ait d'autres propriétés que celles que nous lui connoiffons? Ces propriétés inconnues n'empêchent pas qu'elle ne jouiffe de celles dont elle eft en poffeffion, je veux dire, la longueur, la largeur, la profondeur, la divifibilité, la figure. Ainfi les Matérialiftes ne peuvent nier que leur ame, fi elle eft matiere, ne foit longue, large & profonde, qu'elle ne foit ronde ou quarrée, qu'elle ne foit d'une fu-

perficie dure ou molle, rouge ou blan-
che; qu'un jugement, un raisonnement,
un sentiment de plaisir, un sentiment
de douleur n'ait un dessus, un dessous,
un côté droit, un côté gauche. Ils ne
peuvent nier que leur ame, si elle est
matiere, ne renferme en soi une infinité de petites ames, en vertu de la divisibilité de la matiere à l'infini; que le
plus foible vouloir n'ait autant de parties qu'il y en a dans le corpuscule qui
veut & ne veut pas. Ils ne peuvent nier
que la matiere dont leur ame est composée, étant la plus fine & la plus subtile que l'on puisse concevoir, ne s'é-
chappe à tout moment par la transpira-
tion, de la même maniere qu'ils prétendent qu'à la mort du corps, elle s'exhale & s'évapore dans les airs. Il doit se
faire en eux un flux & un reflux continuel de petites ames dont les unes se
dissipent, pendant que d'autres les rem-
placent. C'est apparemment ce qui leur
fait prendre le parti de renoncer à la
vertu; ils ne croyent pas pouvoir jamais
en contracter l'habitude, à cause de cette métempsytose qui se passe en eux.
Ils devroient aussi renoncer à l'étude;
peuvent-ils jamais réussir à se faire un

amas de connoiſſances ? Toutes ceab-
ſurdités ſont inſéparables du Matérialiſme. Dire que la penſée convient à la
matiere, ſans lui donner toutes les propriétés connues de la matiere, c'eſt ne
ſavoir abſolument ce que l'on dit : la
matiere eſt certainement longue, large,
profonde, diviſible & figurée : elle eſt
tout cela, ou elle n'eſt rien. Vouloir
imaginer dans elle une propriété ſéparée
& indépendante de ces autres propriétés, c'eſt vouloir imaginer une matiere
qui ne ſoit pas matiere.

Il n'eſt point de grain de matiere,
quelque petit qu'il puiſſe être, qui ne
ſoit diviſible en deux moitiés, chaque
moitié en deux autres, &c. par conſéquent, ſi la penſée étoit matérielle, elle feroit diviſible. également en deux
moitiés, chaque moitié en deux autres,
&c. Il pourroit donc y avoir une moitié de penſée, un tiers, un quart, &c.
de penſée.

Que le Matérialiſte, pour décharger
ſon ſyſtême d'une abſurdité ſi riſible,
ne vienne pas nous dire, que quelque
diviſion que ſouffre la matiere, la penſée n'en ſouffre aucune, & qu'elle ſubſiſte toujours entiere en chaque partie
diviſée de la matiere.

Prenons une connoiſſance quelconque, imprimée à un grain de matiere quelconque : ou la connoiſſance affecte le grain ſelon toutes ſes parties, ou ſeulement ſelon quelques - unes. Si elle l'affecte ſelon toutes ſes parties ; il eſt manifeſte que le grain ne ſauroit être diviſé, ſans que la connoiſſance le ſoit ; puiſque la partie A du grain ne ſauroit être ſéparée de la partie B, ſans que la connoiſſance, affectant la même partie A, ſoit ſéparée d'elle-même, affectant la partie B : à moins que le Matérialiſte n'imagine, dans ce cas, la connoiſſance comme un être qui ſe replie ſur lui-même, pour ſe conſerver dans ſon entier, à meſure qu'il ſe voit expoſé au danger d'être diviſé par la diviſion de ſon ſujet. Mais dès-là même, ce ne ſeroit plus faire de la penſée une modification de la matiere ; ce ſeroit en faire un être capable par lui-même d'agir & de ſubſiſter.

Le Matérialiſte dira-t-il que la penſée imprimée à un grain de matiere, n'affecte pas ce grain ſelon toutes ſes parties, mais ſeulement ſelon quelques-unes ? Ce ſeroit donner en pure perte dans une autre abſurdité. Pourquoi tella partie penferoit-elle plutôt que telle autre ? D'où lui viendroit ce privilege ? Mais cette partie fi privilégiée n'eft-elle pas elle-même matiere ? N'eft-elle pas conféquemment divifible ? Comment donc la penfée, dont on la gratifie à l'exclufion de fes comparties, feroit-elle à l'abri de la divifion ?

III. Mais, direz-vous, la penfée ne conviendroit-elle point à la matiere, en tant qu'elle eft capable de mouvement & de figure ? fous ce rapport, la matiere eft pleine de vie & de beauté. Quoi ! vous prétendriez que la penfée n'eft qu'un mouvement & une figure, ou qu'elle en eft l'effet ? Permettez-moi de vous rappeller aux notions du mouvement & de la figure. Le mouvement eft le tranfport d'un corps, d'un lieu dans un autre. L'effet du mouvement confifte dans le changement de fituation d'un corps à l'égard des autres corps, ou de fes parties les unes à l'égard des autres. Je jette une pierre à dix pas : que reçoit-elle, qu'elle n'eût dans le repos où elle étoit auparavant ? Elle gardoit dans fon repos une même fituation à l'égard des corps qui l'environnoient. Par mon impulfion, elle reçoit un chan-

gement fucceffif de fituation à l'égard
des corps qui font fur fa route. Vous
faites bouillir de l'eau dans un vafe :
qu'arrive-t-il à cette eau ? Ses parties
changent de fituation les unes à l'égard
des autres ; celle qui étoit en haut def-
cend en bas ; celle qui étoit à droite va
à gauche. La figure eft une fuperficie
terminée. Vous prenez un morceau de
cire, vous le maniez, vous l'étendez,
vous le roulez, vous le façonnez, l'effet de votre induftrie fe réduit à donner
diverfes terminaifons à la fuperficie de
cette cire. Or qu'appercevez-vous en
cela de commun avec la penfée ? quoi !
parcequ'un, ou plufieurs corpufcules
feront pouffés d'un coin de votre cerveau
à un autre coin, & que par leurs combinaifons, ils formeront une figure
triangulaire ou octogone, ces corpufcules deviendront penfans, voulans ou
non voulans, vertueux ou vicieux, s'ai-
mans ou fe haïffans ? N'eft-il pas auffi
abfurde de fe livrer à des imaginations
fi puériles & fi infenfées, qu'il feroit
abfurde de prétendre pouvoir former
une penfée en agitant quelques goutes
de liqueur ?

Mais quand le mouvement pourroit

avoir d'autres effets que divers arrangemens & différentes situations des parties de la matiere ; il seroit toujours ridicule de mettre la pensée au nombre de ses effets. Subtilisez tant qu'il vous plaira la matiere de votre cerveau ; imprimez-lui tel mouvement, donnez-lui tels ressorts qu'il vous plaira : cette matiere ne se meut que dans votre cerveau ; & il lui faut un certain tems pour en parcourir l'espace. Or, l'être qui pense en vous ne connoît ni les bornes des lieux, ni les bornes du tems. Il embrasse tout à la fois tous les tems & tous les lieux. Il voit le passé, le présent, l'avenir. Il se porte au-delà des cieux. Il descend jusqu'au centre de la terre. L'astre qui nous éclaire & qui nous échauffe, n'est pour lui, avec toutes ses Planettes, Mars, Jupiter, Saturne, que comme un point. Il se transporte dans chaque Etoile fixe. Il y voit autant de Soleils qui ont leurs Planettes ; & il en conçoit un nombre infini, en comparaison desquels, notre Soleil n'est qu'un atôme mille fois plus petit qu'un ciron ne l'est par rapport à la terre. Sont-ce là des effets du mouvement ?

Pour voir les objets, direz-vous,

nous ne fortons pas hors de nous-mêmes : les objets ne viennent pas non
plus nous chercher pour fe faire voir.
La connoiffance que nous en avons,
confifte dans ce qu'on appelle *Idées* qui
font des repréfentations des objets. Or
ces idées pourroient bien n'être que des
tableaux matériels femblables à ceux
que la nature forme au fond de nos
yeux; & felon cette fuppofition, nos
connoiffances ne feroient que des corpufcules mûs & figurés d'une certaine
façon dans notre cerveau.

Si je n'étois perfuadé que vous riez
vous-même d'une fiction fi grotefque;
je vous demanderois comment, fi nos
connoiffances ne font que des tableaux
matériels infiniment plus petits que les
plus légeres vapeurs, nous voyons les
maifons que nous habitons, la terre qui
nous porte, les plaines & les campagnes, les fontaines & les fleuves, les
bois & les forêts, le ciel & les vaftes
globes qui roulent fur nos têtes? Tous
ces objets pourroient-ils nous paroître
plus grands que ne font leurs tableaux?
je vous demanderois fous quelle figure
& fous quelle image nous connoiffons
les faveurs, les odeurs, les fons, le plai-

fir, la douleur ; je vous ferois bien d'autres queftions ; je les omets, parceque
je fuis fûr que tous ces tableaux des Matérialiftes vous paroiffent auffi aveugles
& auffi ftupides que des images appli-
quées fur un mur, & mériter auffi peu
le nom de connoiffances que des ftatues
de pierre.

IV. Quand nous accorderions aux
Matérialiftes que les idées & les fimples
penfées qui ne font que de pures repréfentations des objets, font matérielles ;
il faudroit qu'ils nous appriffent quel
ufage on peut faire de leurs penfées matérielles. Vous favez que les idées fervent à former des propofitions & des
jugemens, par lefquels nous difons
qu'une chofe eft, ou n'eft pas, en joignant deux idées qui fe conviennent,
comme lorfque nous difons : Dieu eft
jufte. Ou en féparant les idées incompatibles, comme quand nous difons :
Dieu n'eft point injufte. Les jugemens
fervent auffi à faire des raifonnemens,
en joignant deux propofitions dont l'une
eft la conféquence de l'autre ; comme
quand je dis : Dieu eft jufte ; donc il
récompenfera la vertu. Nous ne pouvons former ces jugemens & ces raifon-

nemens qu'en comparant nos idées les
unes avec les autres, pour en découvrir
les rapports de convenance ou de contrariété, fans quoi nos difcours n'auroient ni liaifon, ni juftefle.

Or, comment une ame matérielle
pourra-t-elle faire cette comparaifon ?
Toutes fes connoifíances font des parties
de matiere, qui ont chacune leur être
à part, & qui font renfermées, chacune dans fa petite fphere, jouiffant chacune de fa propre idée, mais ne fachant
ce que penfe fa voifine, & encore moins
ce que penfe une autre partie de matiere plus éloignée, qui contiendra peut-
être l'idée dont elle a befoin pour s'af-
fortir avec elle. En un mot, il eft auffi
impoffible qu'une penfée matérielle foit
empreinte de l'idée d'une autre penfée,
qu'il eft impoffible que la même portion de matiere puiffe avoir tout enfemble deux différentes figures. Donc des
penfées matérielles, tant qu'elles feront
diftinguées, ne peuvent pas plus comparer leurs idées, qu'un aveugle & un
fourd puiffent comparer enfemble l'idée
des fons & des couleurs. Donc ces penfées ne peuvent former ni jugement, ni
raifonnement.

V. Ce principe de l'incommunicabilité des idées matérielles les unes aux autres, nous donne lieu d'ajouter que tant s'en faut que la pensée matérielle puisse rassembler plusieurs idées, pour en faire la comparaison, & en former un jugement, & un raisonnement, qu'elle ne peut pas même comparer ensemble les parties de son objet, ni les réunir pour en faire un objet total.

La preuve en est, que puisque la pensée & son objet sont tous deux matériels, il faut que les différentes parties de l'objet répondent à différentes parties de la pensée, de la même maniere que les différentes parties du visage sont représentées dans différentes parties du miroir. Ainsi chaque partie de la pensée ne connoît que la partie de l'objet dont elle est affectée, & ne peut avoir aucune connoissance des autres parties de l'objet qui ne l'affectent point : donc elle ne peut en composer un objet total. Ainsi une partie de la pensée voyant l'angle A, une autre partie voyant l'angle B, une autre l'angle C, ces trois angles ne peuvent se réunir dans une même pensée matérielle, pour former un triangle.

On ne finiroit pas s'il falloit relever toutes les abfurdités du fyftême des Matérialiftes fur la nature de l'ame & de la penfée. Nous nous en tiendrons à une derniere réflexion, qui eft, que la comparaifon d'une idée avec une autre, doit entrer dans l'ufage de tous les fens, pour juger de la différence de leurs objets, foit par rapport à la fanté, foit par rapport au plaifir que la nature a attaché aux chofes fenfibles. Les uns préférent les couleurs aux fons : d'autres donnent la préférence aux faveurs qui flattent agréablement le goût. Or cette préférence doit être précédée de comparaifon. Mais nous avons prouvé qu'une penfée matérielle eft incapable de comparer fon idée avec l'idée d'une autre penfée ; parcequ'elle eft bornée à l'objet qu'elle renferme, & qu'elle ne peut franchir les limites de fa circonférence. Et en appliquant ce principe à l'ufage des fens, il eft aifé de démontrer qu'une ame matérielle ne doit pas fentir la difcordance d'une mauvaife mufique, ni l'harmonie d'une mufique parfaite. Un homme qui feroit affis à un feftin accompagné d'une excellente mufique, ne peut pas juger lequel des deux lui caufe plus de plaifir, parceque tout cela demande une comparaifon dont l'ame matérielle eft incapable. La partie de l'ame matérielle affectée du plaifir caufé par les mets, n'eft pas la partie affectée du plaifir caufé par la mufique. L'une de ces parties eft diftinguée de l'autre, comme votre ame eft diftinguée de la mienne. L'une de ces pàrties ignore ce qui fe paffe dans l'autre, comme votre ame ignore ce qui fe paffe dans la mienne.

S'il s'agit de juger d'une grandeur déterminée, c'eft toujours le même inconvénient. Des penfées qui n'ont aucun commerce entr'elles, ne peuvent confronter les parties de l'étendue qui leur font diftribuées, ni par conféquent les raffembler pour en faire une grandeur totale.

Et par le même principe, l'arithmétique ne peut être du reffort d'une ame matérielle, qui ne voit que des unités détachées les unes des autres, & qui par conféquent ne peut les combiner pour en connoître le produit.

VI. Mais l'ame quoique matérielle ne peut-elle pas faire la combinaifon dont il s'agit, en réuniffant fes penfées,

& les dirigeant foit pour former des raifonnemens, foit pour fentir le plaifir qui réfulte de l'harmonie & des accords, foit pour réduire à un feul tout les différentes parties d'un objet, difperfées dans fes différentes penfées ?

Ces opérations ne font poffibles qu'à un être fimple & immatériel. Si vous le fuppofez matiere ; vous ne pouvez dès-là même lui refufer des parties, qui foient auffi diftinguées entr'elles, auffi inacceffibles les unes aux autres, que le font les grains qui compofent un monceau de fable. Elles peuvent être plus voifines, plus contigues, féparées par de moindres intervalles : mais la partie A n'eft pas la partie B, de même que le grain de fable A n'eft pas le grain B ; par conféquent la penfée de la partie A n'eft pas la penfée de la partie B, de même que le mouvement du grain A n'eft pas le mouvement du grain B ; par conféquent la partie A ne peut comparer fa propre penfée à la penfée de la partie B, de même que le grain A ne peut fe mouvoir du mouvement propre au grain B : parceque la partie A eft auffi dénuée de la penfée B, que le grain A l'eft du mouvement B.

VII. Nous pourrions encore prier les Matérialistes de nous dire si toutes les parties de leur ame matérielle contribuent à produire la pensée, ce que chacune fournit, ce que en en retranchant une, on retrancheroit de la pensée ? Mais en voilà assez sur les absurdités de leur système. Il me semble qu'il ne leur reste qu'une issue pour se sauver, qui est de dire que notre ame est un cahos impénétrable : que ceux qui en font un pur esprit, sont plus embarrassés qu'eux à la définir, & encore plus à la concevoir. Qu'est-ce qu'un esprit ? Comment cet esprit est-il uni à un corps, comme si un esprit pouvoit remplir le plus petit espace ? Dans un moment nous examinerons la difficulté.

Mais quand on veut procéder de bonne-foi dans la discussion d'un sujet de cette importance, il faut commencer par établir ce que l'ame ou la pensée n'est pas, ni ne peut être. C'est ce que nous avons fait dans cet article. Il faut ensuite puiser dans les lumieres d'une raison exemte de passion & d'intérêt, ce qu'elle nous enseigne touchant la nature de notre ame.

Quant à ce qu'il y a d'obscur en cette
matiere,

matiere, comme en toute autre, la grande regle eft de ne point nier une vérité connue, parcequ'elle feroit environnée d'obfcurité, & même de difficultés infurmontables; autrement il faudroit douter de fa propre exiftence.

## ARTICLE II.

### De la spiritualité de l'Ame.

*On la prouve par la nature des objets que nous concevons. Par la réflexion dont nous fommes capables. Par la confcience, & par la liberté.*

I. IL eft abfurde d'attribuer la connoiffance à la matiere; nous venons de le voir : il y a donc en nous un être immatériel; puifqu'il eft certain que nous connoiffons.

Il me femble, direz-vous, que la conféquence feroit évidente, fi nous connoiffions indépendemment de nos organes & de notre imagination. Il feroit dès-lors manifefte que nos connoiffances étant immatérielles ne pourroient convenir qu'à un être de même

*Tome 1.*                    C

genre, & non à un être étendu, compoſé, diviſible. Mais d'où viennent nos
connoiſſances, ſi ce n'eſt de l'impreſſion
des objets ſur les organes de nos ſens ?
Comment appercevons-nous les objets,
ſi ce n'eſt ſous certaines images ? Voilà
ce qui jette une obſcurité infinie ſur la
nature de nos connoiſſances.

J'en conviens : mais l'obſcurité n'eſt
que pour ceux qui fuient la lumiere.
Eſt - ce dans l'impreſſion que font les
objets ſur nos organes ? Eſt-ce dans l'i-
mage qu'ils tracent dans notre cerveau,
que conſiſte la connoiſſance que nous en
avons ? L'action des objets ſur nos organes n'y produit qu'un mouvement ; l'i-
mage qu'ils tracent n'eſt qu'une figure :
or, il eſt abſurde de penſer qu'une connoiſſance puiſſe jamais être un mouvement, ou une figure. Que prouve donc
la dépendance où nous ſommes, pour
connoître certains objets, du mouvement de nos organes, & des images qui
s'y tracent ? l'union de notre ame avec
notre corps, qui ſeul eſt capable d'ê-
tre remué par les objets extérieurs. Nous
examinerons dans la ſuite quelle eſt
l'origine de cette union, en quoi elle
conſiſte. Mais ſi nous n'étions qu'une

portion de matiere organifée ; s'il n'y
avoit en nous une intelligence qui fût
avertie de l'ébranlement qui arrive dans
les dehors & dans les dedans de fa demeure, qui fût capable de percevoir les
images des objets extérieurs ; envain
notre corps recevroit des chocs & des
figures ; nous connoîtrions auffi peu,
que la cire qui s'amollit à la flamme
d'une bougie, & qui reçoit l'empreinte
d'un cachet : puifqu'il n'y auroit en
nous, non plus que dans la cire, que
des corpufcules mûs & arrangés dans un
certain ordre.

Mais, fi pour être pleinement convaincu de la fpiritualité de votre ame,
il ne vous faut que des connoiffances
indépendantes de l'impreffion des objets
fur vos organes, & de toute image corporelle ; combien n'avez-vous pas de
connoiffances de cette efpece ? Vous ne
connoiffez rien plus certainement &
plus diftinctement que cette propofition : *je penfe, donc je fuis* : vous avez
donc les idées de la penfée & de l'être.
Or les tenez-vous de vos organes ces
idées ? Sont-elles lumineufes ou colo-
rées, d'un fon grave ou aigu, d'une
bonne ou mauvaife odeur, douces ou

C ij

ameres, froides ou chaudes, dures ou molles, pour être entrées par la vûe, ou par l'ouïe, ou par l'odorat, ou par le goût, ou par l'attouchement ? Ces mêmes idées peuvent-elles être repréfentées fous quelque image ? Quelle eft la longueur de la penfée & de l'être ? Quelle en eft la largeur, ou la profondeur ?

Combien connoiffez-vous d'autres objets purement intelligibles, qui n'ont ni rapport à vos fens, ni aucune propriété de l'étendue & de la matiere ? Quelle prife ont vos organes fur un doute ? fur une perfuafion ? fur la diftinction de l'un & de l'autre ? fur le defir, la crainte, l'efpérance ? fur les nombres, l'éternité, l'infini, l'immenfe ? fur la poffibilité, l'exiftence, la vérité, la vertu ? fur la différence de la caufe & de l'effet, de l'être & de la modification, du terme & des moiens ? Ces mêmes objets font-ils plus acceffibles à l'imagination ? Peut-elle s'en former une image ? Peut-elle leur donner une figure ? Si la vôtre eft affez féconde pour y réuffir ; elle ne doit pas être embarraffée de leur donner auffi des couleurs, des odeurs, des fons.

Il est donc évident que nos sens & notre imagination ne sont ni les instrumens de toutes nos connoissances, ni les principes d'aucune. Il est donc évident que la connoissance est immatérielle. Il est donc évident qu'elle ne peut convenir à la matiere : car il est de la nature d'une modification de ne pouvoir être conçue sans l'être dont elle est la modification ; le mouvement, par exemple, ne peut être conçu sans un corps mû, la figure ne peut être conçue sans un corps figuré. Or une modification immatérielle, non-seulement est conçue sans la matiere ; mais elle en exclud l'idée. Il est donc évident que la connoissance ne peut convenir qu'à un être immatériel & spirituel. Il est donc évident que notre ame est un esprit.

II. La réflexion qui est une attention & un retour de l'ame sur ses pensées, fait elle seule une démonstration complette de sa spiritualité. Les Matérialistes doivent convenir qu'une ame matérielle ne pense point par elle-même : parceque la matiere n'a d'elle-même aucun mouvement ; elle demeureroit éternellement dans le repos, si elle cessoit d'être remuée par une cause étran-

gere. Elle n'a donc de penfées que celles qui lui font procurées par l'ébranlement des fibres du cerveau, ou par l'impreffion que les organes des fens peuvent faire fur elle. Or ces fibres & ces
organes ont beau la remuer; ils n'exci-
teront jamais en elle que l'idée & le
fentiment des objets qui les ont remués
eux-mêmes. Et quand ils reproduiroient
cent fois la même impreffion fur l'ame,
& les mêmes fentimens, cette répro-
duction ne feroit point la réflexion dont
il s'agit. Ce feroit une feconde repréfentation, femblable à la premiere, qui
retraceroit, par exemple, l'idée du même fon, ou de la même figure; mais
cela ne feroit point la réflexion, qui eft
un regard & une attention fur fes propres penfées, pour les examiner, les
approuver, ou en corriger l'erreur.

D'où vient donc ce regard, & ce retour fur fes penfées? Nous venons de
prouver qu'il ne vient point du corps.
Mais il ne peut pas non plus venir de
l'ame même, tant qu'elle fera matiere;
parceque la matiere ne peut agir fur
elle-même : elle n'a point en foi le principe de fon mouvement; autrement elle pourroit agir indépendemment du

corps : elle pourroit penser après qu'elle en seroit séparée, & alors elle seroit immortelle.

Puisqu'il est donc incontestable que notre ame réfléchit sur ses propres pensées : puisqu'il n'est pas moins constant que la matiere est incapable de réfléchir, & de s'entretenir avec elle-même, la conclusion est que notre ame est un pur esprit.

III. La conscience ajoute à la réflexion une force invincible pour établir cette conséquence. Quelques efforts qu'aient fait certains Ecrivains, livrés aux égaremens & au libertinage de leur esprit, pour prouver qu'il n'y a de différence entre l'homme & la bête, que du plus au moins, il ne s'en est pas encore trouvé qui ait donné une conscience aux bêtes.

Il n'y a que l'homme qui porte en lui-même ce témoin & ce juge incorruptible, que l'on appelle la conscience, dont la fonction est de troubler & d'allarmer celui qui veut s'abandonner à une passion criminelle, & de le tourmenter & le déchirer par de cruels remords lorsqu'il s'y est livré. Et s'il s'est jamais trouvé un homme qui soit venu

C iv

à bout de faire taire, ou plutôt de ne plus entendre ce cenfeur importun ; les crimes qu'il lui en a couté, & les ténébres qu'il lui a fallu entaffer les unes fur les autres, prouvent du moins que la confcience eft inféparable d'une nature qui n'eft pas entiérement pervertie. Que ceux donc qui prétendent que la confcience n'eft qu'un préjugé de l'éducation & de l'enfance, nous difent fi avec ce principe ils ne fentiroient aucun remord, s'ils avoient empoifonné leur pere : s'ils avoient fait mourir de gaieté de cœur, un homme qui leur auroit fauvé la vie.

Or la confcience ne convient qu'à une nature fpirituelle. Les loix morales ne font faites ni pour diriger la matiere à fes fins, ni pour la contenir dans certaines bornes, ni pour la punir, fi elle s'en écarte. On n'a jamais regardé du même œil un lion qui défole toute une contrée, & un voleur qui pille & égorge les paffans. La matiere ne peut donc jamais être criminelle. Donc elle n'eft fufceptible ni de confcience ni de remords. Donc la confcience eft le témoignage & la preuve d'une ame fpirituelle.

III. Il me reste à vous présenter une preuve qui me paroît être d'une grande évidence. Vous êtes libre. Pouvez-vous douter férieusement si vous êtes maître de vouloir & de ne vouloir pas m'écouter ; de choisir entre la volonté de remuer la main, & la volonté de ne pas la remuer ; entre la volonté d'ouvrir les yeux & la volonté de les fermer ? Un homme plus fort que vous peut bien arrêter l'effet de votre volonté, en vous bouchant les oreilles, en vous liant les mains, en vous fermant les yeux malgré vous : mais quelle que soit sa force, il ne peut rien sur votre volonté même. Tous ses efforts & toute la violence qu'il vous feroit, n'empêcheroient point que vous ne fuffiez maître de votre volonté pour vouloir & ne vouloir pas.

Cet empire qu'a votre ame sur ses propres vouloirs, n'est-il pas une démonstration évidente de l'immatérialité de son être ? Tout ce qui est matiere ou matériel est incapable de choix ; il ne se détermine en rien soi-même ; il est déterminé en tout par les loix du mouvement ; il dépend en tout de l'impreffion des corps qui agiffent sur lui. S'il va à

C v

droite plutôt qu'à gauche, c'est qu'il est poussé vers cet endroit plutôt que vers l'autre. Il faut, pour varier sa marche, qu'il reçoive de nouveaux chocs. En un mot, il ne se meût que parcequ'il est mû, qu'autant qu'il est mû, & dans le sens qu'il est mû.

Direz-vous, pour échapper à l'évidence, qu'il ne faut pas juger de la matiere qui compose notre ame, par les corps qui tombent sous nos sens : parceque ces corps sont grossiers, au lieu que l'ame consiste dans des corpuscules extrêmement subtils & déliés. Ce seroit opposer des mots vuides de sens à l'évidence. La grossiéreté & la subtilité de la matiere n'en changent pas la nature. Les masses les plus lourdes & les corps les plus fins sont sujets aux mêmes loix. Ni les uns ni les autres ne peuvent agir sur eux-mêmes, ni se mouvoir, ni diriger leur mouvement, ni le changer ou le suspendre. Et supposer des corpuscules, sous l'impression la plus forte des corps qui agiroient sur eux, indifférens à suivre cette impression, ou à ne la pas suivre, ce seroit extravaguer.

Direz-vous que ce pouvoir que nous sentons au-dedans de nous-mêmes, de

choisir entre les objets qui s'offrent à
nous, ne vient peut-être que d'une sorte de balancement & d'équilibre, où
font mis les corpuscules qui composent
notre ame, par les impreflions contraires des objets ? Ne feroit-ce pas oppofer
encore des mots à l'évidence ?

Votre propre conscience vous démentiroit si vous attribuïez aux impreflions
contraires des objets, l'indifférence que
vous fentez en vous-même, à vouloir
& à ne pas vouloir remuer la main à
droite ou à gauche. Vous avez le sentiment le plus vif de votre indifférence à
cet égard : en avez-vous le plus foible
de ces prétendues impreflions contraires
des objets ? De plus, vous avez une
conviction invincible que, dans le cas
que vous eufliez les mains liées & ga-
rottées, vous n'en feriez pas moins maître, non de les remuer, mais de vouloir
& ne vouloir pas les remuer. Cet empire, dans ce cas, fur vos vouloirs vien-
droit-il des impreflions contraires des
objets ? Il n'y auroit alors qu'une im-
preflion ; & n'est-il pas visible que votre ame y feroit néceffairement affujettie, si elle étoit matérielle ? puifque
tous les mouvemens d'une ame maté-

rielle dépendroient entiérement de ceux qui arriveroient aux organes. Les preuves que porte notre ame de sa spiritualité sont si claires, qu'il faut être aussi stupide que la matiere, pour ne pas les sentir. Voyons s'il est possible de les ébranler.

# CHAPITRE II.

## *Eclaircissement de quelques difficultés.*

I. MAIS, direz-vous, qu'est-ce qu'un esprit ? Je réponds que c'est un être pensant. La réponse est simple. Je défie tous les Matérialistes d'en faire voir la fausseté ; & d'opposer rien de solide aux preuves sur lesquelles est appuiée l'immatérialité d'un être pensant.

Examinons tranquillement si la difficulté que vous trouvez à concevoir un esprit, doit vous paroître sérieuse. Vous vous faites un monstre d'un esprit, parcequ'en le dépouillant de toutes sortes de parties, en niant qu'il ait un dessus, un dessous, des côtés, en un mot, en excluant de lui toutes les propriétés de la matiere, vous ne concevez plus qu'il puisse exister en un lieu, ni occuper un espace. Car s'il existoit en un lieu, il auroit dès-là même une superficie; s'il occupoit un espace, il répondroit aux diverses parties de l'espace dont il seroit environné; & par conséquent il auroit lui-même des parties.

Or cette difficulté peut-elle vous paroître férieuse? Quelque effort que vous fassiez, il vous est impossible de vous repréfenter la penfée fous une image, fous une figure, avec des parties. Effaiez, par exemple, de donner une furperficie à un defir, à un vouloir. Effaiez d'imaginer le rapport d'une réflexion, d'un jugement, d'un raifonnement, à la partie A, ou à la partie B, d'un efpace quelconque. Il est auffi abfurde de vouloir imaginer la penfée, que de vouloir ouir des couleurs, & voir des fons.

Conclurez-vous que la penfée n'est rien de réel, & qu'elle n'exifte en aucune forte, parcequ'elle n'occupe aucun efpace? Vous en devez conclure, au contraire, que la penfée n'a rien de commun avec les corps; qu'elle est d'un ordre fupérieur; qu'elle n'en est pas moins réelle, quoiqu'elle n'exifte pas à leur maniere. Pourquoi l'efprit ne feroit-il donc pas un être réel, quoiqu'il foit incapable de remplir un efpace à la maniere des corps. Cette incapacité d'occuper un efpace, n'eft donc pas une difficulté férieufe contre l'efprit; puifqu'elle n'en eft pas une contre la penfée. Et s'il n'eft rien dont vous foiez fi fûr que de l'exiftence de votre penfée, quoique la penfée foit incapable d'occuper un efpace; il n'eft rien dont vous foiez plus fûr que de l'exiftence de votre efprit. Car la penfée étant immatérielle, ne peut être ni une propriété, ni une modification de la matiere : elle appartient donc à une fubftance immatérielle.

La difficulté de concevoir un efprit, prend fa fource dans la mauvaife habitude que nous contractons dans notre enfance, de juger de tout par les fens. Comme nous paffons nos premieres années à voir, à entendre, à toucher, à imaginer, fans jamais réfléchir fur nous-mêmes; ce n'eft plus, fans des efforts pénibles que nous nous appliquons dans la fuite aux vérités inacceffibles à nos fens. Et cette enfance ne finit malheureufement qu'avec la vie pour la plûpart des hommes. Je viens de vous ouvrir une route facile pour fortir d'un état fi indigne de la raifon. Suivez-la. Rentrez en vous-même. Soiez attentif fur ce qui fe paffe dans le fond de votre être : vous ne regarderez plus les corps comme les feules réalités qui exiftent dans la nature.

II. Eft-il bien vrai, direz-vous encore, que nous connoiffons affez la matiere, pour la croire incapable de penfer?

La matiere eft une fubftance folide, divifible, capable de mouvement, de repos & de figure. C'eft-là l'idée qu'en a tout homme raifonnable. Et jufqu'à ce jour on n'a fait aucune découverte qui démente cette idée. On vante beaucoup les heureufes expériences de Newton fur la lumiere : mais on ne peut s'empêcher de rire, quand on voit des prétendus Philofophes en parler avec emphafe, pour infinuer que la penfée pourroit bien être une propriété de la matiere. Que nous apprennent ces expériences? Nous font-elles connoître quelques nouvelles propriétés de la matiere? Elles nous font foupçonner qu'*un raion de lumiere eft un faifceau compofé de sept traits dont chacun porte en soi une couleur qui lui est propre ; & que chaque trait a sa réflexion particuliere, sa réfraction, son inclinaison, sa réfrangibilité.* En tout cela on n'apperçoit que des divisions, des mouvemens, des figures. Les expériences de Newton prouvent donc fort bien qu'avant lui, on n'avoit pas connu toutes les divisions, toutes les figures, tous les mouvemens dont la matiere est susceptible. Il est bien sûr que les hommes ne parviendront jamais à une connoissance parfaite là-dessus.

Mais il n'est pas moins sûr que toutes les expériences & toutes les découvertes sur la matiere ne se termineront jamais qu'à nous manifester quelques nouvelles divisions, quelques nouvelles figures, quelques nouveaux mouvemens. Parcequ'il est évident que tous les effets de la matiere ne peuvent être fondés que sur ses propriétés connues. Or il est impossible d'allier la pensée avec les propriétés connues de la matiere. La pensée est par sa nature un être simple ; elle ne peut donc modifier une substance divisible : car dès-là elle seroit divisible elle-même. Placez une pensée

dans un corps long d'un pied, il faut
que vous lui donniez autant de parties,
qu'il y a de pouces dans le pied, & de
lignes dans les pouces : car elle ne peut
affecter le premier & le douziéme pouce, sans être divisée d'elle - même par
les dix pouces qui sont entre le premier & le douziéme. La pensée est par
sa nature un être inétendu ; elle ne peut
donc convenir à un être étendu : car
l'inétendu ne peut pas plus convenir à
ce qui est étendu, que l'étendu à ce
qui est inétendu ; la disproportion est
égale. La longueur, la largeur, la profondeur peuvent aussi peu recevoir un
point mathématique ou indivisible,
qu'être reçues dans un point de cette
nature. Je croi votre difficulté dissipée :
mais pour en effacer jusqu'aux plus légeres traces; arrêtons-nous y encore un
moment.

Nous ne connoissons pas, dites-vous,
assez la matiere, pour prononcer qu'elle est incapable de penser. Si par cet
aveu modeste de votre ignorance, vous
entendez que la nature précise des corps
échappe à la sagacité de notre esprit;
j'en tombe d'accord avec vous. Depuis
les expériences de Newton sur la lu-

miere., en connoît-on mieux le tiſſu intime d'un raion ? Quel Phyſicien peut aſ-
ſigner le nombre, ou la texture des élémens qui entrent dans la compoſition
des maſſes ? Qui peut dévoiler à nos
yeux ce qui conſtitue l'eſſence d'un
grain d'or, d'un grain de ſable, d'une
goute d'eau, d'une parcelle d'air ? En
convenant avec vous que ce ſont-là des
ſecrets impénétrables, permettez-moi
de vous demander ſi vous prétendez que
notre ignorance va juſqu'à ne ſavoir
point ſi les corps ſont compoſés de parties, s'ils ſont étendus, diviſibles, ſuſceptibles de figures différentes. Si c'eſt-là
votre prétention ; il eſt inutile de raiſonner avec vous ; puiſque vous reſpectez
ſi peu l'évidence. Nous n'appercevons
rien plus clairement dans les corps que
ces propriétés : nous ne ſaurions les en
dépouiller, ſans ceſſer de les concevoir.

Dites que ces propriétés ne ſont pas
primitives dans les corps ; qu'elles en
ſuppoſent d'inconnues dont elles déri-
vent : dites même que ce ne ſont que
des modifications ; j'y conſens : mais
convenez qu'elles en ſont inſéparables,
qu'il ne peut exiſter de corps ſans parties, ſans étendue, ſans une ſituation ,

fans une figure quelconque ; & que réciproquement, ce qui eft étendu, ce qui
eft compofé de parties, ce qui a une fituation & une figure, eft corps. Je ne
ne vous demande rien de plus.

Il s'enfuit manifeftement de votre
aveu, que fi la penfée eft une propriété
de la matiere, l'être penfant eft étendu,
divifible, figuré. N'alléguez donc plus
votre ignorance fur la nature de la matiere : ce feroit chercher à vous faire il-
lufion à vous-même, ou vouloir la faire
aux autres. La queftion que nous difcu-
tons, confifte à favoir fi l'être penfant
eft étendu, divifible, figuré, ou s'il eft
fans étendue, fans divifibilité, fans figure, en un mot, s'il a les propriétés
connues de la matiere, ou s'il ne les a
pas. Touche - t-on à cette queftion ?
N'eft-ce pas vouloir l'éluder que de répondre : la matiere a peut-être d'autres
propriétés que celles que nous lui voions?
Quand elle en auroit d'autres, en feroit-
il moins vrai qu'elle a celles que nous
lui voions ? En feroit - il moins vrai
qu'elle eft étendue, divifible, qu'elle
ne peut exifter fans avoir une figure,
fans être en mouvement, ou en repos ?
Par conféquent feroit-il moins vrai que,

si elle pense, l'être pensant est étendu, est divisible, qu'il a une figure, qu'il est en mouvement ou en repos? Or il n'est rien de plus absurde que de donner à l'être pensant de l'étendue, des parties, des figures : il n'est donc rien de plus absurde que de mettre la pensée au nombre des propriétés inconnues de la matiere.

Nous ne connoissons pas la matiere parfaitement : mais nous la connoissons assez pour savoir quels sont les attributs dont elle est essentiellement privée. De même que nous connoissons assez les corps, quoique nous ne les connoissions point parfaitement, pour prononcer que l'un n'a pas ce qu'a l'autre. Vous regarderiez comme dépourvû du sens commun celui, qui, sous prétexte de l'imperfection de ses connoissances, s'opiniâtreroit à confondre la lumiere avec l'air, l'or avec le sable, le feu avec l'eau, une pierre avec un animal, quoique ces êtres aient tant de propriétés communes. Il est mille fois plus insensé de confondre l'être pensant avec la matiere ; puisqu'il nous est impossible d'appercevoir aucun rapport entre ces deux êtres. Ce qui appartient au corps est composé

le parties, étendu, divisible, a une situation, une figure quelconque. Ce
qui appartient à l'être pensant est inétendu, indivisible, sans situation, sans
figure. L'un ne peut donc jamais être
l'autre.

III. Enfin vous pouvez dire que quoiqu'on ne puisse concevoir la matiere,
sans la concevoir divisible, il peut y
avoir dans la nature de petits corps qui
soient compacts, durs, sans pores, indi-
visés. Je puis vous accorder tout ce que
vous souhaitez, sans que les preuves
contre le Matérialisme perdent rien de
leur force. Ces petits corps sont incapables de la plus mince idée, de jugement, de raisonnement, de la comparaison des sensations, & de la connoissance d'un objet dans sa totalité. C'est
ce dont il est facile de vous convaincre.

Plus l'atôme que vous imaginez, est
petit, plus l'image dont il porte l'empreinte, est petite : or plus cette image
est petite, moins elle est propre à nous
faire connoître les objets extérieurs qui
doivent nécessairement être d'une certaine étendue, pour qu'ils puissent agir
sur nos sens, & être à la portée d'une
ame matérielle.

Ce petit atôme a un deffus, un deffous, des côtés. Vous ne voulez affurément pas que le même côté foit frappé
de deux idées différentes; ce mélange
y jetteroit une horrible confufion. Vous
en placez donc une au-deffus, & l'autre
au-deffous, ou bien l'une à droite, &
l'autre à gauche : or quelle peut être
la communication de ces deux images,
pour qu'elles fe comparent enfemble;
& qu'il en forte un jugement ? Vous fentez fans doute que s'il s'agit de la comparaifon de deux fenfations, la même difficulté revient; & qu'elle ne fait qu'augmenter, s'il s'agit d'un raifonnement.

Peut-être ne faites-vous pas confifter
la fenfation dans une image imprimée
fur votre petit atôme ; mais dans un certain mouvement de cet atôme. Si cela
eft ; ou vous fuppofez ce petit atôme
ébranlé tout entier par deux mouvemens différens, lorfque nous fommes
affectés en même-tems de deux fenfations diverfes; ou vous ne le fuppofez
ébranlé que par chacun de fes côtés.
Dans le premier cas, comment voudriez-vous que deux mouvemens qui
deviennent néceffairement confus par
leur réunion en un, puiffent conftituer

deux fenfations très-vives, très-diftin-
ctes, en un mot, des fenfations telles
que nous les éprouvons ? Dans le fecond cas, comment voudriez-vous que
le mouvement d'un côté communiquât
avec le mouvement de l'autre côté,
pour que ces deux mouvemens puffent
être comparés enfemble ? Mais y penfez-vous, lorfque vous fuppofez les côtés d'un petit corps remués, fans que le
mouvement en retentiffe jufqu'au centre ? fans que le petit corps foit agité
tout entier ?

Enfin vous prétendez que l'idée n'eft
qu'une image dont un petit atôme eft
empreint dans votre cerveau, image à
peu près femblable à ce tableau que la
nature forme au fond de l'œil, à la
préfence d'un objet. J'y confens. Je ne
vous demande qu'une grace, c'eft de me
faire entendre comment, par le moien
de cette image, vous pouvez connoître
un autre homme. Je la fuppofe finie
cette image ; tous les traits de l'objet y
font exprimés avec un art fupérieur au
pinceau des plus grands maîtres. Mais
le point A, qui répond au point A de
l'objet, connoît-il le point B, qui répond au point B du même objet ? Ces

deux points ont-ils quelque fentiment l'un de l'autre ? Chaque point ne forme-t-il pas une repréfentation à part, fans aucune communication de l'un à l'autre ? Comment connoître donc un objet dans fa totalité par le moien d'une idée matérielle ?

Vous voiez qu'en vous accordant, comme vous fouhaitez, des corpufcules compacts, durs, fans pores, indivifés, vous n'en feriez pas plus avancé pour faire, de ces corpufcules, des êtres penfans. Que pourroient ces corpufcules avoir de commun avec votre Ame ? feroient-ils actifs ? réfléchiroient-ils fur leurs opérations ? feroient-ils capables de choix ? & lorfqu'il leur arriveroit d'en faire un mauvais, fe feroient-ils des reproches à eux-mêmes ? Vos corpufcules incapables de fe mouvoir, affujettis comme les corps rares, poreux, mous & liquides, aux loix du mouvement, ne pourroient qu'être pouffés & entraînés vers d'autres corpufcules, leur être appliqués, former une maffe avec eux pour continuer d'être agités, ou pour être condamnés au repos.

IV. Ecoutons un Matérialifte ; c'eft un moien fûr & abrégé de terminer la queftion

queſtion préſente. Qu'eſt-ce qu'une ſenſation? » L'objet, répond le fameux Hob-
» bes, preſſe la partie extérieure de l'or-
» gane , & cette preſſion ſe communi-
» quant aux parties voiſines , pénétre
» enfin juſqu'à la partie intérieure : là
» ſe forme la repréſentation , l'image ,
» *Phantaſma* , par la réſiſtance de l'or-
» gane , ou par une eſpéce de réflexion
» qui cauſe une preſſion vers la partie
» extérieure , toute contraire à la preſ-
» ſion de l'objet qui tend vers la partie
» intérieure «. Cette repréſentation eſt
la ſenſation même, ſelon ce grand Matérialiſte.

Que d'inepties ! quelle application
peut-on faire de tous ces beaux termes
à un ſentiment de brulure, de plaiſir,
&c? Toute image a ſes dimenſions ;
quelles ſont les dimenſions d'une ſa-
veur? Quelle eſt la largeur & la longueur d'un ſon? Quels ſont les délinéa-
mens d'une odeur? Y a-t-il plus de rapport entre l'impreſſion d'un objet ſur
le cerveau, & le ſentiment que nous en
avons; qu'entre une aiguille, & la douleur qu'elle nous cauſe ; qu'entre la réflexion d'une balle, & la connoiſſance ?
Tout ſe réduit à des mouvemens & à

*Tome I.*          D

des figures dans cette preſſion de l'objet ſur l'organe extérieur, dans cette communication qui s'en fait au cerveau, dans cette image qui s'y peint : or définir la ſenſation par des mouvemens & par des figures, c'eſt autant extravaguer que ſi l'on définiſſoit la couleur par l'image d'un triangle.

V. Si les Eſprits-forts diſoient : nous ſommes tout eſprit. Tout ce que nous voions, tout ce que nous ſentons de corporel, l'étendue, le mouvement, tout cela n'a rien de réel ; c e ſont des idées que notre ame fabrique. Un tel diſcours ne devroit pas vous ſurprendre dans la bouche de ces hommes vains qui ſe donnent pour des génies ſublimes, & pour les ſeuls qui penſent.

Mais quand vous les entendez ſe glorifier de n'être que quelques grains de pouſſiere organiſée ; vous devez avoir de la peine à concilier tant de vanité avec tant de baſſeſſe. Il n'y a que l'intérêt que ces Meſſieurs trouvent à pouvoir vivre & mourir comme les brutes, qui puiſſent les rendre compréhenſibles.

Il me ſemble qu'il ne doit vous reſter aucune difficulté ſur la ſpiritualité de votre ame; & que si vous trouvez quelque chose de difficile à entendre dans tout ce que nous avons dit sur ce sujet, ce sont les principes des Matérialistes, & leurs réponses à nos preuves. Ne me dites pas qu'il est bien difficile de comprendre qu'un être inétendu puisse être uni à un corps, le mouvoir, en recevoir des impressions.

J'en conviens : mais n'est-il pas démontré qu'il est impossible que la faculté de penser convienne jamais à un corps ? Il ne s'agit pas ici d'une union locale, telle qu'elle se trouve entre deux portions de matiere contigues & attachées l'une à l'autre. Il s'agit d'une union qui consiste dans une action réciproque de deux êtres l'un sur l'autre.

C'est précisément, repliquerez-vous, ce qui forme l'embarras : quelle prise peut avoir un corps sur un esprit, & un esprit sur un corps ? L'esprit n'agit que par sa volonté ; le corps n'agit que par son mouvement : or l'esprit ne peut être mû ; & le corps ne peut être que poussé.

Je l'accorde : mais je prouverai bientôt que notre esprit & notre corps ont un Créateur. Si la volonté du Créateur

D ij

eſt que notre eſprit ait des ſentimens &
des perceptions, à l'occaſion des mouvemens de notre corps; & que notre
corps ait des mouvemens à l'occaſion
des deſirs de notre eſprit; ne concevez-
vous pas que la choſe doit être, & que
par conſéquent l'union, telle que vous
l'éprouvez entre votre ame & votre
corps, doit ſubſiſter ?

Vous paroiſſez croire qu'il vous ſeroit bien plus aiſé de concevoir l'union
de votre ame & de votre corps, en ſuppoſant que votre ame fût quelque particule de matiere très-déliée & très-
ſubtile, douée de la faculté de penſer.
Il me ſemble, indépendemment de toutes les abſurdités inſéparables d'une telle ſuppoſition, que vous vous trompez.
Nous venons d'obſerver qu'il ne s'agit
point de la contiguité, mais de l'action
réciproque de l'ame ſur le corps, & du
corps ſur l'ame : eſt-il auſſi facile que
vous vous le figurez, d'entendre qu'une
particule de matiere penſante agiſſe ſur
votre corps, & que votre corps agiſſe
ſur elle ?

Cette particule penſante agiroit ſur
votre corps, ou par ſa penſée, ou par
impulſion : ſi vous dites que c'eſt par ſa

penfée ; vous retombez dans toutes les
difficultés que vous voulez éviter : car
la penfée n'a ni maffe, ni étendue. Si
vous dites que c'eft par impulfion ; vous
attribuez du mouvement à l'ame : expliquez-moi pourquoi l'ame n'a aucun fentiment du mouvement que vous lui pré-
tez ? expliquez-moi comment elle peut
remuer le corps par un mouvement,
dont elle n'a point de fentiment ? De
plus, que peut le mouvement d'une
particule de matiere pour agiter une
maffe telle qu'eft norre corps, fur-tout
fi ce mouvement eft extrêmement foible, comme il l'eft effectivement : car
nos defirs font, fans doute, la mefure
du mouvement de notre ame, s'il eft
vrai qu'elle en foit fufceptible ; or nous
éprouvons que toute notre machine s'é-
branle au gré de nos defirs les plus foibles & les plus imperceptibles.

L'action du corps fur une particule
de matiere penfante, ne peut pas fervir davantage à rendre raifon de nos
penfées, que l'action d'une particule
penfante fur le corps, peut fervir à rendre raifon de nos mouvemens. Le corps
n'eft pas la caufe phyfique & réelle de
nos penfées ; car on ne donne pas ce

qu'on n'a pas. L'action du corps confifte dans le mouvement, d'où il ne peut
réfulter que du mouvement, des fituations, des figures: or, de votre aveu,
la penfée n'eft ni un mouvement, ni
une fituation, ni une figure. De plus,
combien de fois ne vous arrive-t-il
point d'être affecté, en même-tems,
de diverfes penfées, de divers fentimens très-vifs & très-diftincts? Sont-ce
là des effets de divers mouvemens imprimés en même-tems à votre ame? Il
eft auffi impoffible qu'une particule de
matiere puiffe être en même-tems agi-
tée de plufieurs mouvemens vifs & diftincts, qu'il l'eft que la matiere puiffe
être mûe felon fa longueur, fans l'être
felon fa largeur; ou felon fa profondeur, fans l'être felon fes deux autres
dimenfions.

Ne pouffons pas plus loin nos réflexions fur ce fujet. En voilà bien affez, ce femble, pour vous faire comprendre que vous ne devez pas avoir
une grande idée de ces Philofophes, qui
croient pouvoir rendre raifon de l'union
de l'ame & du corps, en imaginant l'ame
comme un corpufcule penfant. Voions
ce que les Matérialiftes penfent de l'origine de leur être.

# SECTION II.

## De l'existence de Dieu.

Réfutation générale de l'Athéisme. Preuves de l'existence de Dieu, & de ses attributs. Examen des Hypothèses d'Epicure, de Spinosa, & d'autres Philosophes.

## CHAPITRE I.

### RÉFUTATION GÉNÉRALE DE L'ATHÉISME.

*La matiere n'existe point par elle-même. Elle ne peut être à elle-même le principe de son mouvement. Elle est encore moins le principe de l'ordre qui regne dans l'Univers.*

LE sentiment de l'existence de Dieu est si naturel à l'homme, & si imprimé dans son ame, que depuis le com-

D iv

mencement du monde, tous les peuples ont cru fans effort & fans contrainte qu'il y a un Dieu. Cette foi conftante & unanime du genre humain paroiffoit aux anciens Philofophes un argument, auquel on ne pouvoit rien oppofer de fenfé & de raifonnable : Epicure même, fi fufpect d'ailleurs en cette matiere, en *Cic. de nat.* attribuoit l'origine à la nature qui gra-
*Deor. l. 3. n.* ve l'idée de la Divinité dans tous les
43, 44. efprits.

En effet, il faut bien que cette idée foit l'ouvrage de l'Auteur de la Nature, pour s'être foutenue dans le Paganifme, où l'Idolâtrie & la Philofophie fem-bloient agir de concert pour l'effacer des efprits. L'Idolâtrie en multipliant les dieux, & en leur prétant les paf-fions des hommes les plus corrompus ; la Philofophie, en faifant Dieu maté-riel, ou en l'affociant à la matiere, of-froient à la raifon un objet bien moins digne de fes adorations, que de fes mé-pris. Cependant il eft certain qu'il n'y a eu dans le Paganifme, qu'un très-petit nombre d'Athées. C'eft même un fujet de difpute parmi les Savans, fi dans ces fiécles de ténebres, où les Philofo-phes mettoient leur gloire à enfanter des fystêmes nouveaux & finguliers, il y a eu de véritables Athées. Comment eft-il donc poffible qu'il y en ait dans la Religion Chrétienne, qui eft fi éloignée de toutes les erreurs du Paganifme; & qui donne une idée fi belle de l'Etre infiniment parfait?

Vous en devinez la raifon : les Idolâtres trouveroient dans leurs dieux, non-feulement des amis, mais des protecteurs & des modéles du crime ; ils n'avoient donc aucun intérêt à les nier. Mais lé Dieu des Chrétiens eft un Dieu faint, jufte, qui voit & connoît tout, qui doit punir tout ce qui eft contraire à fes loix. Ainfi les hommes charnels, amateurs de leurs plaifirs, ennemis de tout ce qui gêne leurs paffions, doivent chercher à fecouer le poids d'une autorité, qui non-feulement les condamne, mais qui les force à fe condamner eux-mêmes à des fupplices éternels. C'eft donc contre le Dieu des Chrétiens, comme contre un ennemi, que les libertins doivent confpirer. C'eft ce que prouvent leurs vains efforts & leurs fyftêmes, dont l'obfcurité & les contradictions montrent le defefpoir impuiffant de gens qui ne trouvent pas d'affez

D y

épaiſſes ténébres, pour ſe dérober à ce qui leur reſte de lumiere.

Il eſt des hommes naturellement per-vers. L'Ecriture les appelle des Eſprits créés pour la vengeance, à qui l'impié-té & la méchanceté eſt ſi naturelle, qu'elle ſemble née avec eux. On voit de jeunes-gens, qui, dès leur bas âge, ſont auſſi décidés pour le vice, que s'ils y avoient vieilli. Et pour n'être point forcés d'être toujours aux priſes avec leur conſcience, ils trouvent bientôt le moien de la rendre muette, en regar-dant les choſes qui ne tombent point ſous les ſens, comme des êtres dont on ne ſait rien que par conjecture. Et com-me Dieu eſt de tous les êtres le plus impénétrable dans ſa nature, quoique le plus viſible dans ſes ouvrages, c'eſt ſur-tout à l'égard de Dieu qu'ils font profeſſion de ne rien ſavoir & de ne rien croire.

Il eſt d'autres hommes dont le cara-ctere dominant eſt la préſomption de vouloir tout ſoumettre à leur pénétra-tion & à leurs lumieres. Ils ſe croient en droit d'appeler le Tout-puiſſant à leur tribunal, pour répondre ſur les ti-tres de ſon indépendance & de ſa ſouve-

raineté. Ils le dépouillent de ses titres.
Ils en revétissent ses ouvrages. L'Univers, selon eux, n'a point de cause. C'est
lui qui est l'Etre souverain & nécessaire
existant par lui-même. Le mouvement
& l'ordre qui y régnent, font l'appanage
de sa nature. L'ame & la pensée de
l'homme sont des modifications ou manieres d'être de la matiere. Les vertus &
les vices sont des mouvemens d'une
machine montée, dont les uns contribuent au bien de la société, les autres
tendent au bien particulier de celui qui
les met en œuvre. Ainsi le libertinage
des sens, ou de l'esprit, est la clé de tous
les systêmes qui ont été imaginés contre l'existence de Dieu.

Le plus développé que l'on connois-
se parmi les Anciens, est celui d'Epicure. Ce Philosophe méprisant trop les
dieux de son tems pour les croire Auteurs du monde, en attribuoit la formation au concours fortuit d'un nombre
infini de corpuscules éternels, mobiles,
de diverses figures.

D'autres défenseurs de l'Athéisme,
persuadés que multiplier les suppofi-
tions, c'étoit multiplier les contradictions, s'attacherent à un systême plus

simple, que celui d'Epicure. Ils se contenterent de dire que tout est nécessairement ce qu'il est; qu'ainsi il n'y a point d'autre Dieu que le Monde, que le Tout, que l'Etre universel, que cette Source éternelle & nécessaire de tout ce qui paroît, que cette Substance unique dont tout ce qui existe sont des portions, & tout ce qui arrive des affections.

C'est ce système que Spinosa a renouvellé dans le dernier siécle. Il n'y ajoute rien de nouveau que quelques principes, auxquels il tâche de l'ajuster, & un langage obscur dont il l'enveloppe. Ce système paroît être celui des impies de nos jours. Comme ces prétendus Philosophes ont toujours à la bouche ces mots : *le tout, le grand tout, la nécessité naturelle, la nature, l'ordre de la nature*, nous les nommerons, pour abréger, *Naturalistes*.

Ne vous représentez pas ces faiseurs de systêmes comme des adversaires formidables, qui n'avancent rien qu'ils ne démontrent par des preuves invincibles. Ces Naturalistes cherchent moins à établir qu'à brouiller tout, & à perdre les esprits dans un labyrinte où ils ne sa-

chent de quel côté tourner : & alors le
passage est fort court de l'incertitude à
l'incrédulité. Leur maniere de procéder
ressemble à celle de ces disputeurs de
mauvaise foi qui prennent plaisir à
avancer les principes les plus absurdes ;
parceque c'est à l'adversaire à les détruire. On ne doit pas leur faire un crime
de cette maniere de procéder. C'est la
seule qu'il leur soit possible de suivre.
Prouve-t-on les fables & les chimeres ?

On ne peut mieux comparer ces Naturalistes qu'à des enfans qui voiant le
Château de Versailles, s'imagineroient
qu'il n'est pas l'ouvrage d'un habile Architecte ; mais que les pierres de cet
édifice se sont mises en mouvement
d'elles-mêmes, qu'elles se sont taillées
& polies, qu'elles sont sorties de la carriere, qu'elles se sont assemblées en
un même lieu, qu'elles se sont élevées
les unes sur les autres, qu'elles se sont
arrangées pour la distribution des ap-
partemens, que le ciment est venu les
lier ensemble, que le bois de charpen-
te est venu aussi avec les tuiles mettre
tout l'ouvrage à couvert. Ou bien que
si ce superbe édifice ne s'est pas formé
lui-même de cette maniere ; il faut

qu'il foit éternel, & qu'il ait toujours
été ce qu'il eft. Nulle différence entre
ces enfans & les Naturaliftes. S'il étoit
poffible d'en indiquer une, elle feroit à
l'avantage des enfans : car le moindre
animal eft d'une ftructure & d'un art
infiniment plus admirable que la mai-
fon la plus réguliere & la mieux en-
tendue.

Que diriez-vous à ces enfans, qui
vous feroient part de leurs imaginations
ridicules ? Vous contenteriez-vous d'en
rire ? Ne tâcheriez-vous pas de leur faire entendre que les pierres n'ont ni l'e-
xiftence ni le mouvement par elles-
mêmes ? & que quand elles l'auroient,
jamais il n'en fortiroit un édifice régulier, fi elles n'étoient préparées & placées par une main fage & induftrieufe.
Effaions de faire entendre la même chofe aux Naturaliftes.

## ARTICLE I.

### La matiere n'exifte pas par elle-même.

I. L'Univers eft un compofé d'une
infinité de parties, toutes diftinguées les unes des autres, & qui ont

aussi chacune leur existence à part. L'existence du soleil n'est point l'existence de la lune. L'existence d'un arbre n'est point celle d'un homme. Il y a plus, l'existence d'une moitié du soleil n'est point l'existence de l'autre moitié : & il en faut dire autant de l'existence de toutes les parties de la matiere, qui par sa divisibilité à l'infini, multiplie aussi à l'infini les existences de ses parties.

Ainsi comme l'univers est l'assemblage d'une infinité de parties qui le composent, on doit dire aussi que l'existence de l'univers n'est autre chose que l'assemblage de toutes les existences particulieres qui conviennent à chacune de ses parties. Et la question de l'existence nécessaire & indépendante roule tout autant sur l'existence du moucheron, & de tous les atômes qui le composent, que sur l'existence du monde entier. Car il seroit aussi absurde d'accorder l'existence nécessaire à tout l'univers, pendant qu'on la refuseroit à chacune des parties qui le composent; qu'il le seroit de dire que le tout peut subsister sans aucune de ses parties.

Il s'enfuit que toutes les parties de l'univers ont autant de droit les unes

que les autres à l'exiſtence néceſſaire &
indépendante.

Qu'eſt-ce donc qu'exiſter néceſſairement & eſſentiellement ? Une choſe
exiſte eſſentiellement ; lorſqu'en lui
ôtant l'exiſtence, il n'eſt plus poſſible de
la concevoir. C'eſt ainſi que le triangle
eſt néceſſairement compoſé de trois angles, parcequ'en lui ôtant un ſeul angle, on ne conçoit plus de triangle. Or
il n'y a pas une ſeule partie de l'univers
qu'on ne puiſſe concevoir, quand elle
ceſſeroit d'exiſter, comme nous concevons une montagne d'or, ou de dia-
mant, quoiqu'elle n'exiſte point. Il n'y
a donc aucune partie de l'univers qui
exiſte néceſſairement. A plus forte raiſon, l'univers qui doit ſon exiſtence à
celle de ſes parties, n'exiſte point néceſſairement.

II. Si l'univers, & les parties qui le
compoſent, exiſtoient néceſſairement ;
comme ces parties n'ont jamais pû être
un inſtant ſans quelque maniere d'être
qui leur fût propre, c'eſt-à-dire, ſans
une certaine configuration & arrangement, ſans un certain repos, ou ſans un
certain mouvement ; il s'enſuivroit que
ces qualités ou manieres d'être ſeroient

aussi nécessaires & aussi éternelles que les parties de l'univers qui les contiennent; puisqu'elles existeroient par elles-mêmes, & qu'elles ne tiendroient leur existence d'aucune cause étrangere ; puisqu'en un mot, leur existence seroit la même que l'existence de la matiere dont elles seroient la forme.

Qui pourroit nier que ces modes & ces propriétés ne fussent aussi anciennes que les parties de l'univers, & qu'elles ne fussent nées avec elles ? Car qui auroit pû leur donner l'être par la suite des tems ? Ce ne peut être l'univers entier qui les auroit données à ses parties ; parceque l'univers entier n'est point un être distingué de ses parties. Il faut même qu'elles subsistent avant lui, puisqu'il ne résulte que de leur assemblage. Les parties de l'univers ne peuvent pas non plus s'être donné leurs propriétés ou manieres d'être, parcequ'on ne peut se donner ce qu'on n'a pas.

Il faut donc convenir que dans le systême d'un monde éternel & indépendant, aucune des parties de l'univers n'a pu exister un seul instant sans être revêtue de toutes les formes ou manie-

res d'être que nous leur voions aujourd'hui.

Il faut encore convenir qu'aucunes
parties de l'univers ne peuvent jamais
être dépouillées de leurs premieres formes, ou manieres d'être, parcequ'elles
font leur appanage primitif, qui émane
de leur être indépendant & néceſſaire.

D'où il ſuit que tous les corps doivent être incorruptibles, & qu'ils ne
peuvent éprouver la diſſolution de leurs
parties ; parceque l'ordre & l'arrangement de ces parties fait la maniere d'ê-
tre de chaque corps, dont il jouit indépendemment, & qu'il ne tient que de
lui-même.

Une derniere ſuite de toutes ces conſéquences eſt qu'il doit y avoir aujour-
d'hui un nombre infini d'hommes, d'a-
nimaux, d'arbres de toute eſpéce, &c.
qui datent leur exiſtence de l'éternité :
parceque faiſant partie, & une partie
conſidérable d'un univers indépendant
& exiſtant par lui-même, ils exiſtent
auſſi par eux-mêmes, à meilleur titre,
le monde ne pouvant avoir d'exiſtence
néceſſaire, que par l'exiſtence néceſſaire de ſes parties. Et ces hommes dont
l'exiſtence remonte juſqu'à l'éternité,

ne doivent pas être rares. Ce feroit au contraire une énigme incompréhenſible qu'ils ne rempliſſent pas tout l'univers.

III. Enfin ſi l'univers & tous les corps qui le compoſent, étoient à eux-mêmes la ſource de leur exiſtence ; rien ne feroit capable de les borner dans aucune maniere d'être dont la matiere eſt ſuſceptible. Chaque partie feroit auſſi infinie en tout genre, que toutes les autres enſemble. Car comme l'union & l'aſſemblage de toutes les parties du monde ne fait point une unité réelle & phyſique, elles ſont chacune en particulier autant d'êtres indépendans, & exiſtans par eux-mêmes.

Quand il ne s'agiroit que de l'immenſité, qui eſt le premier attribut de tout ce qui exiſte par ſoi-même, chaque partie du monde y auroit un droit inconteſtable. Tout ce qui eſt à ſoi-même le principe de ſon être eſt exemt & pur, pour ainſi dire, de tout néant, du moins dans ſon genre ; car qui pourroit donner des bornes à une puiſſance qui eſt inépuiſable, puiſqu'elle agit néceſſairement, eſſentiellement, & avec une entiere indépendance. Il n'y a donc au-

cune partie de l'univers qui n'ait dû
se donner une étendue immense, étendue qui excluroit toutes les autres : le
même espace ne pouvant être rempli en
même-tems par différens corps.

Voilà une partie des absurdités qui
se présentent en foule dans le système
qui fait de l'univers l'être éternel &
existant par lui-même. Système par conséquent qui ne peut en imposer qu'à
des esprits incapables de réflexion, ou
à des hommes corrompus, à qui tout systême est bon, pourvû qu'il leur pro-
mette l'impunité & le néant après la
mort.

IV. Mais accordons, pour un moment, aux Naturalistes l'éternité du
monde : accordons-leur qu'il existe par
lui-même. Que feront-ils d'une ébauche si grossiere, & si éloignée de sa perfection ?

Quand le monde existeroit par lui-
même, il ne pourroit avoir que les attributs qui conviennent à la matiere,
qui sont les trois dimensions de longueur, largeur, & profondeur, la figure; mais il y a une distance infinie de
ces attributs aux perfections qui écla-
tent dans l'univers. Et quand les Na-

turalistes seroient en droit de multiplier à leur gré les modes de la matiere, ils seroient toujours forcés de convenir que c'est un être stupide, aveugle, dépourvu d'intelligence. Et ils sont si intéressés à en convenir, que tout le fruit qu'ils prétendent recueillir de leur système, est de se débarrasser d'une intelligence subsistante par elle-même; parcequ'autrement ils ne pourroient lui refuser des attributs & des perfections qu'ils abhorrent, jusqu'à risquer le tout pour le tout, plutôt que de les reconnoître.

Par où s'y prendroient-ils donc pour expliquer comment des êtres qui ne se connoissent pas, qui sont distingués les uns des autres, & souvent séparés par des espaces immenses, peuvent se concerter, pour garder entr'eux un ordre si régulier, si méthodique, si varié, d'où résulte une multitude innombrable d'effets inimitables à l'art & à l'invention, & incompréhensibles à la science la plus consommée.

Diront-ils qu'un ordre si admirable est l'ouvrage du hasard ou de la nature. Ce seroit recourir à des termes vuides de sens, & qui ne présentent aucune idée : car on ne conçoit point ce qui n'eſt ni corps ni eſprit. Les Epicuriens rioient, ſans doute, dans le fond de leur ame, de voir le crédit que prenoit leur ſyſtême du cahos débrouillé par le haſard, quoique ce ne fût de leur part qu'un jeu d'eſprit, ou plutôt un délire plus propre à enrichir la fable, qu'à trouver place dans les écoles de la vraie Philoſophie ; & mille fois plus extravagant que tout ce que les Poëtes diſent d'Amphion, qui par les doux accords de ſa lyre ſe faiſoit ſuivre des rochers, & faiſoit élever avec ordre & ſymétrie les pierres les unes ſur les autres, pour former les murailles de Thebes.

Quant à la nature qu'on peut appeller *le Dieu inconnu* des Naturaliſtes, c'eſt encore une de ces chimeres indéfiniſſables, à qui on attribue une infinité d'effets, ſans ſe donner la peine d'examiner ce que c'eſt ; ſi elle exiſte ; ſi c'eſt un être diſtingué de l'univers. Et cet univers lui-même n'eſt rien, ſi on le conçoit comme quelque choſe de différent des parties qui le compoſent.

Quand on demande donc aux Naturaliſtes qui a établi le concert qui régne dans toutes les parties du monde ; s'ils

veulent fe faire entendre, & s'entendre eux-mêmes, qu'ils ne nous parlent
plus ni de hafard, ni de nature, ni
d'une ame du monde aufli aveugle que
le refte de l'Univers.

S'ils répondent que cet ordre & ce
concert s'eft établi de lui-même : que
c'eft une maniere d'être qui émane naturellement & effentiellement de toutes les parties de l'univers, jointes enfemble pour ne former qu'un feul tout :
que toutes ces parties ont par nature
l'activité néceffaire pour former un
mouvement régulier, périodique, uniforme, même dans fes variations ; cette réponfe la mieux affortie à leurs principes, n'eft-elle pas de pure fantaifie ?

Pour en montrer le faux, établiffons
la feconde des trois propofitions que
nous avons à prouver : favoir, que la
matiere abandonnée à elle - même eft
incapable d'activité, & de mouvement
propre.

# ARTICLE II.

## La matiere n'a en foi aucun principe d'activité.

I. L'Activité eſt la puiſſance de ſe mouvoir ſoi-même. Se mouvoir ſoi-même ( nous parlons du mouvement des corps) c'eſt paſſer d'un lieu à un autre, ſans y être pouſſé par une cauſe étrangere. Or la matiere n'a pas la puiſſance de paſſer d'un lieu à un autre, ſans y être pouſſée par une cauſe étrangere.

Les Naturaliſtes ne diſconviendront pas qu'il n'y ait dans l'univers une infinité de corps qui n'ont point en eux le principe de leur mouvement. Tels ſont les corps maſſifs & peſans, par exemple une pierre de taille, qui croupiroient dans un repos éternel, s'ils n'étoient remués par une force ſupérieure à leur poids. Et nous pouvons déja conclure que certé matiere groſſiere & compacte eſt née pour le repos ; en ſorte qu'au lieu de chercher à en ſortir, elle cherche à y rentrer au fort de ſes plus grandes

grandes agitations. Si les forces étrange-
res se rallentissent, semblable à un mauvais cheval qui ne sent plus l'éperon,
elle rallentit sa course : & si ces forces
mouvantes l'abandonnent tout d'un
coup, elle rentre tout à coup dans son
repos.

Mais le Naturaliste nous attend à
une autre sorte de matiere qui semble
être le mobile de tous les autres corps,
& n'emprunter son mouvement que
d'elle-même, & de ses propres ressorts.
Cette matiere est celle qu'on dit remplir tous les espaces, pénétrer tous les
corps, même les plus durs & les plus
solides ; & malgré sa fluidité, soutenir
sur ses colonnes les corps les plus vastes.
C'est ce qu'on appelle communément
la matiere étherée ou céleste.

Puisque cette matiere met tout en
mouvement, & qu'on ne peut pas expliquer le sien par l'impulsion, ou la
compression des autres corps ; la conclusion est qu'elle est le principe, sans principe, de tous les mouvemens de la nature ; & que par conséquent elle est active par elle-même, & par essence.

Tout ce raisonnement est faux & dans
son principe, & dans les conséquences

*Tome I.* E

que l'on en tire. Il eſt faux que la matiere étherée remue les corps graves,
ſans en être remuée : eſt-ce qu'elle n'eſt
pas chaſſée des lieux & des pores qu'elle
rempliſſoit, par la compreſſion des corps
ſolides ? eſt-ce qu'elle n'eſt pas forcée de
céder la place aux corps ſolides?

Quand la matiere étherée donneroit
aux corps graves leur mouvement, s'en-
ſuivroit-il qu'elle ne le recevroit pas elle-même à ſon tour ? La même loi du
mouvement ſubſiſte & dans la région de
la matiere étherée & dans celle des
corps graves. Cette loi conſiſte en ce
que nul corps ne peut paſſer d'un lieu à
un autre, s'il n'en eſt chaſſé par un autre corps qui ait ſur lui ſupériorité de
poids, ou d'un mouvement équivalent
à un plus grand poids. Sans cette ſupériorité, un corps quelque léger qu'il
ſoit, ne pourroit jamais être déterminé
à changer de place.

Or cette loi s'obſerve dans les eſpaces
qu'occupe la matiere étherée, dont toutes les parties n'ont d'agitation que par
le choc réciproque des unes contre les
autres. Et de cette alternative de mouvement donné & reçu, ſelon le degré
de poids réel, ou équivalent, il s'en-

fuit que comme un corps pesant & compact seroit éternellement en repos, s'il n'étoit entraîné par une force mouvante supérieure à son poids; la même regle & la même conséquence doit s'appliquer à toutes les parties de la matiere étherée. Les atômes sont des montagnes pour les corps qui leur seroient inférieurs en force; & les montagnes des atômes pour les corps qui les surpasseroient en force & en pesanteur.

II. Si la matiere avoit en elle-même le principe de son mouvement; ce seroit dans le sens, ou que le mouvement seroit de son essence, ou que d'elle-même elle pourroit passer du repos au mouvement. Or le mouvement n'est pas de l'essence de la matiere, puisqu'elle est indifférente pour le repos, ou pour le mouvement; qu'il est des corps qui sont sans mouvement; & qu'un même corps qui est en mouvement peut rentrer dans le repos.

On ne peut pas dire non plus que la matiere peut passer d'elle-même du repos au mouvement, parce qu'alors elle se donneroit ce qu'elle n'a pas : cela est évident. Donc elle n'a pas en elle-même le principe de son mouvement.

III. Une troifiéme preuve qui établit l'impuiffance de la matiere de fe donner par elle-même fon mouvement, eft que fi la matiere avoit par elle-même la puiffance de fe mouvoir, elle feroit fixée à une feule efpéce de mouvement, fans pouvoir jamais paffer à un autre. Car ne pouvant fe donner en même-tems deux mouvemens contraires ; tels que font, par exemple, le mouvement progreffif & le mouvement rétroactif, ou le mouvement fur une ligne droite, & fur une ligne courbe, celui des deux qu'elle auroit eu le premier, feroit une émanation éternelle de fon effence, comme le prétendent les Naturaliftes. Or les effences font immuables, foit qu'il s'agiffe de perdre ce qu'elles ont, ou d'acquérir ce qu'elles n'ont pas. Donc elle feroit fixée à ce feul mouvement, fans pouvoir jamais paffer à un autre.

Vous direz peut-être que le corps entier de la matiere aura pu fe donner en même-tems tous les genres de mouvement dans fes différentes parties.

Réduifons, s'il vous plaît, à fa jufte valeur ce terme de corps entier de la matiere, il femble que vous le conceviez comme une matiere univerfelle ;

qu'eſt-ce donc que cette matiere prétendue univerſelle, ſinon un être de raiſon, & une idée qui n'ajoute rien de
réel aux parties de la matiere priſes ſé-
parément. Et après tout quand le corps
entier de la matiere auroit pu diſtribuer
différens mouvemens à ſes différentes
parties, en feroit-il moins vrai que
chacune de ces parties feroit bornée à
ſon premier mouvement, comme l'ayant
de toute éternité, & par une émanation
néceſſaire de la matiere : par conféquent
le corps entier de la matiere auroit toujours un mouvement uniforme, par le
mouvement uniforme de toutes ſes
parties.

Vous pouvez encore objecter que la
matiere étant eſſentiellement indifférente pour tous les mouvemens, comme pour toutes les figures, quelque
mouvement qu'elle ſe donne, elle con-
ſervera toujours l'aptitude à tous les autres mouvemens, de même que quand
elle prend une figure, elle conſerve toujours l'aptitude de recevoir toutes les
autres figures.

Je ne vous nie pas que la matiere a
une indifférence paſſive pour toute ſorte
de mouvemens, c'eſt-à-dire, qu'elle

peut recevoir indifféremment tous les mouvemens qu'une caufe étrangere peut lui donner. Mais comment auroit-elle l'indifférence active de fe donner à elle-même toute forte de mouvement ; puifqu'elle ne peut pas fe donner le plus petit, par la regle qu'on ne peut fe donner ce qu'on n'a pas.

IV. Et de quelle maniere feindriez-vous que la matiere fe dônnât le mouvement à elle-même ? Vous ne feindrez pas qu'elle fe le donne librement ; puifqu'elle n'a ni connoiffance ni liberté. Si elle fe meut donc elle-même, il faut que vous conveniez qu'elle fe meut néceffairement ; il faut que vous conveniez conféquemment qu'il n'y auroit aucune de fes parties qui ne fût mûe néceffairement & autant qu'elle peut l'être : car une caufe qui agit néceffairement, agit felon toute l'étendue de fes forces, & produit tout l'effet qu'elle peut produire. Le repos feroit donc impoffible ; & il n'eft point de corps qui ne dût être plus agité que le foleil.

De plus, fi chaque partie de la matiere étoit mûe néceffairement, ou elle le feroit de tous les côtés, ou vers un côté feulement. Si c'étoit de tous les côtés, c'eft-à-dire, de bas en haut, de haut en bas, de droite à gauche, de gauche à droite, & dans tous les autres fens; ce mouvement équivaudroit au repos, & le tranfport d'un corps d'un lieu à un autre, n'arriveroit jamais; de même que fi quatre hommes d'égales forces pouffoient une pierre, chacun de leur côté, leurs efforts n'aboutiroient qu'à affermir la pierre dans la même place. Or on ne peut pas dire que chaque partie foit mûe néceffairement vers un côté : car toutes les déterminations du mouvement font également poffibles; & par conféquent la détermination d'un côté plutôt que d'un autre, ne peut être néceffaire.

V. Nous pourrions ajouter d'autres réflexions également accablantes pour le Naturalifte. Demandons-lui, par exemple, qui a déterminé les corps à fe communiquer leur mouvement. Des êtres néceffaires, entiérement diftingués & indépendans par le fond de leur nature, peuvent-ils recevoir quelque chofe les uns des autres? De plus, dès que le mouvement n'eft pas de l'effence de la matiere, la communication du mouvement n'a aucun fondement réel dans

l'essence des parties de la matiere. Il
étoit donc possible qu'une partie de
la matiere en mouvement, ne communiquât pas son mouvement à une autre
partie en repos, comme il étoit possible
qu'elle le lui communiquât. Que le Naturaliste nous dise donc qui a déterminé
les parties de la matiere à se communiquer mutuellement leur mouvement ?

Il y a, dira-t-il, des loix dans la nature, qui reglent cette communication.
Nous admirons ces loix si ingénieuses,
si justes, si bien assorties, dont l'altéra-
tion renverseroit le bel ordre de l'univers. Mais où sont-elles écrites ces loix ?
qui les a faites, & qui les rend si invio-
lables ? Nous voions qu'un corps en
ébranle un autre, qu'une masse plus solide & plus pesante entraîne celle qui
est moins grosse & moins solide : nous
en chercherions en vain la raison dans
l'essence des corps : nous concevons clairement que comme un corps pourroit
ne se pas mouvoir, il pourroit de même ne pas communiquer son mouvement. Ces loix sont donc purement arbitraires ; & c'est ce que l'expérience
montre évidemment : car deux corps
durs, d'égale masse, & d'égale vitesse,

qui fe rencontrent, ceffent de fe mouvoir. Cela arriveroit-il, fi le mouvement, & les loix de la communication
du mouvement étoient néceffaires ? Ces
corps ne devroient-ils pas plutôt fe communiquer leur mouvement, & fe réflechir ?

---

# ARTICLE III.

*La matiere n'eft pas le Principe de
l'ordre qui regne dans l'univers.*

I. EN fuppofant à la matiere un mouvement propre, il ne pourroit en
réfulter des effets qui euffent la régularité, l'ordre & la fymétrie que nous
voions dans l'univers.

Cette propofition n'a pas befoin d'ê-
tre prouvée. Il n'y a point d'axiome qui
foit d'une plus grande évidence : car il
eft vifible d'un côté que l'ordre qui régne dans l'univers, n'a pu s'établir, &
qu'il ne peut fe maintenir, fans une
fageffe & une puiffance infinie ; & d'un
autre côté, il eft vifible que la matiere
n'a ni fageffe, ni puiffance.

Seroit-il plus abfurde de dire qu'un
E v

homme raisonne sans penser, qu'il l'est d'avancer que l'ordre des cieux, le cours des astres, la construction des corps organisés, la circulation des liquides, qui constitue la vie des animaux & des plantes, les sensations, les pensées même, sources des sciences les plus profondes, sont autant d'émanations d'une matiere qui ne connoît ni le prix, ni la beauté de tant de merveilles : Que l'homme qui se connoît lui-même, qui réfléchit sur ses pensées, qui forme des raisonnemens, qui invente & perfectionne les arts, qui approfondit les sciences, est redevable de ces dons & de ces trésors à une matiere aveugle, qui répand toutes ces richesses sans le savoir : Que la vertu, la probité, la justice, les vices, les passions sont les effets d'un mécanisme inconnu.

II. Avant d'entrer dans l'analise d'un système qui attribue une espece de divinité à la matiere, mais une divinité stupide & aveugle, permettez-moi de vous rappeller une observation que nous avons déja faite. Les nouveaux Naturalistes, pour distraire les esprits de l'idée très-bornée que la matiere nous présente, quand nous ne la considérons que dans le détail de ses parties, aiment à employer les termes d'univers, de monde, de nature : tous termes qui portent dans l'esprit des ignorans l'idée d'un être immense, dont la force est invincible, qui préside souverainement à toutes les parties qui le composent. D'où il arrive que les simples n'ont garde d'attribuer à ces parties l'ordre & l'arrangement du tout. Ils croient plutôt que c'est le tout qui donne à ses parties leurs fonctions, d'où résulte l'ordre universel.

L'illusion de cette pensée saute aux yeux ; car qui ne voit que les parties existent avant le tout ( du moins selon notre maniere de concevoir ) puisque le tout n'est que le résultat de ses parties : que les parties ne doivent rien au tout : que le tout est redevable à ses parties de tout ce qu'il est : & que par conséquent c'est dans les parties qu'il faut chercher l'origine & le principe des perfections du tout, & non pas attribuer à l'univers l'ordre & l'œconomie de ses parties.

Concevons donc l'état de toutes les parties du monde, avant que de faire attention à l'ordre que nous y voions

E. vj

aujourd'hui, & tâchons, s'il eſt poſſible, d'y découvrir les ſemences des perfections qui réſultent de leur union.

Nous trouvons d'abord une infinité
de petits êtres qui ſe ſuffiſent à eux-
mêmes ; auſſi indépendans les uns des
autres, que s'ils exiſtoient tout ſeuls.
Car dès-là que l'un n'eſt pas l'autre,
& qu'ils ont chacun leur propre exiſtence, ils n'ont ni l'un ni l'autre aucun intérêt de ſe rechercher & de s'u-
nir, pour compoſer des êtres plus parfaits qu'eux, puiſque la perfection de
ces êtres compoſés n'ajoute rien à leur
propre perfection.

III. Les Naturaliſtes pour expliquer
comment tous ces petits êtres ſe ſont
unis & aſſortis enſemble, pour former
les différens corps qui compoſent l'univers, leur donnent une vertu ſympathi-
que & attractive, ſemblable à celle de
l'aiman. Mais depuis la déroute des qualités occultes, on ne connoît plus de
ſympathie que dans les choſes qui ſe
ſentent, qui s'aiment, & qui ſe recher-
chent naturellement. Et dès-là qu'un
Naturaliſte donne de la ſympathie à de
petits atômes, il ne peut leur refuſer la
penſée & la connoiſſance, parcequ'on

ne peut rechercher ce qu'on ne connoît pas.

Le Naturaliste réclameroit injuste-
ment l'autorité de Newton. Si ce céle-
bre Philosophe a cru appercevoir dans
la nature une vertu attractive ; il étoit
trop éclairé pour lui attribuer la formation des corps, & pour n'en pas reconnoître le principe dans la volonté
du Créateur. Au reste, cette vertu n'en
est pas moins occulte, pour être appuyée
d'un si grand nom. Les corps qui sont
sous nos yeux, & pour ainsi dire, entre
nos mains, n'agissent les uns sur les autres que par impulsion. S'il en est, comme les Magnétiques & les Planétaires,
dont l'action échappe à nos sens; ne vaut-
il pas mieux confesser notre ignorance,
que de recourir à une qualité, dont il est
impossible de se former aucune idée dif-
tincte ? La découvre-t-on cette qualité
dans tous les êtres dont le monde est
l'assemblage ? Peut-on y vérifier les loix
suivant lesquelles on prétend qu'elle
agit ? qui oseroit le dire ? L'attraction
n'est donc pas une clé qui soit plus propre que l'impulsion, à nous introduire
dans les secrets de la nature.

Les expériences des Attractionnaires

montrent certains effets, fans en indiquer la caufe. Tous leurs calculs fur la maffe, la diftance, l'orbite, la fituation, le cours du foleil & des planétes, ont pour réfultat des faits heureufement circonftanciés. Mais quelle eft la caufe de ces phénomènes ? Eft-ce une vertu propre à ces corps ? Eft-ce un fluide dans lequel ils nâgent, qui les foutienne, qui en entretienne le jeu ? L'algébre n'a plus ici de prifes : elle ne donne pas des yeux : elle donne encore moins l'idée d'un corps en repos capable d'agir fur un autre, quelque éloigné qu'il puiffe être, de l'ébranler, de le contraindre à fe rapprocher, quand même ils feroient féparés par un vuide immenfe, & quoiqu'il n'y ait point de corps intermédiaires qui établiffent une communication entr'eux ; une telle force n'a de réalité que dans la tête des Savans Calculateurs. Mais la fuppofer cette force dans les corps, & en faire fortir l'ordre & l'arrangement, l'organifation, par exemple, d'une plante ou d'un animal, ce feroit avoir perdu l'efprit ; parcequ'il eft évident que l'ordre & le deffein ne peuvent jamais être l'effet d'une caufe aveugle.

Pourquoi chercher dans les corps ce qu'il eſt impoſſible d'y trouver ? La force des corps eſt leur mouvement ; or le principe du mouvement peut-il jamais ſe trouver dans les corps ? Ceſſez , un moment , de concevoir un premier moteur , dès-là même vous ne concevez plus les corps qu'immobiles , incapables de ſortir de la place qu'ils occupent. Qui les tireroit de leur place ? s'en tireroient-ils eux-mêmes ? de quel côté chacun ſe détermineroit-il à aller ? Pourquoi à droite plutôt qu'à gauche ? Pourquoi en haut plutôt qu'en bas ? En un mot, pourquoi en un ſens plutôt qu'en un autre ? Le corps A , direz-vous , déterminera le corps B , le corps B , le corps C , ainſi de ſuite : mais d'où eſt venue au corps A , la détermination que vous lui ſuppoſez ? De plus , il ne peut rien ſur le corps B , qu'en lui communiquant une partie de ſon mouvement : or concevez - vous que cette communication ſoit poſſible ſans un premier moteur ? Il en eſt du mouvement comme de la durée & de la figure ; ce ſont des manieres d'être qui ne peuvent ſe détacher de leur ſujet pour paſſer dans un autre.

Sans un Créateur , il ne peut y avoir

ni corps ni mouvement : parceque les corps ne peuvent ni exifter ni continuer d'exifter par eux-mêmes : or le mouvement ou le tranfport d'un corps d'un lieu dans un autre , de même que le repos ou la fituation d'un corps dans un même lieu, n'eft qu'une continuation d'exiftence. Ainfi l'attraction eft une pure chimere ; ou il faut entendre par ce terme , l'action générale , conftante & réguliere par laquelle le Créateur tranfporte les corps conformément aux loix qu'il a établies.

IV. Mais peut-être les Naturaliftes entendent par fympathie , la proportion & la conformité de certaines parties de la matiere que l'on appelle *Homogenes* , c'eft-à-dire , d'un même genre , ou efpéce , & d'une même configuration. Car quoique ces parties foient incapables de fe rechercher mutuellement , il eft vrai cependant que pour l'ordinaire , elles ne peuvent fe rencontrer , fans s'unir & fe fixer les unes aux autres. Nous admettons cette fympathie , fi on veut l'appeller ainfi. Nous accordons même , fi l'on veut , qu'il fuffit que les parties homogenes fe rencontrent , pour qu'elles s'enchâffent , comme d'elles - mêmes ,

les unes dans les autres. Mais plufieurs
chofes à remarquer.

La premiere, que ces parties homo-
gènes n'ont pu recevoir une même configuration que d'une caufe étrangere,
parceque la matiere eft indifférente à
toute forte d'arrangemens , & qu'elle
ne peut s'en donner aucun. La feconde, que l'affemblage de ces parties en
un même efpace, & dans une quantité
fuffifante pour y former des corps, ne
peut venir d'elles: parceque cet affemblage & cette forme déterminée mar-
quent un deffein dont la matiere eft incapable. La troifiéme, qu'elles n'ont jamais pu fe mouvoir, qu'elles n'aient
reçu auparavant leur mouvement ; parcequ'elles ne peuvent l'avoir par elles-
mêmes. La quatriéme , qu'elles n'ont
jamais pu fe rencontrer qu'elles n'aient
reçu une détermination de mouvement
propre pour cela : car fi chacune étoit
déterminée à fe mouvoir en tout fens ;
elles ne fortiroient point de leur place.
Si elles étoient toutes déterminées à fe
mouvoir d'un feul côté en ligne droite,
par exemple, d'Orient en Occident ; ces
parties tenant toutes la même route, jamais elles ne fe rencontreroient. Si la

moitié étoit pouſſée en ligne droite d'O-
rient en Occident , & l'autre moitié
d'Occident en Orient , elles ne pourroient que ſe heurter & rejaillir , au
lieu de ſe réunir. Elles ont beſoin de
diverſes projections particulieres , &
d'un mouvement juſte & proportionné ;
elles ſont ſuſceptibles de toutes ces différentes déterminations ; mais elles ne
peuvent ſe les donner. La cinquiéme
enfin , que de l'union de ces parties in-
ſenſibles il ne peut réſulter que la compoſition des corps qu'on regarde comme
des élémens , c'eſt-à-dire , qui n'admet-
tent aucun mélange de corps étrangers ;
tels que ſont le feu , l'air , &c. Mais s'il
s'agit de la compoſition des corps mixt-
tes , ſur-tout des corps organiſés , comme des plantes , des animaux & des
hommes , il faut avoir recours à un autre principe que la ſympathie , pour expliquer un aſſemblage & un arrangement de parties qui n'ont aucune affi-
nité les unes avec les autres.

Si certains petits corps qui compoſent
la chair des animaux , ſe ſont comme
embraſſés naturellement à la premiere
rencontre , à cauſe d'une conformité
naturelle ; on ne peut pas en dire autant

des différentes parties de l'animal, dont
les unes font fluides, comme le fang &
les humeurs; les autres ont de la con-
fiftence, comme les veines, les nerfs,
&c; les unes font fouples & molles,
comme les chairs; d'autres font dures,
comme les os. Car il n'y a pas l'ombre
de fympathie entre des corps fi difpro-
portionnés. Il s'agit donc d'expliquer par
quelle heureufe rencontre les chairs, les
os, les nerfs, les tendons, les vaiffeaux
qui portent le fang & les efprits, fe font
placés d'eux-mêmes fi à propos, pour
concourir au mouvement & à la vie ani-
male, que non-feulement ils ne fe nui-
fent pas, mais que fi un feul venoit à
manquer, c'en feroit affez pour décon-
certer toute la machine.

Nous avons déja remarqué que le
hafard, la nature, une certaine ame du
monde font de pures chimeres : qu'il
n'y a rien de réel dans l'univers que les
parties qui le compofent: qu'ainfi tant
que les Naturaliftes refuferont de reconnoître une caufe fupérieure à l'univers,
qui y ait produit tout ce que nous voions,
ce fera eux à expliquer comment ils
conçoivent que chaque partie de la matiere a pu trouver avec tant de juftefle

& de proportion la place qui lui convenoit, pour concourir à la formation des corps vivans, & de ces vastes globes qui nagent dans la matiere fluide.

V. Ils diront peut-être, que nous leur imposons un faux principe, qui est que la matiere a acquis successivement & par degrés l'arrangement que nous lui voions aujourd'hui ; ou que du moins nous supposons que l'ordre du monde tire son origine d'une révolution qui ait envoié chaque partie de la matiere à la place qu'elle doit occuper, pour y remplir certaines fonctions : qu'ils rejettent ces suppositions, parcequ'il n'y a point de cause à chercher dans ce qui n'a jamais eu de commencement : que le monde est ce qu'il est, par lui-même, parcequ'il est de toute éternité.

Nous avons prévenu cette misérable réponse, en faisant voir : 1°. Que le monde n'existe pas nécessairement. 2°. Que la matiere n'a par elle-même ni activité ni mouvement.

De plus, il est ridicule de nier dans leur systême, que la matiere ait acquis successivement & par degrés l'arrangement que nous lui voions. Les animaux & les plantes dattent-ils de l'éternité ?

subsistent-ils les mêmes immuablement ? Ne les voions-nous pas naître les uns des autres, se former, croître, & puis disparoître ? Sur quel fondement peuvent-ils donc nier que le monde, pour sa formation, ait passé par des révolutions successives ; puisqu'il ne se conserve que par cette voie ? S'il étoit donc possible de concilier l'éternité du monde avec l'état présent des choses, ce ne seroit que dans le sens que les premiers principes des corps organisés, & le mouvement nécessaire pour mettre en œuvre ces principes, seroient éternels. Mais toutes ces éternités sont de pures chimeres, comme nous l'avons démontré. Supposez même ces chimeres réalisées, il n'en seroit sorti qu'une masse brute & informe : de même que supposez toutes les piéces d'une pendule, les roues, les ressorts, les cordes, les poids, &c. jamais il n'en sortira une pendule, si ces piéces ne sont arrangées par une main intelligente : faites agiter ces piéces par un mouvement aveugle ; je veux qu'elles se rapprochent, mais ce ne sera que pour se froisser, se briser, se mettre en poudre les unes sur les autres. C'est le seul effet que puisse produire le mouvement sans un sage moteur.

Mais peut-être que les Naturalistes, en disant que le monde est nécessairement tel qu'il est, veulent simplement dire qu'il y a une nécessité naturelle qui détermine la perfection de chaque être & le tems de sa production. Autre chimere encore. Qu'entendent les Naturalistes par la *nécessité naturelle ?* Est-ce quelque chose, ou n'est-ce rien ? Si la nécessité naturelle est un néant, le néant ne peut rien. Si c'est quelque chose ; ou c'est un esprit, ou la matiere. Ce n'est pas un esprit, les Naturalistes n'en connoissent point. Si c'est la matiere, ou c'est la matiere en général, ou chaque partie de matiere. La matiere en général n'est qu'une idée & non une réalité : car la matiere qui existe réellement, n'est autre chose qu'une infinité de petits êtres étendus, dont chacun fait un être à part, distingué de tous les autres, & qui ne tient rien d'eux.

Si la *nécessité naturelle* n'est donc pas un néant, il faut qu'elle soit chaque petit être étendu qui existe dans l'univers. Ainsi attribuer à la nécessité naturelle la détermination de la perfection de chaque être, & du tems de leur pro-

duction ; c'eſt attribuer à chaque petit
être étendu la faculté & la propriété de
déterminer ſa perfection & le tems de
ſa production. Peut-on rien imaginer
de plus chimérique, qu'une portion de
matiere aveugle & ſtupide ſe détermi-
nant elle-même à quitter la forme dont
elle eſt revêtue, pour en prendre une
nouvelle, & pour concourir avec d'autres portions à la formation de quelque
corps ? Tout cela eſt plein de contradictions puériles & inſenſées.

VI. La néceſſité naturelle n'eſt pas
plus réelle que le haſard. L'Athéiſme
ne roule que ſur des mots, auxquels on
ne peut attacher aucune idée qui ne
choque le ſens commun. Il n'eſt donc
plus beſoin d'établir l'exiſtence de Dieu ;
puiſqu'on ne peut rejetter cette premiere vérité, ſans ſe donner en proie aux
fables les plus impertinentes, & aux
chimeres les plus abſurdes. Mais il nous
eſt utile de nourrir notre foi & notre
religion. Choiſiſſons des preuves qui
ſoient également faciles à entendre, &
propres à former en nous l'heureuſe habitude de voir par-tout notre Créateur.
Il me ſemble que nous en trouverons
de ce genre dans l'idée d'un être néceſ-

faire ; dans l'exiſtence de notre ame , & dans ſon union avec la matiere ; dans la ſtructure du corps humain ; & dans la fabrique du monde.

# CHAPITRE II.

## PREUVES DE L'EXISTENCE DE DIEU.

*Idée d'un Etre néceſſaire. Exiſtence de l'ame. Union de l'ame & du corps. Structure du corps humain. Fabrique du monde.*

## ARTICLE I.

*Nous avons l'idée d'un Etre néceſſaire. Un Etre néceſſaire eſt ſouverainement parfait.*

I. CEUX qui nient l'exiſtence de Dieu, s'ils ſavent ce qu'ils nient, doivent convenir avec ceux qui la défendent que, par le nom de Dieu , il faut entendre un Etre qui exiſte néceſſairement & eſſentiellement par lui-même ,

&

& qui renferme dans son idée toutes les perfections. Or peut-on former un doute sérieux sur l'existence d'un tel être ? Sur quoi appuieroit-on ce doute ? Est-ce que la perfection est un obstacle à l'être ? N'est-elle pas plutôt une raison d'être ? Pourquoi l'imparfait existeroit-il, & le parfait n'existeroit-il pas ? Pourquoi ce qui tient le plus du néant seroit-il, & ce qui n'en tient rien du tout ne seroit-il pas ? Pour développer cette preuve que porte en soi la simple notion de Dieu, établissons deux propositions; la première, que nous avons l'idée d'un être nécessaire ; la seconde, que l'idée d'un être nécessaire renferme non-seulement l'existence, mais toutes les perfections. Il en résultera clairement qu'il y a un Dieu.

II. Il est bien certain que nous avons l'idée d'un être nécessaire, c'est-à-dire, d'un être éternel, indépendant, qui ne s'est point fait, qui n'a point été fait, qui existe par lui-même : puisque nous voions évidemment qu'il faut qu'il y en ait un dans la nature. Car s'il n'y a point d'être nécessaire ; tous les êtres qui existent aujourd'hui, ont pu ne pas exister. Qui a donc déterminé tous les êtres qui

*Tome I.* F

exiftent, à exifter plutôt qu'à ne pas exifter ? Ce ne peut être qu'une caufe étrangere : car fans doute ils ne peuvent s'être déterminés eux-mêmes à exifter. Pouffons plus loin le raifonnement.

Ou tous les êtres qui exiftent aujourd'hui, viennent du néant fans caufe ; ou ils fe font produits eux-mêmes ; ou ils ont reçu l'exiftence d'une caufe, & cette caufe eft elle-même indépendante ou dépendante. Il n'y a point de milieu.

1°. Il eft abfurde d'imaginer que tous les êtres qui exiftent, viennent du néant fans caufe ; rien ne peut fortir du néant fans caufe : parcequ'alors le néant deviendroit être par lui-même : 2°. Il n'eft pas moins abfurde d'imaginer que tous les êtres qui exiftent, fe font produits ; car ils auroient été, & n'auroient pas été en même-tems ; puifque pour produire il faut être ; & pour être produit il faut ne pas être. 3°. Si tous les êtres qui exiftent aujourd'hui tiennent leur exiftence d'une caufe ; ou cette caufe eft indépendante & exiftente par elle-même ; ou elle eft dépendante & produite par une autre, cette feconde par une troifiéme, cette troifiéme par une quatriéme, ainfi à l'infini. Reconnoître une caufe indépendante de tout ce qui exifte, c'eft reconnoître un être néceffaire. Or il eft abfurde d'imaginer que la caufe de tout ce qui exifte n'eft pas indépendante, mais qu'elle eft produite.

Si la caufe des êtres qui exiftent, étoit produite; il eft clair que la totalité des êtres exiftans feroit produite : car plufieurs êtres produits, réunis enfemble ne peuvent former un tout improduit. Or peut-on fuppofer, fans contradiction, que la totalité des êtres foit produite ? Par qui auroit-elle été produite ? Seroit-ce par un être qui fût hors de la totalité, ou par un être renfermé dans la totalité ? On n'admet rien hors de la totalité, elle ne peut donc avoir été produite que par un être renfermé dans la totalité. En fuppofant donc la totalité produite, il faudroit auffi fuppofer qu'un être qui y entre, fe fût produit lui-même : fuppofition abfurde & qui implique contradiction.

Voulez-vous encore une preuve bien fenfible de l'abfurdité d'une fucceffion infinie d'êtres dépendans, qui dans un progrès à l'infini, fe foient produits les uns les autres : confidérez cette fucceffion dans les générations des hommes. Imaginez donc, si vous le pouvez, que les hommes se sont produits les uns les autres dans un progrès à l'infini, sans qu'il y en ait eu un premier, sans pere, & qui ait été la tige de tous les autres. Je ne vous demande pas comment le moment de votre exiftence eft arrivé, puifque ce moment a dû être précédé d'une fucceffion infinie. Je vous demande s'il eft rien de plus abfurde qu'une multitude d'effets fans caufe ? Voilà précifément ce qui fe trouve dans l'hypothefe d'une gradation à l'infini dans les générations des hommes.

On y fuppofe d'un côté tous les hommes dépendans & produits ; & d'un autre côté, on n'admet ni hors de leur multitude, ni dans leur multitude, aucune caufe qui exifte par elle-même, & qui l'ait produite. Donc tous les hommes, qui exifteroient dans cette chaîne infinie, feroient des effets fans caufe. Cette chaîne feroit produite, puifque tous les anneaux dont elle eft compofée, par lefquels elle exifte, dont elle emprunte tout ce qu'elle eft, font produits ; & néanmoins elle feroit fortie du néant, fans être produite ? C'eft comme fi l'on imaginoit un être d'une durée infinie, qui n'auroit point l'exiſtence par lui-même, & qui ne l'auroit point reçue. Ce qui implique contradiction dans les termes, & eſt par conſéquent le comble de l'abſurdité. Il eſt donc certain que nous avons l'idée d'un être néceſſaire. Nous voions évidemment qu'il faut qu'il ſoit dans la nature.

III. Nous avons ajouté : or l'idée d'un être néceſſaire renferme l'exiſtence & toutes les perfections. Cette ſeconde propoſition eſt d'une évidence palpable : 1°. Par rapport à l'exiſtence : nous ne diſtinguons l'être néceſſaire de tout autre, que par l'exiſtence : ce n'eſt que par cette exiſtence que nous le concevons : ôtez-la lui, il n'eſt plus rien : laiſſez-la lui, il demeure tout. Elle eſt donc clairement renfermée dans ſon eſſence, comme l'exiſtence eſt renfermée dans la penſée actuelle. Il n'eſt pas plus vrai que qui dit penſer, dit être ; que qui dit être par ſoi-même, dit eſſentiellement une exiſtence actuelle & néceſſaire.

En ſecond lieu, l'idée d'un être néceſſaire renferme toutes les perfections ; & il faut ne pas s'entendre ſoi-même, pour le nier. Etre par foi, c'est être pleinement ; c'est exister au suprême degré de l'être, & par conséquent au suprême degré de perfection : car l'être & la perfection ne font qu'une même chose. Une chose n'est qu'autant qu'elle a de perfection , & elle n'a de perfection qu'autant qu'elle est. La perfection ne peut convenir au néant, non plus que l'être. Ce qui n'est qu'un peu parfait n'a qu'un peu d'être. Ce qui est plus parfait est davantage. Ce qui n'a aucune perfection n'a aucun être. Ce qui a donc l'être par foi est dans la suprême perfection. On ne peut rien concevoir qui soit plus être. C'est le plus être de tous les êtres. On ne peut rien lui ajouter. Il est par lui-même tout ce qu'il peut être ; & il ne peut jamais être moins que ce qu'il est. Donner des bornes à sa perfection, ce seroit en donner à son être. Il est autant absurde de dire qu'il n'est pas infiniment parfait , qu'il seroit absurde d'avancer qu'il n'est pas infiniment existant.

IV. Mais quelles font les perfections qui peuvent convenir à l'Etre souverainement parfait? La réponse s'offre d'elle-même : toutes les perfections qui ne renferment dans leur idée ni bornes, ni limites. Car il est clair que s'il lui en manquoit une de ce genre, il ne seroit plus infiniment parfait : puisqu'il pourroit y avoir un être plus parfait ; savoir, celui qui auroit toutes ses perfections, & de plus, celle qui lui manqueroit. Mais si pour être infiniment parfait, il doit avoir toutes les perfections qui ne renferment dans leur idée ni bornes ni limites ; il ne doit rien avoir de ce qui ne peut être conçu sans bornes ; car dès-là même il seroit imparfait.

Il suit de l'idée de Dieu qu'il n'est pas matière ; parceque la matiere est essentiellement imparfaite, dépendante, bornée, incapable des plus grandes perfections.

De plus, en supposant que l'Etre nécessaire fût la matiere, le supposeriez-vous pensant, ou le supposeriez-vous non-pensant ? Supposer l'Etre nécessaire privé d'une perfection aussi réelle, qu'est la pensée, ce seroit pousser l'extravagance jusqu'aux derniers excès. Y auroit-il moins d'extravagance à le supposer pensant, s'il étoit matiere ?

Rien de plus absurde que d'accorder

F iv

la penfée à chaque partie de la matiere, à chaque grain de fable, à chaque goutte d'eau, à vos cheveux, &c. Cependant fi l'Etre néceffaire étoit la matiere, & qu'il fût penfant; il faudroit accorder la penfée à chaque partie de la matiere : car d'un côté il eft clair que l'Etre néceffaire, s'il étoit la matiere, feroit compofé de chaque partie de la matiere; & d'un autre côté il eft évident qu'il eft auffi impoffible qu'un être penfant foit compofé de parties non-penfantes, qu'il l'eft qu'un être étendu foit compofé de parties non-étendues.

Ajoûtez que, dans le cas dont il s'agit, il y auroit de la bifarrerie à refufer la penfée à certaines parties de la matiere, & à l'accorder à d'autres. Surquoi porteroit la préférence? Le feu, par exemple, a-t-il plus de droit, que l'air, à la penfée? Le fang qui coule dans vos veines, a-t-il plus d'aptitude & de difpofition à connoître & à raifonner, que la feve qui fe filtre dans les vaiffeaux d'une plante? Pour quelles parties de la matiere réferveriez-vous donc la faculté de concevoir & d'aimer? Ce feroit, fans doute, pour les parties les plus fines & les plus fubtiles. Mais ne fentez-vous pas que chaque maffe n'eft que l'affemblage d'une multitude de particules déliées & imperceptibles, qui échappent à nos fens par leur peti-teffe, & qui ne deviennent percepti-bles que par leur réunion ? Une goutte d'eau, par exemple, n'eft-elle pas com-pofée d'une multitude de gouttes plus petites ? Cela eft démontré par les divi-fions auxquelles elle eft fujette, de mê-me que tous les autres corps. Ainfi pour attribuer la penfée aux parties les plus fines & les plus fubtiles de la matiere, il faut dès-là même l'attribuer à chaque partie plus groffiere, à chaque maffe, à chaque corps : puifque les parties les plus groffieres, les maffes & les corps ne font que le réfultat de parties fub-tiles raffemblées & rapprochées les unes des autres.

Il faudroit donc, fi l'Etre néceffaire étoit penfant & tout à la fois matiere, que chaque partie de la matiere fût penfante. Puifqu'il eft donc également abfurde ou d'accorder la penfée à cha-que partie de la matiere, ou de la re-fufer à l'Etre néceffaire ; il eft manifefte que l'Etre néceffaire ne peut être la ma-tiere. Mais fi l'Etre néceffaire ne peut

F v

être matiere; il peut être esprit : parceque l'esprit n'est point limité par sa
nature, & qu'il est très-compatible avec
les plus grandes perfections.

Je sais qu'une intelligence infinie
n'est pas du goût des Naturalistes :
mais jusqu'à ce qu'ils nous en démontrent l'impossibilité, ils nous permet-
tront de ne pas nous en rapporter à leur
goût. S'il en est parmi eux à qui il reste encore quelque étincelle de bonne-
foi; je le prie de me dire s'il ne conçoit
pas clairement qu'un être pensant vaut
mieux qu'un être non-pensant, & que
plus un être pensant est limité, moins
il est parfait. Ne se croiroit-il pas meilleur lui-même, s'il ne changeoit jamais
de pensées, & qu'il pensât toujours à
toutes choses; s'il étoit parfaitement
un, en sorte qu'il ne fût point sujet à
une succession de connoissances & de
vouloirs, & que jamais il ne se trouvât
comme partagé entre deux opinions, &
entre deux inclinations; s'il avoit toujours une volonté droite & juste, incapable d'être vicieuse; si la puissance
qu'il a sur quelque portion de matiere,
étoit moins resserrée, & qu'elle s'éten-
dît aussi loin que ses desirs; si la liber-

té dont il jouit étoit au-deſſus de tous les obſtacles. L'intelligence n'eſt donc point limitée par ſa nature. Elle ne peut l'être que par l'action d'une cauſe qui la produit dans le degré qu'il lui plaît. Et par conſéquent, elle eſt néceſ-ſairement ſans limites dans l'Etre par ſoi, qui eſt tout ce qu'il peut être. Tour-nons préſentement nos regards ſur nous-mêmes, pour y découvrir des preuves du Dieu qui nous a faits.

## ARTICLE II.

*Notre Ame tient ſon exiſtence d'une intelligence infiniment puiſſante.*

I. CETTE partie de nous-mêmes qui connoît, qui veut, qui raiſonne, que nous appellons notre ame, n'a pas l'exiſtence par elle-même. Car, 1°. l'E-tre par ſoi eſt toujours : il porte dans lui-même la cauſe de ſon exiſtence. Ce qui le fait exiſter aujourd'hui a dû le faire exiſter éternellement. Notre ame n'a pas toujours été. Elle ne ſe connoît que par la penſée, & elle eſt un être penſant. Si elle avoit toujours été, elle auroit toujours penſé. Comment ne luï en reſteroit-il aucun ſouvenir ?

2º. L'Etre par ſoi exiſte eſſentielle-ment , & ne peut être conçu ſans exi-ſtence. Ce n'eſt pas ainſi que notre ame ſe connoît. Elle ne voit pas même de liaiſon néceſſaire dans l'inſtant préſent avec celui qui va le ſuivre.

3º. L'Etre par ſoi eſt eſſentiellement l'Etre. On ne conçoit rien qui ſoit plus être. Notre ame eſt bien éloignée de cette perfection : elle ignore, elle ſe trompe , elle doute, elle tombe dans l'erreur. Tant de néants ne ſont pas compatibles avec la plénitude de l'être.

Un quatriéme caractere de l'Etre par ſoi , eſt d'être immuablement tout ce qu'il eſt. Et notre ame, au contraire , eſt ſujette à une infinité de changemens & de pertes. A peine un plaiſir léger a-t-il atteint ſa ſurface, qu'une douleur aigue vient le diſſiper. La haine ſuccéde à l'a-mour. Des connoiſſances acquiſes à for-ce de réflexions & d'étude, diſparoiſſent comme une ombre. Nous ne ſommes inépuiſables qu'en deſirs, qui ſont des preuves de notre pauvreté. Il eſt mani-feſte que notre ame n'eſt point un être néceſſaire.

II. Si notre ame a un commence-ment? il faut ou qu'elle soit sortie du néant sans cause, ou qu'elle se soit fai-te elle-même, ou qu'elle vienne du corps, ou qu'elle tienne son existence d'une autre ame semblable à elle, ou enfin d'un Etre infiniment parfait.

Premiérement, notre ame n'est pas sortie du néant sans cause : car sortir du néant, c'est être produit ; & en sortir sans cause, c'est n'être point produit : ce qui est une contradiction manifeste.

Secondement, notre ame ne s'est pas faite ; car pour produire, il faut être : le néant ne fait rien. Donc pour se fai-re, il auroit fallu que notre ame eût été avant que d'être : ce qui est encore une manifeste contradiction.

Troisiémement, notre ame ne vient pas du corps ; car il est évident que si notre ame n'a rien de commun avec la matiere, par sa nature, par sa spiritua-lité, par son indivisibilité, le corps ne peut produire un être d'une essence si différente, & qui n'a rien de ses pro-priétés : puisqu'il ne pourroit le pro-duire, qu'en lui faisant part de ses pro-priétés. On ne pourroit donc attribuer au corps la production de l'ame, qu'en imaginant celle-ci comme une matiere qui à force de se subtilifer, acquiert la nature & la propriété de la penfée : d'où il s'enfuivroit que le corps, à force de fubtilifer fes parties, produiroit la penfée. Mais nous avons démontré qu'il n'eft rien de plus abfurde que d'imaginer l'ame comme une matiere fubtilifée qui connoît, juge, raifonne, a des fentimens, compare fes fentimens les uns aux autres, réfléchit fur elle-même, fe fait des reproches quand elle s'écarte de la raifon, délibere, choifit, &c.

La matiere, quelque fubtilifée qu'on l'imagine, ne connoîtroit afſurément point les objets purement intelligibles, parcequ'il eft impoffible de fe les repréfenter fous aucune image. Il faudroit donc borner fa faculté de connoître aux objets corporels. Mais entre ceux-ci, il en eft de fi petits qu'ils échappent à tous les fens; ils ne feroient donc plus connoiffables : puifque n'aiant point d'action fur les fens, ils ne pourroient arriver jufqu'au cerveau pour y peindre leur image. Il n'y auroit donc que les objets capables de remuer nos organes, qui feroient du reffort d'une matiere

penſante. Mais dès que ces objets ont
une étendue ſenſible, comment leur
image imprimée ſur une matiere ſi ſub-
tiliſée, ſeroit-elle propre à les repréſenter ? plus cette matiere eſt fine & déliée, plus l'image qu'elle reçoit, eſt petite : or plus l'image eſt petite, moins
elle eſt propre à repréſenter un grand
objet. L'image qui n'a que l'étendue
d'un point, ne peut donner l'idée d'une
ligne, beaucoup moins d'un pouce,
d'un pied, d'une toiſe, d'une lieue.

Mais, direz-vous, cette matiere diviſée en tant de parties équivaut par
leur nombre infini, au plus gros volume de matiere; & ſi les divers traits
d'un objet ſont peints ſur un certain
nombre de ces parties; il en réſultera
une image auſſi reſſemblante, que s'ils
étoient peints ſur une ſeule & même
maſſe. C'eſt-là où je vous attendois :
ſavez-vous que toutes ces parties ſont
autant de petits corps, qui ſont diſtin-
gués les uns des autres, qui ont chacun leur être à part, qui ne ſe connoiſ-
ſent en aucune ſorte, & dont tout le
commerce conſiſte à habiter enſemble
dans un même cerveau. Voudriez-vous
que ces parties qui portent chacune un

trait de l'objet, fans fe connoître, con-
certaffent enfemble pour former une
connoiffance totale ? Je vous accorde
que, dans votre fuppofition, il y ait
autant de connoiffances, qu'il y a de
traits repréfentés : mais toutes ces connoiffances ne peuvent en former une
totale ; à moins que vous n'admettiez
quelque chofe de diftingué de cette
multitude d'images, qui les raffemble
& qui les réuniffe : mais il ne feroit pas
moins ridicule d'imaginer une matiere
penfante, comme une chofe diftinguée
des parties qui la compofent, qu'il feroit ridicule de regarder un amas de
pouffiere, comme une chofe diftinguée
des grains de pouffiere qui forment cet
amas.

Si la matiere, à force de fe fubtilifer, ne peut devenir capable de la moindre connoiffance ; il eft bien clair qu'elle ne peut ni juger, ni raifonner, ni
faire aucune opération, où il s'agit de
comparer deux chofes, pour en découvrir les rapports. Car une même partie
de matiere ne peut recevoir en même-
tems deux idées, de même qu'elle ne
peut recevoir deux figures. Elle ne peut
donc comparer fon idée avec celle de

fa voifine, puifqu'elle ne la connoît point.

Il eft encore plus impoffible à la matiere, à force de fe fubtilifer, de devenir capable de réflechir fur fes penfées, de fe faire des reproches, lorfqu'elle s'écarte de la raifon, de délibérer & de choifir un parti préférablement à un autre. On conçoit qu'un atôme peut être mû & pouffé vers un autre atôme, ou en être féparé & éloigné : mais on ne conçoit en aucune forte qu'il fe meuve vers lui-même. On conçoit que fi un atôme eft mû, il l'eft tout entier, felon fes trois dimenfions : mais on ne conçoit point qu'il puiffe fe mouvoir, & encore moins fe confidérer felon fa longueur, fans fe mouvoir ni fe confidérer felon fa largeur & fa profondeur. On conçoit qu'un atôme peut être emporté à droite, ou à gauche ; mais on ne conçoit point qu'il puiffe péfer divers motifs pour fe déterminer enfuite à un parti. Enfin les vérités générales, éternelles, immuables, qui forment les premiers principes du raifonnement & des mœurs, n'ont ni maffe ni étendue pour agir fur la matiere, ni pour exciter en elle des remords & es re-

proches, lorfqu'il lui arrive de violer
les principes de la raifon. Soions de bonne foi ; convenons ou que nous ne favons pas même les chofes les plus évi-
dentes, ou que fi nous favons quelque
chofe, c'eft que la matiere eft incapable de penfer.

Mais quand on fuppoferoit la matiere capable de penfer ; il feroit toujours
évident que ce ne feroit pas précifément, à force de fe fubtilifer, qu'elle pourroit acquérir la penfée ; s'il ne
lui furvient rien de plus. Imaginez le
cerveau le mieux organifé, & rempli
d'atômes les plus fins & les plus fubtiles : que découvrez-vous dans ces petits atômes ? vous les voiez aller, venir,
s'agiter, fe heurter, fe brifer & fe fubtilifer de plus en plus, former par leurs
combinaifons divers arrangemens, les
changer ces arrangemens, & les détruire. Tout ce que vous voiez fe réduit
à des mouvemens & à des figures,
c'eft-à-dire, au tranfport de ces atômes
d'un coin du cerveau à un autre coin,
& à des fuperficies terminées : car voilà
ce que c'eft que le mouvement & la
figure. Or il eft évident que la penfée
n'eft pas le tranfport d'un lieu à un au-

ere, ni une fuperficie terminée. Il eft
évident que c'eft quelque chofe de plus.
Connoître foi & les autres êtres, juger, vouloir, choifir, eft une perfection
d'un autre genre, & qui vaut incomparablement mieux que le mouvement
& la figure. Il eft encore évident que
la penfée n'eft point l'effet du mouvement ni de la figure : non feulement
parceque l'effet ne peut être plus que
la caufe : mais parcequ'il eft vifible
que le mouvement ne peut produire
que des divifions, des fituations, des
arrangemens dans les parties de la matiere ; & que de toutes les figures poffibles combinées enfemble, il n'en peut
fortir qu'une figure plus compofée.

Or fi la matiere ne peut fe donner la
penfée, à force de fe fubtilifer ; fi la
penfée eft un degré d'être fupérieur à
toutes les divifions, à tous les mouvemens, à toutes les figures de la matiere ; comment notre corps qui ne pen-
foit pas dix ans avant notre naiffance,
a-t'il pu acquérir ce fublime degré d'ê-
tre qui lui manquoit, & dont il avoit,
pour ainfi dire, le néant en lui ? L'a-
t'il reçu des autres corps ? Mais comment les autres corps peuvent-ils don-

ner ce qu'ils n'ont pas? Toute la nature corporelle enfemble, fi on la fuppofe
purement corporelle, & non-penfante,
ne peut donner ni à foi-même en général, ni à aucune de fes parties, une
perfection qui n'eft pas de l'effence des
corps, ni attachée à leur exiftence. Il
eft donc manifefte que quand par impoffible la penfée conviendroit à notre
corps, il faudroit toujours en chercher
la caufe ailleurs que dans notre corps &
dans la matiere.

Quatriémement, cette caufe ne peut
être ni bornée ni imparfaite : car la privation de l'être penfant, eft le néant
de cet être penfant. Pour donner donc
l'être penfant au corps qui ne l'a point,
il faut, pour ainfi dire, travailler fur
le néant même, & faire une création
réelle dans le corps, pour lui ajouter
une perfection qui l'éleve au-deffus de
lui. Comme c'eft créer tout l'être que
de faire exifter ce qui n'avoit aucune
exiftence, c'eft le créer en partie, que
de faire exifter dans une chofe un être
qui n'y exiftoit nullement. Or il eft manifefte que les êtres penfans qui nous
font femblables, font trop foibles & 
trop imparfaits, pour pouvoir créer en

autrui un être penſant qui n'y exiſtoit nullement. Ils ont reçu eux-mêmes tout ce qu'ils ont d'être, & ce qui n'a l'être que par autrui, ne peut le garder par ſoi-même, bien loin de le pouvoir communiquer à ce qui ne l'a pas.

L'action de créer eſt d'une puiſſance infinie; car une puiſſance capable de faire paſſer une choſe du néant à l'être, en peut faire paſſer une ſeconde, une troiſiéme, ainſi à l'infini : il n'en coute pas davantage pour une ſeconde, une troiſiéme création, que pour une premiere. De plus, comme une cauſe doit contenir ſon effet, du moins d'une maniere plus parfaite; il faut avoir, juſqu'au ſuprême degré, une perfection pour pouvoir en être la ſource à l'égard d'autrui, & pour la communiquer à ce qui eſt le pur néant de cette perfection. Pour avoir en ſoi cette fécondité, & pour faire au-dehors cette communication de l'être, il faut en avoir la plénitude en ſoi-même, & par ſoi-même dans ſon propre fond. Or poſſéder l'être par ſoi, c'eſt la ſuprême perfection. Les êtres penſans qui ſont ſemblables à nous, n'ont pas aſſurément la ſuprême perfection de l'être par eux-mêmes, & en plénitude.

Il faut donc que nous, qui n'étions point penſans dix ans avant notre naiſſance, ſoions devenus penſans par le bienfait d'un être ſupérieur. Et puiſque cet être ſupérieur nous a fait paſſer du néant de penſée à une penſée exiſtente ; il faut qu'il ſoit créateur en nous, au moins de cet être dont nous étions le pur néant, quand nous n'étions qu'un peu de matiere. Ainſi, ſoit que notre ame ſoit diſtinguée de notre corps, ſoit qu'elle n'en ſoit pas diſtinguée ; il s'enſuit toujours évidemment que l'Auteur de l'être qui penſe en nous, eſt un être diſtingué de la matiere, infiniment parfait & créateur. Mais la différence de notre ame & de notre corps, n'eſt plus pour nous un problême. C'eſt l'union de deux êtres ſi différens, qui mérite notre attention.

# ARTICLE III.

*Il n'y a qu'un Etre supérieur à l'Ame & au Corps qui puisse être l'Auteur de leur union. Caractères de cette union. Sensations.*

I. NOTRE ame est un être immatériel, simple, indivisible. Notre corps est matériel, composé, divisible. Nous ne connoissons l'un que par des figures, & des mouvemens locaux : nous ne connoissons l'autre que par des perceptions & par des raisonnemens. L'un ne donne point l'idée de l'autre ; & leurs idées n'ont rien de commun. Deux êtres si dissemblables devroient être mutuellement indépendans. Comment donc se trouvent - ils en nous si intimement unis, que nous sommes presque tentés de les confondre ? Notre ame s'applique à méditer une vérité ; c'est notre tête qui se tend & se fatigue. Notre ame éprouve de la douleur ; c'est notre pié, ou une autre partie de la machine qui souffre. Quelle main a pu lier des natures si différentes. Leur liaison n'existe pas par elle-même ; puisqu'elle a un commencement, & qu'elle aura une fin. Ces natures ne se font pas liées d'elles-mêmes : notre corps n'a pu faire un pacte avec l'esprit ; car il n'a par lui-même ni connoissance ni volonté pour faire des conditions. D'un autre côté, notre esprit ne se souvient point d'avoir fait un pacte avec le corps, ni d'avoir désiré d'en faire. Ce pacte d'ailleurs cesseroit quand il nous plairoit ; nous pourrions le rompre, sans détruire les organes du corps par une main violente.

Répondre que ces deux êtres font liés par une nécessité naturelle ; c'est prononcer des mots, mais qui ne signifient rien. Car ou la nécessité naturelle est un néant, ou elle n'est que la nature même des choses. Si c'est un néant, le néant ne peut rien. Si la nécessité naturelle est la nature même des choses ; bien loin de servir à rendre raison de l'union de l'ame & du corps, elle ne peut servir qu'à rendre cette union plus incompréhensible. Comment deux êtres de différente nature peuvent-ils être unis par leur nature ? Ne devroient-ils pas plutôt être séparés ?

II. Sui-

II. Suivons les prodiges de cette union. Nul rapport abfolument nécef-faire entre l'efprit & le corps ; ce font deux natures entiérement diverfes. D'où vient donc que notre corps ne peut être ébranlé fans que notre efprit foit affecté de quelque fentiment ? D'où vient que notre efprit ne peut avoir certaines pen-fées, fans que notre corps foit en mou-vement ? Car la dépendance eft ici ré-ciproque. Notre efprit veut ; & tous les membres du corps fe remuent à l'inf-tant, comme s'ils étoient entraînés par les plus puiffantes machines. Le corps fe meut, & à l'inftant notre efprit eft forcé de penfer avec plaifir, ou avec douleur à certains objets. L'ordre mê-me & la fuite de nos penfées dépendent de ce qui fe paffe dans notre tête, qui ne peut être troublée, fans que nous perdions l'exercice libre du jugement & de la mémoire. Qui a pu établir un tel commerce entre des natures fi indépen-dantes ? Qui peut les tenir dans une correfpondance, & dans une efpéce de police fi incompréhenfibles ?

III. Ce qui doit le plus vous étonner, ce font les caractéres de l'empire qu'a vo-tre ame fur votre corps. Cet empire eft

*Tome I.*                                G

tout à la fois souverain, borné, aveugle. Vous dites en vous-même que votre corps se meuve ; & il se meut. A cette simple & intime volonté, toutes les parties de votre corps travaillent. Déja tous les nerfs sont tendus ; tous les ressorts se hâtent de concourir ensemble ; & toute la machine obéit ; comme si chacun de ces organes les plus secrets entendoit une voix souveraine & toute-puissante. Quel empire !

Mais il a ses bornes : votre volonté ne peut rien sur le mouvement de plusieurs parties de votre corps, par exemple, sur celui du cœur. Elle ne peut que très-peu sur le mouvement d'autres parties, par exemple, des poûmons. Elle ne peut rien sur le repos des parties que la paralysie a rendu immobiles. Son pouvoir d'ailleurs se borne à votre seul corps : nul autre ne se remue selon ses désirs. Envain commanderoit-elle à une paille ; ses ordres ne seroient point suivis.

Son empire même sur votre corps est aveugle. Pour remuer la main, combien de ressorts faut-il mettre en mouvement ? Quelle quantité d'esprits animaux, ou de suc nerveux faut-il employer ? Ces reſſorts, les réſervoirs des forces mouvantes, les dégrés d'agitation qu'il faut leur donner, tout eſt inconnu à votre ame. Pour ouvrir, ou fermer l'œil ; pour l'avancer, ou le reculer ; pour en élargir, ou reſſerrer l'ouvertu- re ; que de nerfs, que de muſcles, que de vaiſſeaux, que d'humeurs concou- rent enſemble, dont vous ne connoiſſez ni le nombre, ni la ſtructure, ni le jeu ! Et quand vous ſeriez le plus habile Ana- tomiſte, vos connoiſſances ne ſeroient d'aucun uſage, pour rendre l'obéiſſance de votre corps plus prompte & plus fa- cile ; le plus groſſier de tous les hommes étant auſſi promptement obéi. Un Païſan qui n'a jamais ouï parler ni de nerfs, ni de muſcles, ni de tendons, fait par- faitement bien les mouvoir. Sans les diſtinguer, ſans ſavoir où ils ſont, il les trouve. Il s'adreſſe préciſément à ceux dont il a beſoin ; & il ne prend point les uns pour les autres.

IV. Je vous avoue que cette union de l'ame & du corps, & les caractères de cette union me rendent viſible un Etre infiniment puiſſant, infiniment ſa- ge, qui a fait l'ame & le corps ; qui contient éminemment en ſoi toute la perfection de ces deux natures, en un mot, un Etre infiniment parfait. Lui seul a pu unir si étroitement deux natures si dissemblables. Lui seul a pu assujettir à un commerce si intime deux êtres si indépendans. Lui seul a pu donner à l'ame le pouvoir qu'elle exerce sur le corps.

Si l'ame avoit ce pouvoir par son propre fond ; ce pouvoir étant indépendant, ne pourroit être borné à certaines parties du corps, ni au corps seul : car un pouvoir indépendant est aussi étendu qu'il peut l'être : or il peut s'étendre à toutes les parties du corps, puisqu'elles sont toutes également susceptibles de mouvement & de repos. Il peut s'étendre aux corps étrangers, puisqu'il n'en est aucun qui soit inébranlable.

Ne me répondez pas que l'ame n'est point unie aux autres corps. Je demanderois à mon tour : puisque l'ame n'agit sur son co p; que par sa volonté, que fait l'union à cela ? L'union empêche-t'elle que la volonté se porte à d'autres ? Pourquoi d'ai leurs l'ame ne s'unit-elle pas à d'autres corps q and elle veut ; puisqu'elle s'est unie à celui qu'elle a choisi ? Et de plus, pourquoi étant

unie à toutes les parties de son corps,
n'a-t-elle pas un pouvoir égal sur toutes?

Si l'ame avoit ce pouvoir par elle-
même; pourquoi ce pouvoir seroit-il
aveugle? Ou s'il étoit aveugle; comment l'ame commandant à ce qu'elle ne
connoît pas, & qu'elle ne peut voir;
à ce qui ne connoît point, & qui est incapable de connoissance, se feroit-elle
obéir selon les régles les plus justes de
la méchanique? Il est visible qu'il y a
un Etre qui voit ce que l'ame ne voit
pas; qui lui a rendu propre une portion de matiere; & qui lui a donné sur
cette portion, un pouvoir selon les vûes
de sa sagesse.

Dire que ce pouvoir est borné par
une nécessité naturelle, c'est dire ce
qu'on ne pense pas. Car nous concevons clairement que ce pouvoir pourroit être plus resserré, ou plus étendu;
& que s'il étoit plus étendu, il n'en
seroit que plus parfait. Or dès que ce
pouvoir peut être plus resserré ou plus
étendu, il ne peut plus être fixé ni déterminé par sa nature; il faut qu'il ait
été déterminé par une cause libre, ou il
faut en attribuer la détermination au
néant, ce qui est absurde. D'ailleurs G

ce pouvoir eft l'effet d'une néceffité naturelle; l'exercice de ce pouvoir viendra fans doute du même fond. Nos vouloirs feront réglés & déterminés par une néceffité naturelle. Ce ne fera plus librement que nous voulons remuer la main à droite ou à gauche. Il faut donc, pour ne pas reconnoître un Etre fouverainement parfait, tout nier, jufqu'à notre liberté même pour les mouvemens volontaires de notre corps. Quelle folie !

V. Nous avons remarqué que notre ame eft dans une forte de dépendance à l'égard du corps. Envifageons de plus près cette dépendance. Vous ouvrez les yeux; à l'inftant même, les raions du foleil paffent au travers de votre prunelle, fe réuniffent fur la rétine, & vous avez le fentiment de la lumiere. Ces mêmes raions, ou divers en euxmêmes, ou différemment réfléchis par les objets, ébranlent le nerf optique, & excitent en vous le fentiment de quelque couleur. L'air agité frappe vos oreilles; & vous êtes frappé du fentiment de quelque fon. Les fibres de votre palais & de votre langue font remuées par les alimens; & vous éprou-

vez le sentiment de quelque saveur. Si
les corpuscules qu'exhale une fleur, heur-
tent les organes de votre nez, vous êtes
affecté du sentiment de quelque odeur.
Approchez-vous trop près du feu ; ce
corps extrêmement actif dérange l'œconomie du vôtre, & vous fait éprouver
un sentiment douloureux ; au lieu que
dans une juste distance, le feu en ou-
vrant les pores de votre corps, & en
rendant au sang une circulation naturelle, ne vous fera éprouver qu'un sentiment agréable.

Il est certain premiérement que votre ame dépend de votre corps, pour
avoir ces divers sentimens : car un homme aveugle & sourd dès sa naissance,
ignore ce que c'est que la lumiere & la
parole. Il est certain en second lieu,
que la cause effective de ces sentimens
est différente des corps : car l'action des
corps ne consiste que dans le mouvement : or le mouvement ne peut rien
produire dans l'ame. Une épingle qui
vous perce la main, ne renferme rien
de semblable au sentiment douloureux
qu'elle vous cause. Ceux à qui on a
coupé ou la jambe, ou le bras, sentent
de vives douleurs dans le pié, ou dans

la main qu'ils n'ont plus. Là lumiere pouffée de deffus une tour, & pliée dans vos yeux, y trace deux images, & vous ne voiez qu'une tour. Elle y trace une image renverfée, & vous voiez la tour dans une fituation droite. Elle peint dans votre œil une tour qui n'occupe pas, à beaucoup près, la cent-milliéme partie d'une ligne, & la tour que vous voiez, à cent piés de hauteur; & vous avez le fentiment très-réel d'une tour fi élevée. Ce fentiment n'eft donc pas l'œuvre ni de la lumiere ni de vos organes. Ne vous eft-il jamais arrivé d'avoir en dormant des fentimens d'odeur, de faveur, de couleur, quoiqu'il n'y eût point d'objets extérieurs qui les excitaffent?

Il s'enfuit de-là, ou qu'il exifte une caufe fupérieure & à l'ame & au corps, qui produit en vous ces fentimens; ou que l'ame fe les donne à elle-même, à l'occafion des mouvemens qui arrivent dans les organes du corps. Quoiqu'il ne foit pas facile d'entendre comment l'ame fe donne ces fentimens, fur-tout celui de la douleur, qui la rend malheureufe, qu'elle ne veut point avoir, auquel elle s'efforce de fe fouftraire, auquel elle eſt appliquée malgré elle. Je conſens que l'ame eſt la cauſe de ſes ſenſations : mais il faut que vous conſentiez à votre tour qu'elle n'eſt pas une cauſe indépendante.

Si votre ame étoit une cauſe de ſes ſenſations qui fût indépendante , elle ſe les donneroit quand il lui plairoit ; elle les ſuſpendroit , elle les prolongeroit autant qu'il lui plairoit : car une cauſe indépendante eſt néceſſairement ſans bornes ; elle agit quand elle veut, & comme elle veut. Votre ame eſt-elle maîtreſſe de diſpoſer ainſi , à ſon gré, de ſes ſenſations ? Sa puiſſance eſt donc limitée. Elle n'eſt point limitée par ſa nature ; car nulle perfection n'eſt limitée de ſa nature. Elle n'eſt point limitée par les corps : car il n'y a point de rapport abſolument néceſſaire entre les corps & l'ame. Cette puiſſance eſt donc limitée par un Etre diſtingué de l'ame & des corps. Cet Etre ne peut l'avoir limitée, que parcequ'il l'a produite : il ne peut l'avoir produite, que parcequ'il a produit l'être même de votre ame : il ne peut avoir produit l'être de votre ame, qu'en le créant : il ne peut être Créateur, que parcequ'il eſt la ſour-

ce de l'Etre, c'eft-à-dire, l'Etre fouverainement parfait. Il y a donc un Etre
fouverainement parfait. C'eft à cette
fublime connoiffance qu'arrive immanquablement toute ame qui réfléchit fur
elle-même. La fimple vûe du corps auquel elle eft unie, ne l'y conduit pas
moins infailliblement.

## ARTICLE IV.

### *Structure du Corps humain.*

I. SI l'efprit devoit être uni à la matiere; la matiere ne devroit-elle
pas être façonnée comme le corps de
l'homme? Quelle majefté dans la taille! Ce corps n'eft point courbé vers la
terre, comme celui des animaux; il eft
droit fur fes piés; il a la tête élevée vers
le Ciel. Quelle jufte proportion de
fa grandeur à celle de la terre, &
des animaux deftinés à fon fervice!
S'il étoit beaucoup plus petit, il feroit
expofé aux infultes de la plûpart des animaux qui l'écraferoient fous leurs piés.
S'il étoit beaucoup plus grand, les animaux de charge ne pourroient ni le por-

ter, ni le traîner, & à peine la terre
fuffiroit-elle pour en nourrir & en loger un petit nombre. Quel ordre, quel
arrangement de toutes fes parties! Quelle
fermeté dans les os chargés de foutenir tout l'édifice. Quelle induftrie dans
la maniere dont ces os font emboités
les uns dans les autres pour fe mouvoir, fans fe froiffer ni fe brifer! Quelle foupleffe dans les tendons qui les
uniffent & les lient enfemble! Quel
art dans le travail des vertébres qui
compofent l'épine du dos, pour fe plier
& fe redreffer! Quelle ingénieufe difpofition dans les côtes, pour mettre à
l'abri les parties néceffaires à la vie,
fans nuire à leur mouvement: Quel
artifice dans les bras & dans les mains
pour fervir d'inftrument à la liberté de
l'ame, à fon induftrie, à fon empire
fur les corps vifibles! Quelle flexibili-
té dans le coû, pour fe prêter à tous
les mouvemens de la tête! Quelle épaiffeur & quelle dureté dans le crâne, dont
la tête eft fortifiée, pour la confervation de tout ce qu'elle renferme de précieux! Quelle fageffe dans la diftribu-
tion des nerfs par tout le corps, pour
y être le principe de la force, & l'oc-

cafion du fentiment ! Quel tiffu danæ les mufcles, pour être capables en s'enflant, ou en s'allongeant, des mouvemens les plus variés, les plus juftes, les plus réguliers ! Quelle délicateffe, quelles graces dans la peau, pour fervir d'enveloppe à la chair ! Quelle fimétrie, quelle proportion, quelle beauté dans le tout !

II. N'eft-il pas vifible qu'un tout fi fini eft l'ouvrage de la fouveraine Sageffe ? Ce qui eft bien certain, c'eft que ce tout n'eft pas un être indépendant, exiftant par lui-même. Il s'épuife & fe détruit, pour ainfi dire, lui-même : il fouffre à chaque inftant une diminution de fa fubftance par une tranfpiration infenfible & continuelle : il s'affoiblit : il languit : il tombe en ruine : fes befoins deviennent preffans : l'ame en eft avertie par un fentiment très-vif : les mains font dans l'impatience de venir au fecours. L'ame commande : les mains apportent des alimens : la bouche s'ouvre pour les recevoir. Si les alimens font folides ; il eft des inftrumens tout préparés à les réduire en poudre ; les uns font propres à les divifer, les autres à les broier. Si les alimens,

après être pilés, font encore trop fecs,
pour être avalés, il eſt des glandes qui
font couler par une infinité d'orifices,
comme par autant de fontaines, une
limphe abondante pour les humecter.
S'ils veulent reſortir, les lévres ſe met-
tent en mouvement pour les repouſſer ;
enfin la langue, comme une main, les
ramaſſe & les pouſſe dans l'œſophage.

Après cette premiere préparation reçue dans la bouche, les alimens arrivent dans l'eſtomac. C'eſt une poche
faite pour les cuire, pour les retenir
juſqu'à ce qu'ils ſoient digérés, pour
les chaſſer & les introduire, après ſa
digeſtion, dans les inteſtins, où ils ſe
perfectionnent. Le ſuc le plus pur y eſt
ſéparé comme par un tamis, des parties les plus groſſieres. Celles-ci ſont re-
jettées en bas pour en délivrer le corps,
par les iſſues les plus cachées & les plus
reculées des organes des ſens, de peur
qu'ils n'en ſoient incommodés ; tandis
que la membrane veloutée des inteſtins
ſemblable à une éponge, s'imbibe du ſuc
le plus pur, devenu une eſpéce de lait,
& le tranſmet dans les veines lactées.

Ces canaux deſtinés à tranſporter juſqu'au cœur une liqueur ſi néceſſaire,

font garnis par intervalles, d'une infinité de valvules ou foupapes, qui comme de petites éclufes s'ouvrent lorfque la liqueur monte, & fe referment pour s'oppofer à fa defcente, où elle tend par fon propre poids. Le chile parvenu au cœur s'y fubtilife & devient du fang. Delà comme du centre, il fe précipite dans les arteres, coule jufqu'aux extrêmités du corps pour en arrofer tous les membres, & pour les nourrir. Puis reçu dans les veines, il revient au centre, plus lent & moins plein d'efprit, pour s'y renouveller, pour s'y fubtilifer, & pour circuler fans fin.

III. Etudiez ces merveilles. Je ne fais que vous les indiquer, pour vous inviter à les approfondir. Mais dans l'étude que vous ferez de l'Anatomie, ménagez votre attention entre les traits de fageffe que le Créateur a imprimés fur fon Ouvrage, & les traits de bonté qui n'y brillent pas avec moins d'éclat. Ne vous contentez pas de voir, par exemple, le nombre, la différence, l'arrangement des dents, leur enchaffement dans les machoires : voiez auffi une preuve manifefte de précaution en faveur de l'homme, dans l'émail dur & infensible qui les coûvre. Si les dents étoient dénuées d'enveloppe; elles feroient bien-tôt gâtées. Si elles étoient couvertes d'une peau femblable à celle qui couvre les autres os ; on ne pourroit mâcher fans fouffrir les douleurs les plus aigues.

Vous ne feriez affurément pas raifonnable, fi le fimple coup d'œil ne vous perfuadoit pas que la langue par fa foupleffe & fa mobilité eft deftinée à la prononciation d'une infinité de mots : que le conduit percé au-dedans du coû, depuis le palais jufqu'à la poitrine, eft conftruit pour faire mieux raifonner l'air qui fort des poûmons : que la fente ovale de ce conduit du côté du palais, capable de s'ouvrir plus ou moins, eft pratiquée pour groffir la voix, ou la rendre plus claire, en s'élargiffant ou en s'étréciffant : que l'efpéce de foupape placée fous cette ouverture, comme un pont-levis pour faire paffer les alimens, & pour les empêcher de fe gliffer dans le canal de la refpiration, eft fabriquée pour former en tremblant fur l'orifice entr'ouvert toutes les plus douces modulations de

la voix : que les poûmons font d'une
ftructure propre à fe dilater & à fe
comprimer, & par conféquent à prendre & à rendre continuellement une
grande quantité d'air, néceffaire pour
tempérer la chaleur interne caufée par
le bouillonnement du fang.

Mais ne feriez-vous pas un ingrat,
fi à la vûe de tous ces inftrumens de
la parole, vous méconnoiffiez la bonté
qui les a faits, pour unir & lier les
hommes par les fentimens, en leur
rendant aifée & commode la communication mutuelle de leurs befoins, de
leurs doutes, de leurs difficultés, de
leur joie, de leur trifteffe? Reconnoif-
fez la même bonté dans l'indépendance
où eft le jeu des poûmons de votre volonté : fi la refpiration que vous pouvez
fufpendre quelques momens, dépen-
doit entiérement de vous ; vous feriez
perpétuellement occupé à refpirer fans
ofer vous livrer au fommeil. Mais en
rendant graces de ce que cette partie
de votre corps eft fouftraite à votre empire, de même que plufieurs autres néceffaires à votre vie, n'oubliez pas le
bienfait qui vous en foumet d'autres,
celles, par exemple, qui font deftinées

à décharger les parties groſſieres des alimens, afin qu'elles ne ſortent pas malgré vous.

IV. Que de nouveaux ſujets d'admiration & de reconnoiſſance ne trou-
verez-vous pas dans l'anatomie des organes des ſens ? Les yeux ſuffiſent ſeuls
pour voir la ſageſſe qui ſe manifeſte
dans leur conſtruction. Ils ſont placés
vers le milieu, & aux deux côtés de la
tête, pour veiller plus commodément
à la ſureté de tout le corps. Ils ſont
renfermés dans une eſpéce de boëte
offeuſe, qui les garantit des accidens
extérieurs. Ils ſont ornés de ſourcils
égaux qui empêchent la ſueur du front
d'y couler. Ils ſont enveloppés de pau-
pieres bordées de poil, qui leur ſervent
comme de portes pour s'ouvrir & ſe
fermer, & qui défendent une partie ſi
délicate. Ils ſont garnis de glandes plei-
nes d'une humeur qui les humecte, &
qui en rend les membranes ſouples &
liſſes ; & de peur qu'ils ne ſoient cou-
verts de larmes, ils ont chacun deux
conduits par où l'humeur ſe décharge
dans le nez.

L'œil n'eſt pas immobile ; mais pour
ſe mouvoir dans tous les ſens & pour

nous découvrir les objets ou plus hauts, ou plus bas, situés à droite, ou à gauche, sans qu'il fût nécessaire de remuer la tête, il est suspendu sur plusieurs muscles destinés à l'élever, à l'abaisser, à l'amener tour à tour du côté du nez, ou du côté de la tempe, à le faire rouler selon nos désirs. Il est partagé en trois humeurs d'une densité ou épaisseur différente, propre à plier différemment les raions de la lumiere. C'est de ces humeurs que dépend la peinture des objets sur la rétine : car si les gerbes de raions qui viennent s'y plier successivement, se trouvoient réunies en pinceaux, avant que de toucher le fond de l'œil, ou bien touchoient le fond de l'œil, avant que d'avoir rassemblé tous leurs traits en un point ; l'organe seroit ébranlé, & nous aurions le sentiment de la lumiere : mais l'image n'étant pas formée par un ordre de points qui imitât l'arrangement de ceux de l'objet d'où les gerbes des raions sont parties, la vision seroit confuse. Combien d'autres merveilles la dissection de l'œil ne vous fera-t'elle point appercevoir ?

Vous ne découvrirez pas moins d'art

dans le nombre prodigieux de piéces
qui compofent l'organe de l'oüie. Le
fimple regard montre que l'oreille eft
faite pour raffembler de tous côtés dans
fes cavités anfractueufes les impreffions
vagues & les ondulations du fon, &
pour les déterminer enfuite par une
douce réflexion vers l'organe interne de
l'oüie. Je vous prie de vous demander
à vous-même pourquoi nos oreilles ne
font pas faites d'une matiere molle toujours prête à tomber, & à couvrir l'o-
rifice du conduit auditif; ni d'une matiere dure & offeufe qui nous incommo-
deroit lorfque nous ferions couchés :
mais de membranes foutenues par des
cartilages capables d'élafticité, & propres à augmenter celle de l'air. Pourquoi encore les os de l'oreille qui fervent à la répercuffion du fon, ne font
pas moins durs dans un enfant qui
naît, que dans une grande perfonne;
quoique les autres os n'acquierent leur
dureté qu'à un certain âge.

Qui pourroit fe réfoudre à boire &
à manger fans le goût, ce délicieux af-
faifonnement des alimens? Le befoin
détermineroit : mais pour ufer des alimens avec fageffe, il faudroit juger au-

paravant de leur falubrité ; il faudroit connoître leur nature & leur proportion avec les difpofitions préfentes de l'eftomac. Sans cela, on court rifque de prendre des poifons mortels pour des foutiens falutaires. Le feul choix des alimens abforbera donc l'homme tout entier. Le goût leve toutes ces perplexités, & abrége tous les raifonnemens. Il décide en un moment, de ce qui eft bon ou mauvais, pernicieux ou utile au corps. Et la décifion eft fûre, toutes les fois qu'il n'y a pas de dérangement bien marqué dans la machine. Pouvoit-il être mieux placé le goût que dans la bouche, où les alimens font reçus, brifés & humectés par la falive ?

Où devoit être fitué l'odorat qui nous fait porter un premier jugement de ce qui eft propre à notre nourriture, fi ce n'eft au-deffus de la bouche, & dans un endroit où l'air qui eft le véhicule des odeurs, paffe & repaffe pour la refpiration. C'eft fans doute pour recevoir une plus grande quantité de corpufcules odoriférans que les narines font plus larges en bas ; & qu'elles vont en s'étreciffant en haut, afin de les rapprocher, & de leur faire faire une plus forte impreffion.

Le toucher qui nous avertit de ce qui nous approche, eft le plus étendu de nos fens, & il eft manifefte qu'il devoit l'être pour notre confervation. Il eft plus délicat dans la paume de la main & le bout des doigts dont nous nous fervons pour examiner les objets extérieurs.

V. Lorfque vous réfléchirez fur nos fens, peut-être ferez-vous tenté d'en regarder la foibleffe comme une imperfection, au lieu d'y voir une preuve fenfible de la bonté du Créateur. Il eft aifé de prévenir une imagination fi peu fenfée. Je fuppofe que vos yeux foient faits comme les microfcopes; il eft vrai qu'ils vous découvriront un monde de créatures nouvelles : mais vous n'en verrez qu'un très-petit nombre à la fois. De plus, cette vûe vous fera affez inutile : en vous montrant des merveilles, elle vous dérobera toutes celles qu'il eft néceffaire que vous voyiez pour votre confervation. Si au contraire vos yeux étoient comme des lunettes de longue vûe; qu'arriveroit-il ? Vous verriez divers objets éloignés qu'il vous importe fort peu de voir; & ceux qui peuvent vous être utiles ou nuifibles par leur proximité, vous demeureroient inconnus. Je confens que vous ayez un odorat auffi fin que certains chiens de chaffe ; mais je vous avertis de vous précautionner contre les exhalaifons des corps au milieu defquels vous vivez: fans cela vous ferez infuportable à vous-même. Vous vous croiriez mieux partagé fi votre goût étoit d'une délicateffe à fentir les chofes qui ont le moins de faveur, auffi vivement que vous fentez les chofes qui ont la faveur la plus forte : cherchez donc des alimens d'un nouveau genre ; car les plus falutaires vous paroîtroient infipides. Vous voudriez avoir l'oüie auffi bonne que quand elle eft aidée d'un cornet pour augmenter le fon : eft-ce donc un plaifir bien charmant d'entendre fans ceffe un bruit auffi grand & auffi confus, que fi mille perfonnes crioient de toutes leurs forces. Enfin fi toutes les parties de votre corps étoient auffi fenfibles que les membranes qui couvrent l'œil ; dès que le plus petit corps vous toucheroit, vous entreriez en convulfion ; & il n'eft point de fituation qui ne vous rendît miférable.

VI. Quiconque n'apperçoit ni art

ni deffein dans la ftructure du corps de l'homme, a bien moins de droit au titre de raifonnable, que les foux qui font renfermés aux petites maifons. Il n'eft point d'ouvrage où l'induftrie fe montre plus clairement. Chaque partie a fa deftination marquée. C'eft un affemblage de moyens juftes & infaillibles, pour des fins précifes & certaines. Il faut donc qu'une intelligence ait préfidé à cet affemblage : car l'art eft inféparable de l'intelligence ; l'idée de l'un conduit à l'autre, ou plûtôt c'eft la même idée. Or quelle eft cette intelligence ? Ce n'eft affurément pas celle de nos parens : ils n'ont aucune part à cette induftrie : ils ne la connoiffent feulement pas. Il eft manifefte qu'il n'y a qu'une intelligence infinie qui puiffe être l'auteur d'un ouvrage fi compofé & fi régulier. Il n'y a qu'elle qui puiffe difpofer ainfi & façonner la matiere.

Il ne me refte plus qu'à vous rendre attentif à la preuve qu'offre le fpectacle de la nature. Cette preuve a un grand avantage. Comme elle embraffe tout, elle eft propre à nous montrer Dieu par tout.

## ARTICLE V.

### Fabrique du Monde.

I. DE ce petit coin de la terre où nous fommes, confidérons l'Univers. Le premier objet qui s'offre à nos yeux, eft le foleil qui nous éclaire & qui nous échauffe. Quelle main bienfaifante a mefuré fur nos befoins avec une fi jufte proportion, la grandeur & la diftance de ce vafte globe de feu? S'il étoit plus grand dans la même diftance; nous ferions confumés par fa flamme : fi dans la même diftance il étoit moins grand ; nous ferions glacés : fi dans la même grandeur il étoit moins éloigné ; nous ferions brulés : fi dans la même grandeur il étoit plus éloigné; nous péririons faute de chaleur. Qui tient cet océan de flammes dans les bornes d'un globe? Qui l'empêche malgré fon bouillonnement perpétuel, de s'échapper dans l'efpace fluide qui l'environne? Qui lui a appris à tourner fi réguliérement autour de la terre pour l'éclairer fucceffivement ?

ou

ou fi ce n'eft pas cette flamme qui tour-
re, mais la terre qui tourne autour
d'elle; qui a réglé ce mouvement de la
terre pour nous faire jouir du jour qui
nous invite au travail, & de la nuit qui
fufpend & calme tout, qui répand le filence & le fommeil ? Qui a affujetti encore la terre non-feulement à tourner
ainfi fur elle-même, mais à faire fon
cours autour du foleil dans une orbite
qui par fes inégalités la rapproche & l'é-
loigne de cet aftre pour former la variété
des faifons ?

Le foleil ne fe cache que pour nous
ouvrir le plus magnifique fpectacle. La
voute qui couvre notre demeure, change alors de décoration Elle étincelle de
toutes parts, de luftres brillans. Ce font
autant de globes de feu qui égalent le
foleil en grandeur, ou qui même le fur-
paffent. Combien doit être puiffant celui qui fait des mondes auffi innombrables que les grains de fable qui couvrent les rivages des mers ! Mais parmi
ces aftres qui roulent fur nos têtes,
n'admirez-vous pas la lune, qui nous
envoie plus de lumiere que les étoiles
toutes enfemble ? Ce n'eft pas un corps
lumineux par lui-même. Ce n'eft qu'un

*Tome I.*                    H

miroir qui réfléchit la lumiere du foleil. Qui a donc placé ce miroir à l'égard de la terre dans un point & dans une orbite fi peu diftante, qu'il lui rendît une fi grande partie des raions folaires?

II. La nature de cette lumiere qui nous montre tant de beautés, nous eft inconnue. Eft-ce un fluide répandu par tout, qui pour faire impreffion fur nos yeux, n'a befoin que d'être ébranlé par le foleil & par les autres corps enflamés? Ou eft-ce le feu lui-même qui éclaire doucement nos yeux, quand il agit à une certaine diftance, & qu'il envoie des particules plus fines & plus divifées; comme il nous brûle à une petite diftance, lorfque fes parties font plus groffieres, plus rapides, plus condenfées? Nous l'ignorons.

Mais ce que nous ne pouvons ignorer, c'eft la rapidité de cette fubftance liquide qui fe communique depuis le foleil jufqu'à nous en fept ou huit minutes : c'eft la mobilité de cette fubftance qui fe réfléchit de deffus une infinité d'objets vers une infinité d'yeux : c'eft la petiteffe de cette fubftance qui pénétre la prunelle de ces petits animaux qu'on apperçoit avec le microf-

cope ; qui paffe à travers d'un verre, &
entre les pores même de l'or & de l'aimant : c'eft la régularité avec laquelle
cette même fubftance fe diftribue dans
nos yeux pour y former quelque peinture : c'eft la propriété qu'elle a de fe
brifer diverfement, felon les divers mi-
lieux qu'elle traverfe ; & c'eft cette propriété qu'on appelle réfraction, par le
moien de laquelle nous jouiffons de la
vûe : car, comme nous l'avons déja remarqué, les traits de lumiere qui ré-
jailliffent de deffus les objets, ne fe réuniffent dans un point fur notre retine,
que parcequ'ils fe plient en paffant à
travers les humeurs différentes qui font
dans nos yeux.

Si la lumiere eft fi vifiblement faite
pour nous montrer les beautés de la nature ; elle n'eft pas moins faite pour
nous empêcher de les confondre par la
variété des couleurs dont elle nous donne le fentiment. Car un feul de fes
raions eft un petit faifceau de fept
raions, dont chacun porte en foi une
couleur qui lui eft propre : enforte que
les corps fur lefquels la lumiere tombe
felon qu'ils font propres par la configuration de leurs parties, à réfléchir un

H ij

de ces raions, font de la couleur que le
raion excite; ou d'une couleur mélan-
gée, s'ils en réfléchiffent plufieurs; ou
blancs, s'ils les réfléchiffent tous; & ils
font noirs à mefure qu'ils les abfor-
bent.

III. Avant de profiter de la lumiere
pour envifager les corps qui nous environnent, entretenons-nous, un moment, d'un autre fluide qui échappe à
nos yeux; mais qui nous eft très-connu
par fes effets falutaires. Vous comprenez qu'il s'agit de l'air, au milieu duquel nous vivons comme les poiffons
dans l'eau. Pourquoi cet élément eft-il
invifible, fi ce n'eft pour nous rendre
vifible le fpectacle de la nature? Si chaque parcelle d'air avoit affez de face
pour réfléchir la lumiere, nous ne verrions les objets que confufément. Comment cette maffe fi fubtile & fi tranfpa-
rente que les raions des aftres la per-
cent fans peine, ne l'eft-elle néanmoins
qu'autant qu'il eft néceffaire pour la refpiration? Un peu plus de fubtilité,
comme un peu plus d'épaiffeur, nous
feroit également contraire. Comment
ce même corps fi fubtile a-t-il affez de
force pour élever au-deffus de nos têtes,

& pour tenir suspendues des espéces de mer qui arrêtent les raions enflammés, & qui tombant ensuite goute à goute arrosent & fertilisent la terre ? Quelle puissance excite & appaise si soudainement les tempêtes de ce grand corps ? De quel trésor sont tirés les vents qui le rafraîchissent, & qui le purifient en le renouvellant ? Enfin qui a donné aux parcelles de l'air un ressort qui les rend capables d'être comprimées & dilatées, & conséquemment d'être si utiles aux végétaux & aux animaux ; car l'air, tant qu'il est comprimé par le froid, y demeure immobile ; mais il met tout en jeu, quand son ressort est débandé par la chaleur.

C'est le feu qui dilate l'air ; & ce fluide si nécessaire à notre vie n'est pas seulement allumé dans les astres ; il est, pour ainsi dire, dans nos mains. Il réside dans l'air que nous respirons, dans l'eau que nous buvons, dans la terre qui nous nourrit. Il loge dans les entrailles même de la terre, au moins jusqu'à une certaine profondeur ; il s'en échappe souvent. Il est caché jusques dans les veines des cailloux ; & il n'attend que le choc d'un autre corps, pour éclater,

& pour ébranler les villes & les montagnes. Sans cet élément, quelle feroit notre mifere durant l'hiver ? De quel ufage feroient les métaux ? à quelle forte d'alimens ferions-nous réduits ? la flamme que nous pouvons nourrir avec du bois, nous réchauffe, nous éclaire, plie les plus durs métaux, & cuit nos alimens.

Je ne vous entretiens que de ce qui tombe fous vos fens dans cette immenfe machine, fans vous montrer, d'après les grands obfervateurs, fes roues, fes cordes, fes poulies, fes refforts & fes poids. Vous profiterez un jour des travaux de ces Philofophes profonds. Si en lifant leurs écrits, vous ne pouvez vous empêcher d'admirer leur intelligence dans l'explication du monde ; quelle fera votre admiration pour l'intelligence qui a formé le monde ! Car combien plus le monde formé prouve-t-il une intelligence, que le monde expliqué ? Mais il ne faut être ni Aftronôme, ni Phyficien ; le fimple coup-d'œil fuffit, pour appercevoir un deffein marqué dans la fituation du foleil & des aftres par rapport à nous ; dans la proportion de la lumiere avec nos yeux ; dans la liaison des effets de l'air & du feu avec nos besoins. Or le dessein suppose une intelligence : le rapport est essentiel entre ces deux choses. Parcourons en gros les preuves que la terre porte de la même vérité.

IV. La terre est divisée en continens & en mers. Les mers sont de larges & profonds bassins remplis d'une eau salée, où vivent les poissons. Dans les continens, de loin à loin s'élèvent des éminences, depuis lesquelles le terrain s'abbaisse en une pente insensible jusqu'à la mer. Des entrailles de ces hauteurs coulent des fontaines, dont la réunion forme des rivieres, qui roulent majestueusement leurs eaux douces autour des collines & dans les plaines; puis vont se rendre à la mer. Le reste de la surface est couvert de plantes & d'animaux. Et sous cette surface, à quelques pieds de profondeur, sont des terres de différentes espéces, des sels, des huiles, des pierres, des métaux : cette simple vûe générale du globe que nous habitons, réveille en nous l'idée de la plus grande sagesse.

Il est visible que notre demeure seroit inhabitable, si sa surface étoit cou-

H iv

verte des eaux de la mer. Il est visible que si les mêmes eaux rongeoient & pénétroient le fond & les côtés du grand vase qui les renferme, elles mettroient bientôt les terres en bouillie. Il est visible encore que ces eaux qui reçoivent tous les écoulemens de la terre, se putréfieroient, si elles étoient dans un repos perpétuel. Qui a donc creusé des bassins pour les loger ? Qui a rendu ces eaux visqueuses & bitumineuses, pour qu'elles déposent sur le fond & aux côtés de leur bassin une glu qui leur en bouche l'entrée ? Qui les a assujetties à un flux & à un reflux perpétuel qui les empêche de croupir, qui disperse les balaieures de la terre, les atténue, les amene sur la surface, d'où elles s'élevent & se convertissent en rosées, en pluies, en alimens ? Qui est-ce qui les fait se retirer ainsi, & puis revenir sur leurs pas avec tant de régularité ? Un peu plus de mouvement dans leur balancement journalier inonderoit des roiaumes entiers. Qui leur a marqué la borne immobile qu'elles doivent respecter dans tous les siécles? Qui a fixé encore la mesure de leur évaporation ? Si de cet amas immense, s'élevoit une plus grande quantité de vapeurs, nous ferions submergés. Ce liquide peut être raréfié jusqu'à devenir une espéce d'air ; qui l'entretient dans ce degré précis de mouvement, pour être tout à la fois si coulant, si fugitif, & néanmoins si fort qu'il nous transporte d'un bout du monde à l'autre, & nous unit avec toutes les Nations par le commerce ?

Outre ces bassins qui renferment la mer ; nous voions la terre ferme coupée par de longs canaux remplis d'une eau douce & salutaire, propre à étancher notre soif, à cuire les viandes qui nous nourrissent, à tenir nos corps & nos demeures dans la propreté, à porter la fraîcheur, la graisse & l'abondance dans nos campagnes, & à faciliter le commerce entre les Provinces ; & tous ces canaux, après bien des détours, se terminent à la mer. Qui a distribué ces canaux ? Qui a soin de les remplir ? Je vois l'eau sortir des montagnes & des collines, s'assembler en ruisseaux dans les vallées, puis former des rivieres & des fleuves. Qui a élevé ces montagnes ? Qui les a rendu propres à servir de réservoir aux vapeurs que le soleil, le feu & l'air, comme autant de pompes, font

H v

monter fans cefle de la mer dans l'éten-
-due de l'air, où elles fe condenfent,
d'où elles retombent, & s'infinuent dans
le corps des montagnes, defcendent jufqu'à des couches de matiere plus ferrée,
s'y arrétent, & s'y pratiquent par leur
poids, des iffues pour échapper.

Si la terre, cette maffe fi vile & fi
grofliere, & en même tems fi riche &
fi féconde, étoit couverte de pierres &
de métaux, nous ne pourrions en ouvrir
le fein pour la cultiver. Si ces matieres
d'un autre côté, qui nous font fi utiles,
étoient cachées à une profondeur qui
nous les rendît inacceffibles; il ne nous
ferviroit de rien que la terre renfermât
ces richeffes dans fes entrailles. Qui les
a donc logées fous une voute affez épaif-
fe pour fuffire à l'entretien des plantes
& des animaux, & affez mince en même-tems pour être percée au befoin?

L'ordre & le deffein ne peuvent être
l'effet d'une caufe ftupide & aveugle:
or il faut être incapable de fentir & de
penfer, pour ne pas voir de l'ordre &
du deffein dans la difpofition & l'arrangement des parties de la terre. Mais
nous n'en fommes encore qu'à ce qu'il
y a de moins frappant dans notre dé-

meure. Les plantes & les animaux offrent un spectacle bien plus merveilleux.

V. Penfons-nous, fi en voyant la terre émaillée de fleurs, leur multitude, leur variété, leurs formes gracieufes, leurs tendres découpures, leurs couleurs touchantes, la douceur de leur parfum; nous ne louons pas l'invention inépuifable du Créateur? Penfons-nous, fi en voyant les arbres fruitiers pancher leurs rameaux vers nous, & nous inviter à les décharger de leurs fruits de tant d'efpéces différentes propres à nous nourrir, ou à humecter notre fang trop raréfié par la chaleur, ou à nous foutenir contre le poids d'un air trop engourdi par le froid; nous ne béniffons pas la libéralité du Créateur? Penfons-nous, fi en voyant les campagnes dorées, la diverfité des grains, leur utilité, la propriété de chaque efpéce pour notre foutien, pour la fubfiftance des bêtes qui nous fervent, ou pour engraiffer celles qui nous nourriffent; nous ne fommes pas touchés de l'attention du Créateur? Penfons-nous, fi en voyant ces vaftes forêts qui paroiffent auffi anciennes que le monde, ces arbres qui, pour fe défendre contre les

H vj

vents & les tempêtes, se cramponnent dans la terre par leurs racines, comme les branches s'élevent vers le Ciel, qui, en été, nous protégent de leur ombre contre les raions brulans du soleil, qui, en hiver, nourriffent la flamme qui conferve en nous la chaleur naturelle, qui prennent fous notre main la forme qu'il nous plaît pour les plus grands ouvrages de l'architecture & de la navigation ; penfons-nous fi nous n'exaltons pas la puiffance & la bonté du Créateur ?

Ce qui eft encore plus merveilleux, c'eft que les plantes en laiffant tomber leur graine, fe préparent autour d'elles une nombreufe poftérité ; chaque graine contenant en petit volume les germes d'u e infinité de plantes de la même efpéce. Et c'eft ici où l'abfurdité du Naturalifme devient palpable. Dans ce fyftême qui n'admet point de Créateur : il faut imaginer ou une fuite infinie de plantes de toute efpéce produites les unes par les autres, fans une premiere qui ait été produite par u 1 Créateur : ou une premiere pour chaque efpéce, qui exifte par elle-même, & qui renferme les germes de toutes celles qui ont exiſté, & qui exiſteront dans une durée infinie : ou enfin il faut imaginer une premiere graine éternelle & néceſſaire pour chaque eſpéce, qui s'étant développée dans la terre, eſt devenue plante, & la ſource féconde de toutes celles qui ont été & qui ſeront. Or peut-on rien imaginer de plus abſurde ?

Nous avons déja fait voir l'impoſſibilité d'une ſuite infinie d'êtres produits les uns par les autres, qui n'euſſent pas un premier terme produit par un être qui lui-même n'eût pas été produit.

La ſeconde imagination n'eſt pas moins monſtrueuſe. Toutes les plantes que l'on ſuppoſe nées d'une premiere, & toutes celles qui en naîtront, étoient également poſſibles : pourquoi donc n'accorder l'exiſtence éternelle & néceſſaire qu'à une ſeule, & la refuſer à toutes les autres ? La terre, dira-t-on, n'auroit pas ſuffi pour contenir les plantes d'une ſeule eſpece : mais une néceſſité aveugle devoit-elle prévoir cet inconvénient, & y pourvoir ? Suppoſons l'exiſtence éternelle d'une premiere plante : où eſt-elle cette plante ? Car ſi elle exiſte néceſſairement, elle exiſte toujours, & ne peut ceſſer d'exiſter. Com-

ment a-t-elle pu influer dans la production des autres plantes ? En confiant
ſes graines au ſein de la terre ? Cela eſt
impoſſible : car un être néceſſaire eſt néceſſairement tout ce qu'il eſt ; il ne peut
rien perdre ; il ne peut rien acquérir.
De même donc qu'une premiere plante
néceſſaire ne peut ceſſer d'être , elle ne
peut ceſſer d'avoir ce qu'elle a ; parce qu'elle a néceſſairement tout ce qu'elle a.

La ſuppoſition d'une premiere graine
néceſſaire pour chaque eſpéce de plantes, n'eſt pas moins abſurde. N'eſt - il
pas abſurde de ſuppoſer ſuſceptible de
s'étendre & de ſe développer un être
néceſſaire qui eſt tout ce qu'il eſt par la
néceſſité de ſon être ? N'eſt-il pas abſurde de ſuppoſer un être néceſſaire , &
par conſéquent indépendant , aſſujetti
au beſoin des ſucs de la terre pour ſa
nutrition & ſon accroiſſement ? N'eſt-il
pas abſurde de ſuppoſer un être néceſſaire compoſé d'une infinité de germes
ſéparables ? Tout ce qu'a un être néceſſaire il l'a néceſſairement ; par conſéquent toute ſéparation eſt ici impoſſible. Enfin une graine néceſſaire , de même qu'une plante néceſſaire , devroit

être d'une groffeur immenfe ; parcequ'un être néceffaire eft tout ce qu'il
peut être, du moins dans fon genre.

Pourquoi nous arrêtons-nous à combattre des chimeres ? Revenons à notre
principe évident : l'art & l'induftrie ne
peuvent être l'effet d'une caufe ftupide
& aveugle : or le plus grand art eft vifible dans la plus petite graine. C'eft un
affemblage d'une infinité d'organes, qui
ont chacun leur deftination & leur fin.
Pour vous en affurer, adreffez - vous à
un Botanifte, & priez-le d'anatomifer
une graine en votre préfence.

Il divifera la graine en deux lobes :
il vous montrera au haut de ces lobes
le germe planté, fa tige, fon pédicule, les tuyaux du pédicule, les rameaux
de ces tuyaux difperfés dans les lobes :
il vous fera fuivre à l'œil tous les progrès de fon dévelopement dans la terre. Vous en verrez fortir la tige em-
paquetée dans deux feuilles qui fe dé-
gagent les premieres. Vous en verrez
enfuite toutes les parties fe déplier, la
moële en occuper le cœur, & autour
de la moële une infinité de vaiffeaux
rangés avec un artifice qui vous fur-
prendra. Vos yeux vous fuffirent pour

vous convaincre que les lobes qui font
un amas de farine, font deftinés à fervir de premiere nourriture au tendre
germe, après qu'ils auront été détrem-
pés & mêlés avec le fuc de la terre :
que les rameaux du pédicule difperfés
dans les lobes, font autant de bouches
ouvertes pour recevoir cette premiere
nourriture : que les feuilles féminales
font préparées pour ouvrir la route à
la tige, & pour préferver fon extrême
délicateffe de tous les frotemens qui
pourroient lui être nuifibles : que la
radicule, après avoir épuifé les fucs des
lobes, allonge fes chevelus dans la terre pour y chercher d'autres alimens, &
les faire paffer dans la tige. En un
mot, que chaque vaiffeau a fa deftination particuliere ; que les uns font
chargés de diftribuer la féve ; d'autres
de la filtrer, & de la proportionner à
la délicateffe des vaiffeaux où ils l'in-
troduifent ; ceux-ci de recevoir & de
diftribuer l'air néceffaire pour la circulation des liqueurs ; ceux-là de n'admettre que certains fucs, & de rejetter
tous les autres.

L'art & l'induftrie font-ils plus vifibles dans la montre la plus parfaite,

dans le tableau le plus fini, que dans la plus petite plante ? La terre porte une preuve encore plus vive & plus animée du Créateur.

VI. Confidérez la ftructure des animaux, la difpofition de leurs membres, la délicateffe de leurs organes, la variété de leurs mouvemens, la diverfité de leur figure, leurs efpéces innombrables, la maniere propre à chaque efpéce de fe conferver & de fe défendre, de fe réparer & de fe renouveller, de fe multiplier & de fe perpétuer. Plus vous étudierez ces machines vivantes, plus vous admirerez l'art ineffable de leur Auteur; & moins la mauvaife foi, ou la ftupidité du Naturalifte qui ne voit par-tout qu'une néceffité aveugle, vous paroîtront compréhenfibles. Que penferiez-vous d'un homme à qui vous préfenteriez une montre qui fuiroit à propos, fe replieroit, fe défendroit, & échapperoit pour fe conferver, quand on voudroit la rompre, qui fe remonteroit elle-même, qui répareroit fes refforts relâchés, & qui avant que de tomber en ruine, en produiroit une autre : que penferiez-vous d'un homme, qui au lieu de louer

l'induſtrie & l'intelligence de l'ouvrier
qui auroit fait un ouvrage ſi rare & ſi
parfait, vous diroit froidement : cette
montre n'a rien qui doive vous ſurprendre ; l'induſtrie n'y a point de part ;
tous ces reſſorts ſi déliés, ſi proportionnés, ſi animés, ne doivent leur forme,
leur union, leur arrangement, qu'à la
néceſſité. Vous ne pourriez vous perſuader qu'il vous parlât ſérieuſement ;
ou vous le prendriez pour un homme
qui a perdu la raiſon.

Le Naturaliſte, comme nous l'avons
obſervé cent fois, ne ſe repaît que de
mots. Où eſt la néceſſité qu'il y ait
des animaux ? Où eſt la néceſſité qu'il y
en ait de tant d'eſpéces ? Tout eſt beau,
tout eſt plus admirable que le ſoleil &
les aſtres, dans le plus vil inſecte : on
y voit comme dans les plus grands animaux, des vaiſſeaux ſans nombre, des
liqueurs, des mouvemens réunis ſouvent dans un point imperceptible, des
organes pour vivre, des inſtrumens pour
travailler, des ſecours pour échapper à
leurs ennemis, des armes pour en triompher, une uniformité dans la propaga-
tion de leur eſpéce, mille beautés dans
leur vêtement. Mais où eſt la néceſſité

qu'il y en ait de tant de fortes ? L'univers cefferoit-il d'être, s'il étoit privé d'un moucheron ? Ou du moins le moucheron cefferoit-il d'être, s'il lui manquoit le plus petit de fes ornemens ?

La néceffité eft un néant, ou c'eft Dire même des chofes qui exifte néceffairement par lui-même : or les animaux n'exiftent pas néceffairement par eux-mêmes ; puifqu'ils naiffent & qu'ils périffent. On ne peut pas dire non plus qu'ils doivent néceffairement venir les uns des autres ; & fe fuccéder ; puifqu'une fuite d'effets produits les uns par les autres, fans une premiere caufe improduite, eft impoffible.

N'entrons pas dans un plus grand détail fur ce qui regarde les animaux : le fimple coup d'œil doit ici fuffire pour découvrir le Créateur dans fon ouvrage. Quiconque, par exemple, à l'afpect d'un oifeau, de la ftructure de fon corps, de fes os vuides & minces quoique folides, de fes aîles creufes par deffous & convexes par-deffus, de fes plumes couchées les unes fur les autres avec tant d'artifice, du tuiau de fes plumes fi ferme & en même-tems fi leger, doute fi l'oifeau eft fait pour s'élever & fe foutenir dans les airs. Quiconque à l'afpect d'un poiffon, de fon corps enduit de colle, couvert d'écailles, de fa tête éguifée, de fa queue large, forte & agile, & de fes nageoires, doute fi le poiffon eft fait pour vivre dans l'eau ; eft femblable à un aveugle, incapable d'entendre tout ce qu'on peut lui dire des couleurs. En un mot, ne regarderiez-vous pas comme un fou, celui qui refuferoit la faculté de penfer à un Auteur, dans les écrits duquel on verroit une fuite d'idées, de propofitions, de conféquences, de raifonnemens ? Or l'univers, que dis-je, l'univers, le méchanifme d'un infecte, l'aîle d'un papillon, l'œil d'un ciron, offre des traces mille fois plus diftinctes d'ordre, de fagacité, de conféquence, offre des preuves mille fois plus claires d'une intelligence, que l'on ne trouve d'indices de la faculté de penfer dans l'écrit le plus conféquent & le plus raifonné de quelque Auteur que ce foit. Il eft donc mille fois plus fou de nier qu'il exifte un Dieu, que de nier qu'un Auteur fyftématique penfe. Terminons cette matiere par une réflexion bien propre à nous remplir de reconnoiſſance.

VII. Pour qui eſt le monde, cet ou-vrage ſi parfait? Si je vous répons que c'eſt pour l'homme; ma réponſe vous paroîtra-t'elle croiable? L'homme, di-rez-vous, n'eſt qu'un point par rap-port à la terre qui le porte : cette ter-re elle-même eſt ſi petite, quand on la compare avec le ſoleil; & le ſoleil diſparoît à ſon tour en comparaiſon des eſpaces où il circule : & qu'eſt-ce que ces eſpaces en comparaiſon de ceux où roulent cette infinité d'aſtres que nous n'apercevons que confuſément? eſt-il donc vraiſemblable que l'homme, ce point imperceptible, ſoit la fin de cette machine immenſe? Cela n'eſt pas dou-teux, mon cher Euſebe.

Si le ſoleil ſe leve, c'eſt pour éclai-rer l'homme. S'il ſe couche, c'eſt pour lui procurer du repos. Pendant l'abſen-ce du ſoleil, les étoiles ne brillent dans le firmament que pour ravir l'homme par leur magnificence, pour le guider dans ſes voiages, & pour régler ſes tra-vaux. La lune lui offre un flambeau du-rant la nuit pour le conduire; elle va-rie ſes phaſes pour l'aider à partager ſon tems, & à mettre de l'ordre dans ſes affaires. Pour difpofer infenfiblement fes yeux délicats à l'éclat éblouiffant du foleil, l'air plie les raions dè cet aftre avant qu'il paroiffe, vers l'horifon. Il lui rend le même fervice, après que le foleil a difparu, pour le préparer à la perté de la lumiere. L'air fe prête à l'impreffion des corps fonores pour le flater par une douce harmonie, ou pour l'avertir de quelque danger qui le menace ; & aux mouvemens variés de fa langue pour le lier avec fes femblables. De concert avec le feu, l'air éleve les vapeurs, les tient fufpendues fur fes ailes, les laiffe enfuite retomber pour arrofer fon habitation. Le feu lui eft foumis, toujours prêt à lui diffoudre les pierres, à lui rendre liquides les métaux, & à plier le fer à toutes fes volontés.

La mer couvre fes tables de mets délicieux ; entretient les fontaines pour fa boiffon ; le tranfporte d'une extrêmité de la terre à l'autre, & le raméne chargé de richeffes. La terre eft un grand laboratoire, où fe forme fans ceffe des pierres & des métaux pour le défendre du froid & de la chaleur, des vents & des orages, & pour lui fournir des vafes utiles & commodes. Elle lui offre d'elle-même une multitude de plantes qu'elle éléve pour fes befoins ; & elle n'attend que fes foins & fon induftrie pour lui donner toutes fortes de fruits, de grains & de légumes. Elle eft peuplée pour lui d'animaux de toute efpéce. Les uns charment fes oreilles par la douceur de leur chant ; & les autres fes yeux par la beauté de leur figure. Ceux-ci pleins de force, de patience & d'adreffe le foulagent dans fes travaux. Ceux-là careffans, dociles, fidéles, l'amufent, fe dreffent comme il lui plaît, & veillent à fa garde. Les uns lui préfentent leur toifon pour le vétir ; les autres lui filent de riches étoffes, les autres lui donnent des ruiffeaux de lait pour le nourrir. Tous ne femblent fe multiplier que pour lui fournir des alimens en abondance.

S'il en eft d'un naturel féroce, fauvage, traître, carnacier, ils l'évitent & le fuient, comme s'ils le refpectoient ; ils attendent la nuit pour quitter le fond des bois & des deferts : & ils y rentrent auffi-tôt que le jour diffipe les ténébres, comme s'ils craignoient de le

troubler dans ſes occupations. Ils ſervent , s'il le veut , à exercer ſa har-
dieſſe, ſa force & ſon adreſſe. S'il en
eſt qui l'incommodent & le fatiguent ;
il a beſoin de quelques peines mêlées
avec ſes commodités. S'il en eſt qui lui
paroiſſent inutiles ; ce n'eſt que lorſqu'il
eſt diſtrait & inappliqué : car lorſqu'il
eſt tranquille & attentif , le plus petit
inſecte lui montre combien la façon de
l'ouvrier ſurpaſſe la vile matiere qu'il a
miſe en œuvre ; & l'éléve à l'admiration & à l'amour de ſon Auteur.

Il n'eſt pas douteux que l'homme ,
ce point imperceptible , ne ſoit le centre de l'univers ; c'eſt qu'il eſt le ſeul
être qui ſoit capable de le poſſéder :
parceque , malgré ſon énorme petiteſſe ;
il eſt le ſeul qui ait reçu l'intelligence , ſans laquelle l'univers n'eſt point
connu ; la lumiere n'eſt point aperçue ;
la magnificence des globes qui em-
belliſſent le ciel , n'a point de ſpectateur ; les ſons ne ſont point entendus ;
les pierres & les métaux ne ſont point
mis en œuvre ; les fleurs ne ſont ni
vûes , ni ſenties ; les bonnes qualités
des animaux ne ſont d'aucun uſage. Envain ſuppoſeriez-vous que les autres
planétes

planétes de notre tourbillon font habi-
tées par des Créatures intelligentes, &
que chaque étoile a ses planétes également peuplées ; la suppofition eft de
pure fantaifie : mais en vous l'accordant, en fera-t'il moins vrai que l'homme eft la fin du monde ? que le foleil,
les étoiles, la lune, la lumiere, l'air
font pour lui ? que l'ordre qui régne
dans cette vafte machine, eft établi en
fa faveur ? que l'Auteur de tous les
corps l'a eu en vûe, puifqu'il les fait
tous fervir à fon ufage ?

Le Naturalifte conviendra volontiers,
que l'homme fait tourner tout à fon
profit : mais il ne peut convenir dans
fon fiftême, que tout eft fait pour l'homme. C'eft une nouvelle preuve de la
fauffeté de ce fiftême, qui met fes dé-
fenfeurs dans la néceffité de nier que
les yeux foient faits pour voir, les oreilles pour entendre, les piés pour marcher, les mains pour tâter les corps voi-
fins, pour les faifir, les lancer, les attirer, les repouffer, les démêler, les
détacher les uns des autres. N'eft-ce pas
une idée pitoiable que nous fommes
bien plus faits pour les animaux, qu'ils
ne font faits pour nous ; parceque nous

*Tome I.* I

prenons ſoin d'eux ? N'eſt-ce pas l'effort d'un rare génie de faire dire à un oiſon qu'on engraiſſe : *Voiez l'homme, il eſt pour mon ſervice ; quel ſoin pour me garder, pour me loger, me nourrir, & me bien traiter !* Pourquoi ces beaux eſ-prits ne font-ils pas dire auſſi à un po-tiron : voiez l'homme, il eſt pour moi; quel ſoin pour me ſemer, pour m'ar-roſer, & me cueillir ! Pourquoi ne prêtent-ils pas le même diſcours au marbre; puiſque l'homme le tire des carrieres, le taille & le polit ? Eſt-il poſſible que de ſi mauvais plaiſans trou-vent des admirateurs dans le monde ! Laiſſons les Naturaliſtes extravaguer à leur aiſe. Pour nous pleins de recon-noiſſance & d'amour pour notre Créa-teur, appliquons-nous à le connoître, autant que nous en ſommes capables.

# CHAPITRE III.

## DES ATTRIBUTS DE DIEU.

*Dieu est un Esprit infini, simple, immuable, un, éternel, immense, intelligent, libre, tout-puissant, qui a tout créé, qui conserve tout, qui gouverne tout, sage, bon, juste, véritable dans sa parole & fidele dans ses promesses.*

TOUT ce qui est en nous, tout ce qui est hors de nous démontre l'exiſtence de Dieu. Vous me paroiſſez vivement frappé du tableau que je viens d'expoſer à vos yeux quoiqu'en racourci. J'eſpere que vous ſentirez encore mieux les conſéquences qui en réſultent invinciblement par la lecture des ouvrages plus étendus qui ont été compoſés ſur cette matiere, & qui ſont entre les mains de tout le monde : que vous les méditerez ; & que vous joindrez vos méditations à l'heureuſe expérience d'une Providence qui veille

I ij

fur vous, qui vous remplira de joie lorfque vous vous foumettrez pleinement à elle, qui vous foutiendra par des fecours affidus, lorfque vous y aurez recours avec une humble confiance. Ces preuves qui font du reffort du cœur, fe font tout autrement fentir que celles qui n'appartiennent qu'à l'efprit.

L'objet principal de vos méditations doit être l'idée même de Dieu : car quoique nous ne comprenions pas l'Etre fouverainement parfait ; & que nous ne comprenions pas même jufqu'à quel point il eft imcompréhenfible ; on n'en peut pas conclure que nous n'en avons aucune idée. Et fi le Naturalifte vouloit tirer cette conféquence ; il feroit aifé de lui faire fentir combien elle eft peu jufte. Nous n'aurions qu'à lui dire : vous avez fans doute l'idée de l'univers qui eft votre idole : s'il eft donc néceffaire de comprendre une chofe, pour en avoir l'idée ; le comprenez-vous cet univers ? Savez-vous quelle eft la nature du foleil ? Nous nous contenterons de bien moins ; apprenez-nous quelle eft la nature d'un grain de fable. Il vous eft impoffible de fatisfaire à une fi mince queftion. Il feroit donc ridicule de conclure que nous n'avons aucune idée de Dieu ; parceque nous ne le comprenons pas. Nous le connoiſſons tellement, que nous ſavons dire tout ce qu'il n'eſt pas, & que nous lui attribuons les perfections qui lui conviennent, ſans aucune crainte de nous tromper ; d'être, par exemple, un Eſprit infini, ſimple, immuable, un, éternel, immenſe, intelligent, libre, tout-puiſſant, qui a tout créé, qui conſerve tout, ſage, bon, juſte, véritable dans ſa parole & fidele dans ſes promeſſes. Ces perfections ne ſont que le développement de l'idée d'un Etre exiſtant par lui-même. Les plus ſimples réflexions vont vous perſuader.

## ARTICLE I.

### *Dieu eſt un Eſprit infini, ſimple, immuable, un.*

I. **D**IEU eſt un eſprit. Nous concevons l'être penſant & l'être matériel. Outre ces deux eſpéces que l'être renferme, il en eſt peut-être une infinité d'autres poſſibles dont nous n'avons aucune idée. Pour découvrir ſi Dieu eſt un être penſant ou matériel, nous avons déja obfervé qu'il ne faut pas confidérer l'efprit dans le degré d'imperfection où notre ame l'eft ; il ne faut pas non plus confidérer la matiere dans tel & tel corps. Mais il faut confidérer ces êtres en eux-mêmes, & examiner fi, par leur nature , c'eft-à-dire, dans l'idée que nous en avons , ils renferment des bornes & conféquemment des imperfections. · Suivant cette régle , il eft clair que moins la penfée eft bornée , plus elle eft parfaite : au lieu que la matiere ne peut être conçue fans une forme quelconque , & par conféquent fans bornes ; puifque la forme n'eft que la matiere terminée par une furface. Il eft donc évident que l'Etre par foi ne peut être matiere , puifqu'il ne peut être imparfait. Il eft évident, au contraire, qu'il peut être un efprit ; puifque la penfée n'a rien dans fon idée qui foit incompatible avec la fouveraine perfection.

Je conçois fort bien, direz-vous, que l'Etre par foi eft l'être dans le fuprême degré ; qu'il a en foi la plénitude de l'être, & que par conféquent il ne peut avoir de bornes : mais je ne conçois pas fi bien, ajouterez-vous, qu'en niant de lui qu'il est matiere, ou même esprit dans le sens que nous le sommes, ce ne soit pas lui donner des bornes. Car notre esprit tel qu'il est, & la matiere ne sont pas des néants; & parconséquent les exclure de l'Etre par soi, c'est lui donner des bornes.

Il est vrai que notre esprit & la matiere ne sont pas un néant ; mais vous ne pouvez disconvenir qu'ils ne renferment un néant, puisqu'ils ont des bornes, & que qui dit bornes, dit négation d'une perfection ultérieure. Parconséquent on ne pourroit attribuer à l'Etre par soi d'être matiere, & même esprit dans le degré où nous le sommes, sans lui attribuer des bornes; & parconséquent ce n'est pas lui attribuer des bornes, que d'exclure de lui ces êtres imparfaits. De même que ce n'est pas attribuer des bornes à son éternité infinie, que de nier qu'elle est composée de durées finies ; puisqu'on la détruiroit en la composant ainsi : car le fini ajouté au fini ne peut devenir infini. Si vous concevez donc bien l'Etre par soi, comme l'être dans le suprême degré, incapable de bornes ;

vous êtes forcé d'en exclure tous les êtres particuliers & finis : car en le composant de ces fortes d'êtres, vous lui donneriez des bornes à l'infini. L'idée de l'Etre par foi renferme toutes les perfections, mais elle n'en renferme que d'infinies.

II. Dieu eft infini. Il eft vrai que nous ne pouvons épuifer l'infini, ni le comprendre, c'eft-à-dire, le connoître autant qu'il eft intelligible : mais nous difcernons très nettement ce qui lui convient & ce qui ne lui convient pas; nous n'héfitons jamais à en exclure toutes les propriétés des nombres & des quantités finies ; & ce que nous exprimons par ce terme, *infini*, eft fi précis & fi pofitif, qu'il eft impoffible de nous faire jamais prendre toute autre chofe pour celle-là. Or quelle eft la fource d'une fi grande idée dans des efprits auffi petits que les nôtres? C'eft fans doute l'Etre par foi qui fe rend préfent à nous, quand nous le concevons.

Lui feul eft l'infini véritable : qui auroit mis des bornes à fon être? S'en feroit-il donné? Il n'eft pas fa caufe. En auroit-il reçu? Il n'a point de caufe. En auroit-il par fa nature ? Nous ne le concevons exiſtant par lui-même, que parceque nous concevons fa natu-re ſi parfaite, que nous ne pouvons la concevoir ſans exiſtence. L'Etre par ſoi ne peut être néant ſous aucun rapport; car qui dit l'Etre par ſoi, dit la pléni-tude de l'être : or la plénitude de l'ê-tre & le néant ſont contradictoires. En un mot, l'Etre par ſoi peut être infi-ni; donc il l'eſt; car il eſt tout ce qu'il peut être.

Il faut que le Naturaliſte ſe rende à des raiſonnemens ſi ſimples, ou qu'il démontre l'impoſſibilité de l'infini. Mais comment y réuſſiroit-il ! puiſqu'il ne connoît même le fini que par l'infini. Car on ne conçoit le fini qu'en lui at-tribuant une borne, qui eſt une pure négation d'une plus grande étendue. Ce n'eſt donc que la privation de l'infini: or on ne pourroit jamais ſe préſenter la privation de l'infini, ſi on ne con-cevoit l'infini même : comme on ne pourroit concevoir l'ignorance, ſi on ne concevoit la ſcience, dont elle eſt la privation. C'eſt qu'on ne connoît le néant que par l'être : car connoître le rien, c'eſt ne point connoître; comme penfer à rien, c'eft ne point penfer.

Peut-on ouvrir les yeux fans penfer à l'infini ? Tous les objets qui nous environnent, nous en rappellent l'idée. Ils portent, pour ainfi dire, fur leur front, leur dépendance d'un Etre fans bornes. Car tous ces objets n'ont qu'une certaine mefure de l'être. On ne peut pas dire qu'ils l'ont par leur nature ; ce feroit fe mentir à foi-même. Il faute aux yeux qu'il n'eft point de corps qui ne puiffe avoir plus ou moins d'étendue ; point de mouvement qui ne puiffe être plus vite ou plus lent ; point de figure qui ne puiffe être plus grande ou plus petite ; point de ligne qui ne puiffe être plus longue ou plus courte. Puifque les objets que nous voions, n'ont point par leur nature, leur mefure d'être ; il faut qu'ils l'aient reçue d'une caufe illimitée ; & que parconféquent ils aient reçu l'être même, puifque leur être n'eft que la mefure précife de l'être qu'ils ont. Je fais bien que le Naturalifte ne manquera pas d'avoir ici recours à ce qu'il appelle *néceffité* : mais je fuis perfuadé qu'il rit le prémier d'un fi miférable fubterfuge qui n'a point de fens. Avançons.

III. Dieu eſt ſimple. C'eſt une ſuite néceſſaire de ſon infinie perfection : car l'infini ne peut être compoſé. Qui dit compoſition, dit parties & bornes, changement & ſéparation au moins poſſibles : cela eſt évident ; un être n'eſt compoſé, que quand il a des parties dont l'une n'eſt pas réellement l'autre, & dont l'une a ſon exiſtence indépendante de l'autre. Or premiérement, l'infini ne peut avoir des parties dont l'une ne ſoit pas réellement l'autre : car d'un côté, ces parties ne ſauroient être infinies : qui dit partie, dit quelque choſe de moindre que le tout : or ce qui eſt au-deſſous de l'infini n'eſt point infini. D'un autre côté, ſi ces parties ſont finies, il ne peut réſulter de leur aſſemblage un tout qui ſoit infini ; car le fini ajouté au fini demeure toujours fini. Secondement, dans les parties d'un tout qui ont chacune leur exiſtence indépendante de l'autre, on peut en concevoir une déſunie, & la retrancher des autres. Il eſt manifeſte qu'en la retranchant ainſi, & ne la concevant plus unie aux autres ; on amoindrit le tout, qui ceſſe dès-là même d'être infini : car ce qui eſt moindre eſt borné. Il n'eſt cependant moindre que par le retranchement d'une unité. Il eſt donc manifeſte qu'il n'étoit point infini, avant même ce retranchement : car peut-on faire l'infini d'un compoſé fini, en lui ajoutant une ſeule unité ? Il eſt donc eſſentiel à l'infinie perfection d'être ſouverainement une & indiviſible.

Si l'infini, direz-vous, doit être ſi un & ſi ſimple ; pourquoi diſtinguons-nous donc en Dieu tant d'attributs ? N'eſt-ce pas le compoſer & le détruire ?

L'Etre par ſoi eſt ce qu'il a. Il n'en eſt pas de lui comme de ſa créature. Notre ame peut avoir certaines vertus, par exemple, la juſtice, la ſageſſe : mais elle n'eſt pas ces vertus ; parcequ'elle n'eſt pas ce qu'elle a, elle peut les perdre ſans ceſſer d'être. Au lieu que l'Etre par ſoi ne peut être ſans ce qu'il a, de même qu'il ne peut être ſans ce qu'il eſt. Ainſi comme il eſt un, toutes ſes perfections ne ſont qu'une.

Si nous les multiplions, c'eſt par la foibleſſe de notre eſprit. Ne pouvant embraſſer d'une ſeule vûe l'infiniment Parfait, nous ſommes contraints de nous repréſenter cet Etre unique par diverſes faces, fuivant les divers rapports qu'il a à fes ouvrages ; c'eft ce que nous nommons perfections ou attributs. Et nous avons un fondement de le confidérer ainfi, de diftinguer fes perfections, de les envifager l'une fans l'autre : parcequ'en lui, l'unité eft équivalente, & infiniment fupérieure à la multitude. Continuons donc d'étudier les perfections de la Divinité.

IV. Dieu eft immuable. On ne conçoit un être capable de changement, que par rapport à fon être, ou à fes manieres d'être. La matiere, par exemple, peut ceffer d'exifter ; peut fouffrir une diminution de fes parties qui la compofent, peut perdre les modifications qu'elle a, & en recevoir de nouvelles. Notre efprit acquiert des connoiffances & ne conferve pas toujours celles qu'il avoit acquifes. Or l'Etre par foi, l'Etre fimple, l'Etre infini eft incapable de tous ces changemens. L'Etre par foi a toujours la même raifon d'exifter, & la même caufe de fon exiftence qui eft fon effence même. L'Etre fimple n'eft pas moins immuable par rapport à fes parties, que pour fon tout, puifqu'il n'a point de parties. Les modifications font les bornes de l'être; l'infini eft incapable de bornes; il n'a donc point de modifications; il ne peut donc en changer. Dieu eft donc immuable.

V. Il n'y a qu'un Dieu. Un feul être par lui-même fuffit dans la nature pour tirer du néant tout ce qui en a été tiré, & tout ce qui peut en fortir : un autre être par lui-même eft donc inutile. L'un ne feroit que la répétition de l'autre; & il n'y auroit pas plus de raifon à en admettre deux qu'un nombre infini. Nous reconnoiffons l'infini à caufe de l'idée que nous en avons : or un feul infini remplit cette idée. Une infinité d'infinis n'y ajouteroit rien. Ils fe détruiroient les uns les autres; & leur affemblage ne feroit qu'un tout fini.

De plus, il ne peut y avoir deux êtres infiniment parfaits : parcequ'on peut en concevoir un d'une perfection fupérieure. Car ou ces deux êtres ne peuvent agir l'un fans l'autre, ou ils peuvent agir indépendamment l'un de l'autre. Si ces deux êtres ne peuvent agir l'un fans l'autre; il eft manifefte que ces deux puiffances réciproquement dépendantes l'une de l'autre font imparfaites

& bornées l'une par l'autre ; & qu'une puiſſance indépendante eſt plus parfaite. Si ces deux puiſſances ſont mutuellement indépendantes, & que l'une ne puiſſe rien ſur l'action ni ſur les ouvrages de l'autre ; il eſt encore manifeſte qu'il eſt plus parfait de réunir en ſoi la toute-puiſſance, que de la partager avec un autre être égal à ſoi. Ajoutez que chacun de ces deux êtres n'auroit aucun pouvoir ſur tout ce que l'autre auroit fait ; ainſi ſa puiſſance ſeroit bornée ; & nous en concevons une autre bien plus grande, je veux dire celle d'un premier être qui réuniroit en lui la puiſſance des deux êtres. Donc un ſeul Etre par ſoi eſt quelque choſe de plus parfait que deux êtres qu'on ſuppoſeroit avoir par eux-mêmes l'exiſtence. Et par conſéquent il ne peut y avoir deux êtres infiniment parfaits. Il n'y a donc qu'un ſeul Dieu.

## ARTICLE II.

*Dieu est éternel, immense, intelligent,*
*& libre.*

I. **D**IEU est éternel. L'Etre par lui-même est sans commencement & sans fin. Il est sans commencement, parcequ'il n'est pas produit. Il est sans fin, parcequ'il a toujours la même raison, & la même cause de son existence, qui est son essence même. Souvenez-vous que l'Etre par soi, est l'Etre infini, l'Etre simple, l'Etre immuable : Son éternité par conséquent n'est que son être même, qui subsiste par lui-même sans variété & sans changement.

N'imaginez donc aucune succession dans l'éternité : ce seroit la confondre avec la durée de la Créature. Qui dit succession, dit le passage d'un état à un autre, & par conséquent changement & variété. Tout cela convient à notre durée finie & divisible. Nous n'étions pas, avant que d'avoir reçu l'existence : nous ne sommes, que parceque nous la recevons : nous ne serons, qu'autant que nous la recevrons. Ainſi nous ne ſommes pas d'une maniere fixe & permanente. Il y a dans notre exiſtence un paſſé, un préſent, un avenir. Nous paſſons d'une exiſtence à une autre; & nous ſommes renouvellés ſans ceſſe par une création continuée. Il ne faut rien imaginer de ſemblable dans l'être par lui-même. En lui rien ne dure, parceque rien ne paſſe. Rien n'a été, rien ne ſera; mais tout eſt.

Dieu n'étoit-il pas éternellement, direz-vous, avant qu'il nous eût créés? & ne ſera-t'il pas éternellement après nous avoir créés? Que voulez-vous dire par ces expreſſions? prétendez-vous qu'il y a en Dieu deux éternités, ou que la création de notre être partage l'éternité en deux? Ne ſentez-vous pas que deux éternités ne ſeroient pas plus qu'une ſeule : car rien n'eſt au-deſſus de l'infini? Ou ne voiez-vous pas qu'une éternité partagée, qui auroit une partie antérieure & une partie poſtérieure, ne ſeroit plus une véritable éternité; parcequ'une partie ſeroit néceſſairement la borne de l'autre, par le bout où elles ſe toucheroient. Vous voulez ſans doute dire que l'exiſtence

infinie de Dieu furpaſſe infiniment notre exiſtence bornée & finie : mais vos
expreſſions ſont impropres.

Qui dit éternité, s'il entend ce qu'il
dit, ne dit que ce qui eſt. Sans doute,
Dieu exiſtant nous a créés nous qui n'e-
xiſtions pas. Dieu a un préſent infini :
il eſt ſans tems dans tous les tems de
la création : il n'y a en lui ni avant,
ni après, ni plutôt, ni plus tard. Ces
rapports n'ont lieu que dans les créatures ; parcequ'elles n'ont que des exiſtences bornées & diviſibles. On peut
comparer ces exiſtences entre elles :
mais les rapports de bornes ne peuvent
aller juſqu'à Dieu. Il connoît ces rapports : mais la connoiſſance des bornes
de ſon ouvrage ne met aucune borne
en lui. Il voit dans ce cours d'exiſtences diviſibles & bornées, le préſent, le
paſſé, l'avenir : mais il voit ces choſes
hors de lui ; l'une ne lui eſt pas plus
préſente que l'autre. Il embraſſe tout
par ſon infini indiviſible, parceque ſon
exiſtence eſt toujours la même. En un
mot, l'unique rapport entre Dieu &
ſon ouvrage eſt que ce qui eſt & qui ne
peut ceſſer d'être, fait que ce qui n'eſt
point, reçoit de lui une exiſtence bor-

née qui commence pour finir.

II. Dieu eft immenfe. L'Etre par foi étant fouverainement & poffédant l'être de la maniere la plus parfaite, eft néceffairement par-tout ; mais fans divifibilité, fans mouvement, fans rapport au tems ni au lieu. Car étant infini, fimple & fans bornes, il ne peut avoir de figure, qui eft une maniere d'être borné par une fuperficie. Il ne peut être divifible, puifque la divifibilité fuppofe des parties bornées. Il ne peut être capable de mouvement, puifque le mouvement fuppofe une place au-delà de l'être qui fe meut ; ou des parties dans cet être qui changent d'arrangement. Il ne peut avoir de rapport ni au tems, ni au lieu ; puifqu'il ne pourroit y répondre fans être terminé : de même qu'une étendue quelconque eft terminée par l'étendue à laquelle elle répond. L'infini indivifible ne peut répondre à l'être divifible & fini. Il faut donc exclure de Dieu toute préfence corporelle en chaque lieu : car Dieu n'eft point corps ; & il n'a point de fuperficie contigue à la fuperficie des autres corps.

Mais, direz-vous, peut-on concevoir aucun lieu où Dieu n'agisse ? Non, sans doute, si vous voulez dire par-là qu'il n'est point de lieu ni d'être que Dieu ne produise sans cesse. Car les lieux sont des superficies de corps, & par conséquent des corps véritables : or il n'y a aucun corps sur lequel Dieu n'agisse, & qui ne subsiste par l'actuelle opération de Dieu. Il n'y a donc aucun lieu où Dieu n'opere. Mais il y a une grande différence entre opérer sur un corps, & correspondre à un corps. On ne peut concevoir la présence locale, que par un rapport local de substance à substance : or il n'y a aucun rapport local entre une substance qui n'a ni borne ni lieu, & une substance bornée & figurée. Il est donc évident que lorsqu'on dit de Dieu qu'il est dans un corps, il faut entendre cela de son action sur ce corps ; car il ne peut avoir aucun rapport local par sa substance avec un corps. L'immense borne & arrange tout. L'immobile meut tout. Celui qui est, fait que chaque chose existe avec mesure pour l'étendue & pour la durée.

Mais, direz-vous encore, Dieu ne remplit-il pas tout les espaces de l'univers, & ne déborde-t'il pas infiniment au-delà? Ce ſont des imaginations par leſquelles on cherche à ſe repréſenter ce qui eſt au-deſſus de toute image. Ce n'eſt point parler dignement de Dieu que de dire qu'il eſt dedans & dehors le monde : car il n'y a pour l'Etre infini, ni dedans, ni dehors, qui ſont des termes de meſure. Les choſes bornées peuvent ſe comparer & ſe rapporter par leurs bornes les unes aux autres. L'infini indiviſible ne peut être ni comparé ni rapporté, ni meſuré. En lui tout eſt abſolu. Il eſt éternellement créant ce qu'il crée aujourd'hui, comme il eſt éternellement créant ce qui fut créé au premier jour de l'univers, c'eſt-à-dire ſon action eſt éternelle ; il n'y a que l'effet de ſon action, qui a un commencement. De même, il eſt immenſe dans les plus petites créatures, comme dans les plus grandes. L'ordre & les rapports ſont dans les créatures entre elles. L'une eſt plus ancienne que l'autre ; l'une eſt plus étendue & plus éloignée que l'autre. La borne fait cet ordre & ce rapport.

Dieu voit cet ordre & ce rapport qu'il a fait dans ſes ouvrages : mais cette division qu'il voit dans le fini divisible, n'est pas en lui ; puisqu'il est indivisible & infini. Et il ne se divise ni ne se borne, en faisant hors de lui des êtres divisibles & bornés. Il est, & toutes choses sont par lui. On peut dire même qu'elles sont en lui, non pour signifier qu'il est leur lieu & leur superficie ; mais pour représenter plus sensiblement qu'il agit sur tout ce qui est ; & qu'il peut, outre les êtres bornés, en produire d'autres plus étendus, sur lesquels il agiroit avec la même puissance.

III. Dieu est intelligent. L'Etre par soi est l'Etre au suprême degré ; il est donc intelligent : car qu'est-ce qu'un être brute & stupide qui ne se connoît ni soi ni les autres ? Nous avons déja souvent remarqué la différence qu'il y a entre l'intelligence & la matiere : celle-ci ne peut être conçue sans parties & sans figure, par conséquent sans bornes & sans diversité : au lieu que l'intelligence n'a ni parties, ni figure, & qu'elle n'est point limitée de sa nature. Ainsi autant que l'étendue est incompatible avec l'Etre parfait, autant l'intelligence en est-elle inséparable. Dieu eft donc une intelligence infinie, qui fe connoît autant qu'il eft intelligible ; qui eft intelligible autant qu'il eft vérité ; qui eft vérité autant qu'il eft être, puifque la vérité eft ce qui eft ; qui eft Etre infiniment, puifqu'il eft l'Etre par foi, qui en fe connoiffant infini, connoît qu'il furpaffe infiniment tous les êtres bornés, qui par conféquent en fe connoiffant connoît tout, & ce qui reçoit de lui l'exiftence, & ce qui peut la recevoir.

Ouvrez les yeux : que voiez-vous dans l'univers, fi vous ne voiez pas l'intelligence fuprême dans fes ouvrages ? Eft-ce un ouvrier borné dans fes vûes, qui ait raffemblé tant de piéces diverfes, qui les ait unies les unes aux autres, qui ait établi entre elles une telle dépendance que la fouftraction de l'une rendroit les autres inutiles ? Car retranchez le foleil, la nature entiere eft engourdie & glacée. Otez l'air, il n'y a plus ni vapeurs, ni pluies, ni végétation, ni refpiration. Applaniffez les montagnes, vous faites tarir les fontaines & les rivieres. Enlevez le feu de deffus la terre, vous donnez la mort à l'homme, aux plantes & aux animaux,

Mais en voiant la figure réguliere & conftante de ces piéces, leur harmonie, leur dépendance mutuelle, le balancement de leurs forces, avez-vous jamais réfléchi fur la néceffité qu'il y a premiérement, que chacune des parcelles dont ces piéces font compofées, ait reçu une forme déterminée, proportionnée à la taille de la parcelle à laquelle elle s'unit, pour que de l'union de toutes ces parcelles, il en réfultât une piéce propre à entrer dans la ftructure du tout. Secondement, que chaque parcelle ait reçu une mefure d'activité, pour que de l'union de leurs forces, il en réfultât une piéce totale, capable de fe maintenir contre les chocs des autres piéces. Le détail eft infini; & il n'appartient qu'à une intelligence infinie.

IV. Dieu eft libre. Ce pouvoir dont nous jouiffons, de vouloir & de ne pas vouloir, d'agir & de ne pas agir, de choifir entre différens partis, & qui nous releve fi fort au-deffus de tous les êtres qui nous environnent, n'eft pas exemt de défaut, puifqu'il nous laiffe maîtres de nous écarter de l'ordre. Mais ce défaut n'eft point effentiel à l'idée de la liberté; de même que les bornes

de

de notre intelligence ne font point ef-
fentielles à l'idée de l'intelligence. Nous
concevons clairement qu'une intelligence illimitée n'en eft que plus parfaite.
Nous ne concevons pas moins clairement qu'une volonté incapable de s'é-
carter de l'ordre n'en eft que plus parfaite , & qu'elle eft l'appanage d'une
nature indépendante , qui fe fuffit à
elle-même, qui n'a pas befoin de produire des ouvrages , pour être heureufe.
On ne peut donc refufer la liberté de
créer & de ne pas créer à l'Etre par foi ,
qui eft néceffairement l'Etre indépendant & heureux, puifqu'il eft parfait ;
& qu'il connoît la perfection.

Il faudroit renoncer à l'idée que nous
avons de l'Etre fuprême , pour douter
s'il eft libre de créer ou de ne pas créer,
de choifir entre les êtres poffibles ceux
qu'il lui plaît, & dans le degré de perfection qu'il lui plaît. Car l'idée de Dieu
nous le repréfente comme un Etre indépendant, parfait, intelligent, qui en fe
connoiffant, voit des degrés infinis de
perfection poffible au-deffous de la fien-
ne, en remontant vers lui, & en defcen-
dant au-deffous de lui. Or par cette fu-
périorité infinie fur toute perfection pof-

*Tome I.* K

fible, Dieu eſt néceſſairement pleinement libre de créer ou de ne pas créer,
de choiſir entre les êtres poſſibles, &
dans le degré de perfection qu'il lui
plaît. Car peut-il être néceſſité à produire des êtres qui ne peuvent rien ajouter à ſa perfection ? Peut-il être néceſſité à choiſir entre des êtres qui, quoiqu'i-
négaux entre eux, ſont dans une égalité
entiere par rapport à lui, puiſqu'ils lui
ſont tous infiniment inférieurs ? Peut-
il être néceſſité à créer des êtres dans un
certain degré de perfection poſſible,
puiſqu'il n'eſt aucun degré de perfection
poſſible ſi élevé, qu'il n'y en ait d'autres
qui remontent ſans ceſſe vers l'infini ?

Vous ne pourriez conteſter à Dieu la
liberté, qu'en le ſuppoſant déterminé
néceſſairement à créer, ou par ſa nature, ou par une cauſe diſtinguée de
ſon être : or il eſt abſurde de ſuppoſer
Dieu déterminé par ſa nature à créer,
puiſqu'étant l'Etre par ſoi, il eſt indépendant par ſa nature des êtres à qui il
peut donner l'exiſtence. Il eſt encore
plus abſurde de ſuppoſer Dieu déterminé par une cauſe diſtinguée de lui ;
puiſque tout ce qui exiſte, n'exiſte que
par lui. D'ailleurs cette cauſe devroit

être elle-même déterminée par une autre, celle-ci par une troifiéme, ainfi à
l'infini. Par conféquent la création eût
été impoffible ; puifqu'elle ne pourroit
être que dans la fuppofition d'un nombre infini de déterminations épuifé.

On ne peut pas dire que Dieu eft
déterminé, parcequ'on appe'le *néceffité
de la nature*, *ordre de la nature*. Ce font
des mots qui n'ont point de fens ; puifqu'avant la création, Dieu feul eft, &
qu'il n'y a d'ordre que celui que Dieu
établir. Ces mots ne peuvent donc rien
fignifier, fi ce n'eft dans la bouche d'un
Spinofifte, qui, par ces termes, entend la matiere néceffaire, mûe néceffairement.

Je ne foumettrai pas, direz-vous,
l'Etre parfait, à des mots vuides de
fens : mais il me femble qu'on peut le
fuppofer déterminé à créer le monde
par l'amour de fa gloire.

Quelle idée avez vous de l'Etre parfait, en regardant la gloire qui lui revient de la création, comme une fin
qui l'a déterminé néceffairement à la
conftruction de fon ouvrage ? Tout ce
que Dieu n'auroit pas eu, fi les créatures n'euffent pas exifté, ne peut être

K ij

fa fin. Car ce qui reviendroit à Dieu de l'exiftence des créatures , ou c'eft Dieu lui-même qui fe le donneroit à l'occafion des créatures , ou ce font les créatures mêmes qui le lui donneroient: or l'un n'eft pas moins infoutenable que l'autre. Il eft infenfé de penfer que Dieu auroit eu quelque chofe de moins , s'il n'avoit pas créé le monde, & qu'en le créant , il a eu quelque degré de perfection & de bonheur de plus. L'Etre par foi ne peut rien fe donner ; & les créatures ne peuvent rien lui ajouter : parcequ'il eft la plénitude de l'être.

L'honneur & la gloire n'eft autre chofe que la connoiffance & le témoignage de l'excellence & de la perfection d'un être. Lorfque vous prétendez donc que Dieu a été déterminé à créer le monde par l'amour de fa gloire ; vous voulez dire, ou qu'il a été déterminé par l'amour qu'il a eu de connoître fon excellence , ou par l'amour qu'il a eu que fon excellence fût connue des créatures. L'Etre infini a-t'il befoin des êtres bornés qu'il produit, pour connoître fa fouveraine perfection ? L'Etre des êtres eft-il en lui-même plus heureux, parcequ'il eft connu des créatures

Mais, direz-vous, Dieu a créé le monde pour sa gloire. Sans doute, Dieu a créé le monde pour sa gloire : mais il la trouvoit également dans la non-création comme dans la création. Dieu n'a point d'autre fin de lui-même que lui-même ; il est le terme & le centre de toutes ses volontés ; il s'aime tel qu'il est, c'est-à-dire, comme l'Etre des êtres, la source & le principe de tout, celui duquel dépendent tous les êtres, celui qui doit prononcer sur leur sort & leur destinée, celui qui en voulant ou ne voulant pas les créer, les tirera du néant ou les y laissera.

Dieu se connoît ainsi, c'est le témoignage qu'il se rend à lui-même ; c'est-là son honneur, c'est-là sa gloire. Et il veut nécessairement cette gloire, c'est-à-dire, ce droit qu'il a de prononcer sur l'existence ou la non-existence des créatures : or Dieu exerce également ce droit, soit en voulant créer, soit en ne le voulant point : soit en voulant créer telles ou telles créatures, soit en n'en voulant créer que certaines. Ainsi soit que Dieu se détermine à créer, soit qu'il se détermine à ne pas créer, il n'aura pas moins de gloire ; & quelque parti qu'il prenne, il sera toujours vrai qu'il agit pour fa gloire, puifque dans l'un ou dans l'autre il exerce également fon empire fouverain fur les êtres. D'où il s'enfuit que la création & la non-création font deux moiens parfaitement égaux par rapport à cette fin. Pourquoi donc Dieu a-t-il plutôt voulu créer le monde que de ne pas le créer ? Je n'ai rien à vous répondre, finon qu'il l'a voulu, parcequ'il l'a voulu. Sa volonté feule a décidé dans l'égalité de ces deux partis.

Vous demanderez peut-être, fi fuppofé que Dieu ait voulu créer un monde, il n'a pas été du moins néceffité par fa fageffe à créer le monde le plus parfait qui fe puiffe. Je réponds que la fageffe de Dieu ne borne point fa puiffance ; elle le laiffe pleinement libre de créer une infinité de mondes foit plus parfaits, foit moins parfaits que celui-ci.

Il me femble, repliquerez-vous, qu'un monde plus parfait eft quelque chofe de mieux qu'un monde moins parfait : or la fageffe de Dieu le porte néceffairement à faire ce qui eft le mieux.

Si cette raifon étoit folide ; elle prouveroit que Dieu auroit dû néceffaire-

ment créer le monde : car il eſt mieux
que le monde ſoit que de ne pas être,
certainement l'être vaut mieux que le
néant. Voulez-vous donc ſentir le peu
de ſolidité de votre raiſonnement ? Di-
ſtinguez ce qui eſt mieux par rapport à
Dieu , & ce qui eſt mieux par rapport
aux créatures. Il eſt meilleur pour les
créatures d'être créées que de ne l'être
pas ; d'être créées plus parfaites que
d'être créées avec moins de perfection.
Mais par rapport à Dieu , l'un & l'autre eſt égal. L'exiſtence des créatures
plutôt que la non-exiſtence n'eſt point
le bien de Dieu. Son bien eſt d'être ce
qu'il eſt. Il eſt la ſageſſe , mais en même tems le ſouverain être qui ne reçoit
point ſa perfection d'ailleurs. Dans tout
ce qu'il peut donc vouloir hors de lui ,
tout lui eſt égal. Or s'il eſt égal à Dieu
de produire un monde plus parfait, ou
un monde moins parfait, comme il lui
eſt égal de produire ou de ne pas produire ce monde ; il eſt également ſage ,
ſoit qu'il veuille l'un, ſoit qu'il veuille
l'autre ; parcequ'il eſt également ſage
de choiſir entre deux partis égaux.

N'inſiſtez pas en diſant que la ſageſſe
éternelle, dont Dieu ſuit en toutes cho-

ses les conseils, le porte nécessairement à faire l'ouvrage dans lequel il y a le plus de sagesse ; & que le monde le plus parfait est celui où il y a le plus de sagesse. Ce raisonnement n'est pas plus solide que le précédent. Je vous accorde que dans un monde plus parfait, il y a plus de sagesse exprimée, c'est-à-dire, qu'il y a plus de ces traits auxquels les créatures intelligentes peuvent reconnoître que c'est un être sage qui l'a produit. Mais y a-t-il plus de lumiere à vouloir créer un monde, où il y ait plus de sagesse exprimée , qu'à vouloir en créer un où il y en ait moins ? Il est égal à Dieu de vouloir créer le monde, ou de ne vouloir pas le créer. Il lui est donc égal de vouloir exprimer sa sagesse ; ou de ne pas l'exprimer. Pourquoi ne lui seroit-il donc pas égal de vouloir l'exprimer & la manifester plus ou moins ? Or quand deux partis sont égaux, il est également sage de se déterminer à l'un ou à l'autre. Il est inutile d'ajouter qu'il résulteroit de votre système une absurdité intolérable : il s'ensuivroit que la puissance de Dieu a des bornes : car s'il a été nécessité à créer le monde le plus parfait, il est clair qu'il

ne peut rien de plus que ce qu'il a fait,
& par conséquent que sa puissance s'est
épuisée par la création.

Abandonnez donc vos petites difficultés : elles ne peuvent tenir contre l'i-
dée de l'Etre par soi. Mais quand cette
idée ne suffiroit pas pour vous convaincre que Dieu est souverainement libre ;
pourriez-vous résister à la preuve qu'offre la vûe de ses ouvrages ? Ne faudroit-
il pas avoir perdu le sens pour penser
que tout ce que l'on voit existe nécessairement ; que le Créateur n'a pu s'empêcher de créer chaque corps sous telle
forme, avec tel mouvement ; chaque
animal avec tel nombre de pieds, chaque plante avec telle figure ?

Tout est bon dans l'univers, tout est
parfait, selon sa mesure, distingué du
néant, au-dessus de lui, & digne de
l'Etre infini. Mais tout y publie la souveraine liberté du Créateur. Chaque
être dit à qui veut l'entendre, qu'il a pu
ne pas exister ; qu'un autre auroit pu
occuper sa place ; qu'il n'est en mouvement ou en repos, gros ou petit, orga-
nisé ou brute, que parcequ'il a plû au
Créateur. Si les planétes sont empor-
tées dans leur orbite d'Occident en

K v

Orient, en même-tems qu'elles roulent autour de leur axe d'Orient en Occident ; elles ont pu avoir un mouvement tout contraire. Si la terre tourne
autour du soleil, elle a pu être immobile. Si le soleil est immobile, il a pu
circuler autour de la terre. Ne semble-
t-il pas que Dieu ait pris plaisir à faire
éclater sa liberté dans ses ouvrages ,
quand on voit jusqu'à quel point il en
a diversifié le méchanisme & les ornemens ?

Il ne me reste plus qu'à vous prier
de faire une courte observation. Nous
avons remarqué que notre liberté est
défectueuse ; parcequ'elle peut s'écarter
de l'ordre. Nous sommes encore sujets
à un autre défaut : souvent , faute de
lumieres , nous sommes indécis sur le
choix que nous avons à faire entre différens partis. Ce dernier défaut n'est pas
moins incompatible que le premier avec
la suprême liberté. Autant qu'il est libre à Dieu de vouloir ou de ne pas vouloir créer le monde; autant il est nécef-
saire qu'il veuille l'un ou l'autre. Il n'est
pas possible que sa volonté demeure en
suspens : car Dieu se veut comme il
est , donc comme créant ou comme non-

créant : il ne peut pas être en même-
tems l'un & l'autre : mais il est nécessaire qu'il soit l'un ou l'autre. Et rien
n'est plus digne de lui que cette nécessité ; car elle montre que rien en lui
n'est en suspens, rien indécis, mais que
tout est parfait, éternel, immuable.

## ARTICLE III.

*Dieu est Tout-puissant, il a tout créé,
il conserve & gouverne tout
avec sagesse.*

I. DIEU est Tout-puissant & Créateur. Si nous concevons clairement une vérité, c'est sans contredit
que la Toute-puissance est une perfection. Pouvons-nous donc hésiter à la
reconnoître dans l'Etre par soi ?

De plus, nulle puissance en aucun
degré, qui ne soit au-dessous de celle
de Créateur; car faire que ce qui n'est
pas, commence à être, c'est disposer de
l'être en propre, c'est avoir la puissance
infinie. Or nous sommes assurés que
l'être qui pense en nous, n'a pas toujours été, & qu'il a commencé d'être ;

K vj

qu'il n'eſt pas ſorti du néant ſans cauſe ; qu'il ne s'eſt pas produit lui-même ;
qu'il n'eſt pas émané de l'Etre par ſoi
comme une portion qui s'en eſt déta-
chée, parceque l'Etre par ſoi eſt un être
ſimple & infini. L'Etre qui penſe en
nous a donc reçu l'exiſtence : or qui
peut la lui avoir donnée, ſinon l'Etre
qui en a la plénitude ? Dieu eſt donc
Tout-puiſſant & Créateur.

Si notre ame eſt créée ; eſt-il douteux
que la matiere, cet être ſi imparfait en
comparaiſon de notre ame, ait reçu l'e-
xiſtence ? Ce ſeroit ſans doute le dernier
excès de l'eſprit humain, que d'imaginer la matiere comme un être qui ſe
meut, qui s'arrange, qui ſe façonne lui-
même. Cependant c'eſt un excès inévita-
ble pour quiconque n'admet pas la création de la matiere. Car ſi la matiere n'eſt
pas créée, elle exiſte par elle-même ;
c'eſt un être néceſſaire & indépendant ;
elle ne peut par conſéquent être aſſu-
jettie à l'action d'aucune cauſe étrangere ; elle ne reçoit donc ni le mouvement
ni l'arrangement de ſes parties. C'eſt
donc la matiere qui ſans connoiſſance,
ſans liberté, ſans ſageſſe, ſe meut elle-
même, s'arrange, ſe façonne, ſe don-

ne des organes ; c'eſt elle qui prend toutes les formes dont nous admirons l'art
& le deſſein dans l'homme, dans les
plantes, dans les animaux. Quelle abſurdité !

Comment, direz-vous, comprendre
qu'une choſe puiſſe être tirée du néant ?
Si vous entendez que tirer une choſe du
néant, c'eſt emploier le néant pour la
production de cette choſe ; je ne ſuis pas
ſurpris que la création vous paroiſſe in-
concevable : car le néant eſt une négation abſolue qui ne peut ſervir à rien.
Mais ce n'eſt pas ainſi qu'il faut entendre la création. Créer, c'eſt faire qu'un
être qui n'exiſte pas, commence à exiſter. Où eſt l'impoſſibilité ?

Vous repliquerez peut-être que vous
ne voiez rien d'impoſſible dans la création ; mais que vous n'en comprenez
pas mieux que la matiere puiſſe être
produite ſans une matiere préexiſtente.
Permettez-moi de vous repliquer à mon
tour qu'il importe peu que vous le com-
preniez, pourvu que vous ſoiez ſûr du
fait.

Vous ne comprenez pas comment un
eſprit peut agir ſur la matiere ; & cependant cela eſt : car votre volonté ne peut

faire mouvoir vos membres fans agir fur la matiere. Que ce foit fur la racine des nerfs, fur la liqueur qui y coule & qu'on appelle fuc nerveux ; qu'il y ait des efprits animaux qui aillent par fon commandement enfler de petites veffies dont les mufcles font compofés ; tout cela ne leve point la difficulté. Ou ces efprits animaux dont on parle, font matiere, ou ils font efprit : s'ils font efprit, comment enflent-ils ces petites veffies qu'il faut bien qui foient matérielles ? Ils ne peuvent avoir d'action ni par l'étendue ni par l'impulfion, qui font des propriétés de la matiere. S'ils font matiere, comme ils le font véritablement ; quelque déliée qu'on la fuppofe, vous devez avoir autant de peine à comprendre que votre ame agiffe fur eux immédiatement, que vous en avez à lui donner une action directe fur les gros mufcles de votre jambe ou de vos bras.

Voilà donc une action de l'efprit fur la matiere que vous ne comprenez pas ; & qui cependant eft très-réelle : vous n'en pouvez douter. Pourquoi douteriez-vous qu'il eft un efprit qui agit fur la matiere de ce vafte univers ? Il eft évident que cet efprit eft autant fupérieur à votre ame, que l'univers eſt plus grand que votre corps. Il n'eſt pas moins évident que la matiere ne peut être ſans une forme quelconque, ni en avoir qu'elle n'ait pas reçue ; parcequ'il n'en eſt aucune qui lui ſoit intrinſeque & eſſentielle. C'eſt donc l'Eſprit tout-puiſſant qui a donné à la matiere ſa premiere forme : mais ſi l'Eſprit tout-puiſſant a donné à la matiere ſa premiere forme, & qu'elle ne puiſſe exiſter ſans forme ; il faut auſſi qu'il lui ait donné l'exiſtence qu'elle n'a pu avoir ſans cette premiere forme.

Ne me demandez point où Dieu a pris la matiere pour la produire ? ſi c'eſt en lui, ou hors de lui ? Ce n'eſt pas en lui, direz-vous, puiſqu'il eſt un eſprit. Ce n'eſt pas hors de lui, puiſqu'avant la Création, il n'y avoit rien hors de lui.

Je vous demanderois à mon tour où Dieu a pris votre ame pour la produire ? Ce n'eſt pas en lui-même ; puiſqu'il eſt un Etre ſimple ; ce n'eſt pas hors de lui ; puiſque votre ame n'étoit pas avant qu'elle fût produite. Je vous demanderois encore où votre ame prend ſes connoiſſances & ſes vouloirs pour

les produire ? Ce n'eſt pas en elle-même ; puiſque ſi elle les avoit, il ne ſeroit pas néceſſaire qu'elle les produiſît :
ce n'eſt pas hors d'elle-même ; puiſque,
hors d'elle, il n'y a ni connoiſſance, ni
vouloir. Je vous demanderois où votre
ame prend le mouvement qu'elle im-
prime à votre main ? Ce n'eſt pas en
elle - même ; puiſqu'elle n'a point de
mouvement : ce n'eſt pas hors d'elle ;
puiſque le mouvement, avant qu'il ſoit
produit, n'eſt pas.

Il faut que vous ſuccombiez ſous ces
difficultés ; ſi vous ne vous en rapportez
qu'à vos yeux. Les corps n'offrent aucune production de choſes, qui n'étant
pas, commencent d'être : tout ce que
l'on y voit, ſe réduit à des déſunions,
à des ſéparations, à de nouveaux aſſem-
blages. S'il en eſt de même des eſprits ;
il vous eſt auſſi impoſſible de répondre
à mes queſtions, qu'il m'eſt impoſſible
de ſatisfaire à la vôtre. Mais rentrez en
vous-même, & ſoiez attentif à ce qui
s'y paſſe. Vous n'avez pas toujours connu ce que vous connoiſſez aujourd'hui :
vous n'avez pas toujours voulu ce que
vous voulez préſentement : vous for-
mez de nouvelles connoiſſances & de

nouveaux vouloirs : ces connoiſſances & ces vouloirs ſont des choſes réelles ; & c'eſt votre ame qui les produit : votre ame eſt donc un principe actif. Vous remuez la main au gré de vos deſirs ; votre ame a donc un empire ſur votre corps.

Si votre ame eſt active ; ſi elle a un empire ſur quelque portion de matiere ; il eſt évident que l'Eſprit infini a une activité infinie, & que ſon empire eſt ſans bornes. Si votre ame, par ſon activité, forme ſes connoiſſances & ſes vouloirs, ſans les prendre en elle-même, ni hors d'elle-même : ſi par l'empire qu'elle a ſur quelque portion de matiere, elle fait que cette matiere qui ne ſe mouvoit pas, commence à ſe mouvoir, ſans prendre le mouvement ni en elle-même, ni hors d'elle-même : pourquoi l'Eſprit infini auroit-il beſoin, pour créer la matiere, de la prendre en lui-même, ou hors de lui-même ? Pourquoi, par l'activité & par l'empire attachés à ſon Etre infini, ne feroit-il pas que la matiere paſſe du non-être à l'être ? Suppoſez-lui le beſoin, pour produire ſes ouvrages, de les prendre en lui, ou hors de lui, vous le dépouillez dès-là même de toute activité & de toute empire : ils existeroient ces ouvrages, s'ils étoient en lui, ou hors de lui ; & il ne seroit plus nécessaire de les produire. De même qu'il n'y auroit point d'activité dans votre ame par rapport à ses vouloirs ; si, pour les former, elle devoit les prendre en soi, ou hors de soi : car ce qui est n'a pas besoin de cause pour être. On ne peut rien objecter de solide contre la création. Écoutons Spinosa.

» La création, dit Spinosa, est la
» production d'une substance : or une
» substance ne peut en produire une
» autre : car ces deux substances se-
» roient de même attribut, & auroient
» quelque chose de commun ; ou se-
» roient de différens attributs, & n'au-
» roient rien de commun. Or, 1°. il
» ne peut y avoir deux substances de
» même attribut ; c'est-à-dire, qui aient
» quelque chose de commun, car elles
» ne seroient pas distinguées. 2°. Si
» elles sont de différens attributs, &
» qu'elles n'aient rien de commun,
» l'une ne peut être cause de l'autre ;
» car deux choses qui n'ont rien de
» commun, ne peuvent se concevoir

» l'une par l'autre ; donc l'une ne peut
» être cause de l'autre : car la connoif-
» sance de l'effet renferme la connoif-
» sance de la cause , & l'effet ne peut
» être connu sans la cause.

Vous ne comprenez rien à ce raisonnement ; soiez persuadé qu'il est beaucoup de disciples de Spinosa qui n'y comprennent rien non plus que vous. Son obscurité fait toute sa force. Vous en allez juger. Commençons par en expliquer les termes.

*Etre de même attribut, avoir quelque chose de commun ;* c'est sans doute , selon Spinosa, être de même nature , & avoir les mêmes perfections. *Etre de différens attributs, n'avoir rien de commun ;* c'est être de diverse nature , avoir d'autres perfections. Il n'est pas si aisé de deviner ce qu'il veut dire par *être conçu l'un par l'autre.* Ces expressions sont susceptibles de deux sens : on peut entendre qu'une chose est conçue par une autre , parceque l'une fait naître l'idée de l'autre, ou parceque l'une représente parfaitement l'autre.

Reprenons le raisonnement de Spinosa. 1°. Il avance , sans preuves , qu'*il ne peut y avoir deux substances de mê-*

*me attribut.* Car deux morceaux de marbre de même grosseur, de même figure, de même couleur, en un mot, semblables en tout, seroient autant deux & aussi distingués, qu'un de ces morceaux de marbre, & une pierre de toute autre espéce. 2°. Il y a encore moins de fondement à dire que la substance créatrice & la substance créée ne peuvent *être de différens attributs.* Car la premiere doit être parfaite pour être créatrice; & la seconde ne peut avoir besoin de création, que parcequ'elle est imparfaite. Si cela est, dit Spinosa, la premiere ne peut être cause de la seconde. Quelle conséquence ! il en naît une toute opposée : car la substance parfaite aiant l'existence par elle-même peut la donner à celle qui ne l'aiant pas peut la recevoir.

Mais *deux choses de différentes natures ne peuvent se concevoir l'une par l'autre.* Nous avons levé l'équivoque de ces termes. Il est vrai que deux choses de différente nature ne peuvent se concevoir l'une par l'autre, de telle maniere que l'une représente parfaitement l'autre : mais il est faux que de deux choses de différente nature l'une ne puisse faire naître l'idée de l'autre, c'est-à-dire, ne puisse en faire connoître l'existence, la fagesse, &c. Or est-il nécessaire que l'effet donne une connoissance entiere de la cause ? On ne le prouvera jamais. L'effet ne contient pas toutes les perfections de la cause, comme il est visible dans les ouvrages de l'art. L'effet peut même ne ressembler en aucune forte à la cause, sur-tout si la cause agit par sa seule volonté.

*La connoissance de l'effet renferme la connoissance de la cause, & l'effet ne peut être connu sans la cause.* C'est toujours la même équivoque. *L'effet renferme la connoissance de la cause*; c'est-à-dire, que l'effet fait naître l'idée de la cause, qu'il fait connoître que la cause est ; parcequ'il n'y a point d'effet sans cause : mais l'effet ne renferme point la connoissance parfaite de la nature de la cause; il ne fait point connoître tout ce que la cause est. *L'effet ne peut être connu sans la cause*; c'est-à-dire, que l'idée de la cause est relative à l'idée de l'effet, que la cause connue comme cause fait connoître l'effet au moins comme possible, parcequ'il n'y a point de cause sans effet. Mais quoique l'effet, sous le rapport d'effet, ne puisse être connu sans la cause, il ne s'ensuit pas qu'il ne puisse être connu en lui-même, sans ce rapport : vous pouvez, par exemple, connoître votre ame comme un être spirituel, sans penser à la cause qui lui a donné l'exiftence. Ce n'eft que lorfque vous la confidérez comme un être créé, que vous ne pouvez la connoître sans la cause.

Il eft manifefte que deux fubftances de différente nature peuvent être connues l'une par l'autre, non par leurs attributs, puifqu'elles n'en ont point de femblables, mais par le rapport de caufe & d'effet qui eft entre elles. Ces deux fubftances ne ceffent pas d'être de différente nature, parceque l'une eft caufe de l'autre. Et quelque différentes qu'elles foient, on peut les concevoir l'une par l'autre, en les confidérant l'une comme caufe, & l'autre comme effet. Un bâtiment fait connoître la fcience de l'architecte : mais il ne fera jamais conclure que l'efprit de l'architecte eft de la même nature que le bâtiment, quoiqu'il en foit la caufe. Une fubftance de différent attribut peut donc être caufe de l'autre. Il peut donc y avoir plusieurs substances, dont l'une soit cause, & les autres soient effets. Tout est donc faux dans le raisonnement de Spinosa.

II. Dieu conserve & régit le monde par sa Providence. L'Etre par soi est le Créateur de tout ce qui a l'existence ; il en est donc le conservateur : car il ne tire pas du néant des êtres qui ensuite subsistent par eux-mêmes hors du néant. Tout ce qui reçoit l'existence a besoin d'être soutenu pour continuer à exister : parceque ce qui sort du néant, n'en est jamais dehors par soi-même ; donc il n'en est dehors que par un don actuel de l'être, c'est-à-dire, par une création continuée.

Or si ce vaste univers reçoit, à chaque instant, l'existence ; n'est-il pas évident que le souverain Etre qui la lui donne, dispose, gouverne, arrange, régle tout, place chaque créature dans son rang & son ordre, donne à chacune sa mesure, son degré, sa proportion ; opere dans elles & par elles, conformément à la perfection de leur être, ce qu'il lui plaît ; les conduit avec autant de douceur que de puissance, chacune en particulier, & toutes en général à leur fin, & les réunit pour compofer ce grand tout, dont il a formé le deſſein dans la profondeur de ſes conſeils. Ce détail vous effraie, parceque vous êtes borné dans vos connoiſſances, & encore plus dans vos forces : mais qu'eſt-ce que ce détail pour une Intelligence infinie & toute puiſſante ? C'eſt infiniment moins qu'à vous de remuer la main à droite ou à gauche.

III. Dieu eſt ſage. Rien ne peut échapper à l'intelligence de l'Etre par ſoi, ni ce qu'il peut y avoir d'être dans les créatures, ni les rapports qui peuvent ſe trouver entre elles, ni les fins auxquelles elles peuvent être deſtinées, ni les moiens qui peuvent conduire à ces fins. Que faut-il de plus pour l'idée d'une ſageſſe infinie ? Je ne me laſſe point de vous rappeller à l'expreſſion des perfections divines. N'eſt-on pas aveugle, quand on ne voit pas la ſa-geſſe infinie dans cette ſuite & cet en-chaînement d'événemens, de modifica-tions & de créatures, dans cet ordre ſi beau, cette correſpondance ſi ſuivie, cette harmonie ſi univerſelle ? Dieu pou-voit ſe diſpenſer, par exemple, pour nourrir un oiſeau, de faire jouer tous

les

les refforts de la nature, les grains, les plantes, la terre, les eaux, & tout le refte qui entre dans la production & dans la confervation de toutes ces chofes. Le Tout - puiffant étoit maître de procurer par toute la terre, aux animaux un aliment qui fournît à tous leurs befoins; il pouvoit même ne mettre en eux aucun befoin. Mais il a voulu que nous ne puffions point ne pas voir fa fageffe, quand nous verrions, pour le moindre effet, tout l'univers confpirer & fe mettre en branle, tant de parties fi éloignées & fi différentes fe réunir par un admirable concert de mouvemens & d'opérations.

L'univers, direz-vous, porte en effet une foule de traits de fageffe; mais il renferme auffi des défauts indignes d'une fageffe infinie. Expliquons-nous, mon cher Eufebe : fi vous entendez par ces défauts qui vous choquent dans l'univers, ceux dont notre ame eft fufceptible ; j'avoue qu'il y a des défauts dans l'univers : mais eft-ce là l'ouvrage de la fuprême fageffe ? Notre ame manque librement d'une perfection qu'elle peut & qu'elle doit avoir : y auroit-il du bon fens & de l'équité à imputer à Dieu un

*Tome I.* L

crime, dont nous sommes seuls respon-
sables ? Il ne s'agit donc point de ces
défauts. Pour justifier le reproche que
vous faites, il faut montrer des défauts
réels dans l'ouvrage de la sagesse, c'est-
à-dire, dans la construction de l'univers :
car s'il y en a de tels, comme la matiere n'est ni active ni libre, ils retom-
beront sur l'auteur de la matiere. Mais
je vous fais le défi de montrer de tels
défauts. Ne pensez pas remplir le défi,
en me citant les impressions fâcheuses
de douleur, d'horreur, de déplaisir que
vous éprouvez à l'occasion de certains
arrangemens de matiere : ces impressions sont toutes dans votre ame, & il
seroit ridicule de les transporter aux
corps. On ne peut donc conclure de
ces impressions, quelque défectueuses
qu'elles puissent être, qu'il y ait des
défauts dans les corps. Et bien-tôt je
vous ferai convenir qu'il est de l'ordre
& de la sagesse que nous souffrions ces
impressions désagréables. Mais quoi !
direz-vous, n'est-ce pas un défaut qu'il
y ait des monstres ? que la pluie soit re-
fusée aux terres ensemencées, pour aller tomber dans la mer, sans parler de
tant d'autres effets qui arrivent dans la

nature? Voilà donc ce que vous appellez des défauts indignes de la fageffe
infinie. Ne confondez pas la fenfation
qui s'excite dans votre ame à l'occafion
des corps avec la connoiffance que vous
avez des corps.

Les fenfations ne nous découvrent
pas ce qui eft dans la matiere même;
ce font nos connoiffances qui nous le
découvrent. Par exemple, la fenfation
d'une piquûre ne nous découvre pas
que la douleur foit dans l'aiguille qui
nous pique; au lieu que la connoiffance de la figure conique nous découvre ce qui eft dans l'aiguille, fa pointe
a réellement cette figure. Les fenfations
dont nous fommes affectés par rapport
aux corps, nous affligent; mais il ne
s'enfuit pas pour cela qu'il y ait du défaut dans la matiere, puifqu'il n'eft pas
néceffaire que ce qui eft dans les fenfations, foit dans la matiere. Au contraire nos connoiffances nous découvrent ce qui eft dans la matiere; & felon que nous connoiffons plus ou moins
de rapport de la matiere, nous appercevons plus ou moins les beautés qu'elle renferme. Jugez par ces principes des
prétendus défauts qui vous choquent
dans la nature. L ij

Séparez la senfation défagréable que la vûe d'un monftre excite en vous, de la connoiffance que vous avez de la difpofition des parties qui le compofent. La matiere n'y a-t-elle pas fon arrangement, comme elle l'a dans tout autre corps? Cet arrangement n'eft pas le même que celui de vos membres; vous n'y remarquez pas les mêmes rapports, ni les mêmes proportions: mais au fond eft-ce un défaut réel? la matiere doit-elle avoir par tout la même figure? Ne lui eft-il pas indifférent qu'une de fes parties foit à droite, & l'autre à gauche? Il pleut fur la mer, c'eft-à-dire, que certaines parties de l'eau qui étoient contigues aux autres goutes de la mer, font enlevées à quelque diftance au-deffus, & puis qu'elles viennent enfuite s'y rejoindre. Si vous trouvez là un défaut indigne de Dieu; foiez auffi fcandalifé de ce que la même goute d'eau qui étoit au fond de la mer, eft ramenée par le roulement des flots, à la furface extérieure. Ne perdons pas notre tems à de frivoles difficultés.

Tout ce qui vient de la volonté du Créateur eft digne de fa fageffe. Tous fes ouvrages porteront toujours le fceau

tre toute entiere dans le moindre de ses bienfaits par l'indépendance avec laquelle elle lefait.

Selon ces principes, si Dieu vous rendoit spectateur de la création d'un nouveau monde ; ce spectacle ne devroit rien ajouter à l'idée que vous avez de sa puissance. Vous la concevez infinie, indépendemment de cet effet, dès que vous la concevez comme une puissance qui se suffit à elle-même pour produire ce qu'elle veut. De même, si Dieu rendoit tout d'un coup les hommes qui existent aujourd'hui, parfaitement heureux ; ce bienfait ne devroit rien ajouter à l'idée que vous avez de sa bonté : indépendemment de ce bienfait, vous la concevez infinie, dès que vous la concevez comme une bonté qui n'a point d'autre motif qu'elle-même pour faire le bien qu'elle veut. Aions donc soin d'envisager toujours les biens que nous recevons, moins en eux-mêmes que dans la source d'où ils nous viennent : la source n'a point de bornes, n'en mettons point à notre reconnoissance.

Je veux emprunter de vous le dénouement de votre seconde difficulté :

L v

comment fous un Dieu fi bon, nous fommes fi miférables. Vous m'avez appris que vous êtes obligé d'aimer Dieu de tout votre cœur comme votre unique fin, & vos femblables comme vousmême pour Dieu. Vous m'avez fait en même-tems, l'aveu humiliant que, quelque juftes que vous paruffent vos devoirs, vous éprouviez des inclinations qui y étoient contraires ; que vous vous fentiez panché & comme entraîné vers les biens fenfibles, plutôt que vers Dieu ; vers vous-même, plutôt que vers vos femblables. Il me femble entrevoir dans cette funefte oppofition de votre ame à fes devoirs, de quoi éclaircir votre difficulté.

Si vos devoirs font effentiels, comme il n'eft pas douteux ; cette fecrette oppofition que vous avez pour eux, eft un grand mal ; par conféquent ce qui peut être un reméde à ce mal doit être regardé comme un bien, & comme un effet de la bonté de Dieu.

L'homme veut être heureux ; mais il méconnoît la fource du vrai bonheur. Il s'imagine en trouver la trace dans ces fatisfactions paffageres que lui procurent les objets qui l'environnent, &

l'illusion où il est à cet égard, est le germe de la passion violente qu'il a pour les biens sensibles. Il avoit besoin d'une lumiere qui le détrompât de son illusion. C'est dans les miseres que nous trouvons cette lumiere, si nous voulons ouvrir les yeux.

Attachés à la vie présente par les liens de tous nos sens, les vœux de nos cœurs n'iroient point au-delà des plaisirs, des honneurs, des richesses; si ces biens étoient toujours réunis, & qu'ils fussent constans & durables. Mais la douleur qui suit le plaisir, & qui souvent l'accompagne; les peines & les travaux, les soins & les inquiétudes qu'il en coute pour s'élever aux honneurs & pour s'y maintenir, pour amasser des richesses & pour les conserver; les infirmités du corps qui privent de toutes leurs douceurs; les chûtes qui arrivent si souvent, & qui sont d'autant plus éclatantes qu'on étoit plus élevé; l'indigence qui succéde aux richesses, & qui est d'autant plus pénible qu'on étoit plus dans l'opulence; la mort toujours prête à nous engloutir : toutes ces miseres ne nous avertissent-elles pas sans cesse que les biens de ce monde ne sont

qu'un phantôme & un néant ? Ne font-
elles pas propres à nous arrêter dans l'ardeur de la recherche de ces biens, à
nous réveiller de l'ivresse de la possession, à disposer nos cœurs, à refuser
leurs affections à des objets dont la ca-
ducité forme l'essence ?

S'il est donc vrai que tout est réglé
& ordonné par la sagesse éternelle ;
pourquoi ne seroit-il pas également
vrai que la suprême bonté connoissant
le danger des biens qu'elle nous aban-
donnoit, a voulu prévenir l'abus que
nous pourrions en faire, en nous aver-
tissant par les miseres mêmes qu'elle a
unies à leur usage, que ces biens ne
font pas notre fin, qu'ils ne nous font
donnés que pour en user, & non pour
en jouir & pour nous y attacher, &
que nous ne pouvions éviter d'être malheureux, qu'en fixant notre amour dans
le bien infini & éternel.

Les miseres font encore, ce me semble, plus visiblement destinées à faire
germer dans nos cœurs l'amour & la
tendresse pour nos semblables. Supposons, dans l'état de corruption où nous
sommes, les hommes exemts de besoins & de miseres ; qu'est-ce qui les

porteroit à s'unir les uns aux autres ? Chacun ne fe renfermeroit-il pas dans fon être ? Plus de fubordination, plus d'offices mutuels; plus de fociété. Mais les befoins réciproques font un reffort puiffant qui rapproche les hommes, qui les unit enfemble, qui n'en fait qu'une famille & qu'un corps. Le riche foible & pareffeux implore la main du pauvre pour mettre à profit la fertilité de fes terres. Le pauvre preffé par la difette qui fouleve contre lui une multitude de befoins, fe charge volontiers du travail. Celui qui eft dans la fanté court, par un fentiment de pitié, au fecours du malade & de l'infirme; & celui-ci baife la main qui le foulage. Celui qui eft dans la joie, attendri fur le fort des malheureux par l'épreuve qu'il a faite de l'adverfité, confole le trifte & l'affligé; & celui-ci fe croiant déchargé d'une partie de fes maux, ouvre fon cœur aux fentimens de la gratitude. Le puiffant protége les petits, & les petits s'arment pour fa défenfe. Delà une foule de vertus, la juftice, la libéralité, la compaffion, la générofité, la reconnoiffance, une charité univerfelle.

Je conçois, direz-vous, que les mifères de cette vie envifagées fous le point de vûe que vous venez de les préfenter, peuvent être un effet de la bonté de Dieu. Mais comment la bonté infinie a-t'elle pu permettre que l'homme tombât dans cet état de déréglement & de corruption, qui a befoin d'un remede fi étrange ? Nous ne fommes pas affez avancés dans nos recherches pour difcuter cette nouvelle queftion, qui a donné lieu à bien des fyftêmes infenfés. Ne perdez point de vûe, en attendant, l'idée d'une bonté infinie, & la difficulté perdra prefque toute fa force.

On ne peut que fuccomber à cette difficulté, fi l'on imagine la bonté de Dieu comme une certaine inclination naturelle qui le porte néceffairement à faire tout le bien qu'il peut à fes créatures : mais fi fa bonté eft précifément cette perfection par laquelle nous concevons que fans avoir d'autre motif que lui-même, il fait du bien à fes créatures ; il eft manifefte qu'il ne doit leur faire que le bien qu'il lui plaît, dans la mefure qu'il lui plaît, & non tout celui qu'il peut ; & que par conféquent il

n'a pas dû, par sa bonté, empêcher
l'homme de tomber dans l'état de déréglement où il se trouve. L'homme a
reçu dans sa création la liberté, &
conséquemment le pouvoir de se déré-
gler par l'abus de sa liberté. La liberté est un bien. L'abus de la liberté
est un défaut. Le bien vient de Dieu.
Le défaut vient de l'homme. Il est vrai
que Dieu a pu empêcher cet abus, en
donnant le bon usage. Mais ce bon usage seroit un second bien ajouté au premier : or Dieu, par sa bonté, ne doit
pas faire tout le bien qu'il peut, mais
celui qu'il veut. Notre déréglement
doit nous rendre humbles ; & les biens
que nous avons reçûs, doivent nous
rendre reconnoissans.

Enfin vous pouvez me dire que le
caractere de remede que j'attribue aux
miseres contre le déréglement de notre
esprit & de notre cœur, ne leur ôte
pas le caractere de supplice : car les miseres ne nous affectent jamais actuelle-
ment sans nous rendre malheureux.
J'en conviens : aussi ne sommes-nous
pas seulement déréglés, mais encore
coupables, comme vous ne l'ignorez
pas : or il est juste que des coupables

soient malheureux. Dieu non-feulement eſt bon, mais il eſt juſte.

II. Dieu eſt juſte. L'idée de la juſtice la plus parfaite eſt de vouloir rendre à chacun ce qui lui convient, ſans
que rien ſoit capable d'en détourner.
L'Etre par ſoi eſt donc ſouverainement
juſte; puiſqu'il connoît ce qui convient
à chaque être, leur nature, leurs divers
dégrés de perfection, les différens rapports qu'ils ont entre eux ſelon la différence de leur nature; & que par ſon
indépendance il eſt infiniment au-deſſus de tout ce qui peut déterminer une
volonté imparfaite à ne pas garder l'ordre qui réſulte néceſſairement de cette
différence qui eſt entre les êtres.

Je tombe d'accord, direz-vous, que
l'idée de Dieu & l'idée de la juſtice ſont
ſi étroitement liées qu'il eſt impoſſible
de les ſéparer. Nous ne pouvons même
penſer à Dieu, ſans penſer à un Etre
infiniment juſte. Toutes les nations qui
ont connu Dieu, n'en ont point eu
d'autre idée. La difficulté eſt de concilier ſa conduite avec cette idée. Eſt-
ce rendre à chacun ce qui lui convient,
que de répandre ſes bienfaits ſur les
hommes les plus injuſtes, & de les re-

füfer aux plus équitables ? N'eft-ce pas ce qui fe voit fur la terre ? Les dignités & les richeffes femblent y être le partage du vice ; & celui de la vertu eft de gémir dans l'humiliation & dans la pauvreté.

Suppoferai-je que Dieu ne connoît pas l'injuftice de ces hommes fuperbes qui croient que tout eft fait pour eux ? Il eft l'intelligence infinie, rien ne peut lui être caché. Suppoferai-je qu'il n'eft pas le diftributeur des biens & des maux phyfiques ? Il eft le créateur, le confervateur, le provifeur univerfel. Suppoferai-je qu'il n'eft pas maître de diftribuer fes biens & fes maux felon fon bon plaifir ? Sa liberté égale fa puiffance. Penferai-je donc que Dieu eft l'ordre, la fainteté & la juftice, mais pour lui-même, fans exiger de fes créatures, qu'elles s'efforcent autant qu'elles en font capables, de l'imiter dans ces fublimes perfections ? Mais fi Dieu eft l'ordre & la juftice, il aime fes attributs ; il hait donc le défordre & l'injuftice ; il ne peut les approuver ; il les condamne par tout où ils fe trouvent. De plus, il n'exige de l'homme ni ordre, ni juftice ; pourquoi a-t'il donc gra-

vé dans notre ame des idées fi nettes &
fi précifes de ces vertus? Car nos lumieres viennent de lui ; il en eft la
fource primitive. N'eft-il pas évident
qu'il ne nous a donné des idées fi claires
de l'ordre, que pour nous fervir de régles & de loix, dont nous ne pouvons
nous écarter que par un abus manifefte
de notre raifon, & par conféquent fans
nous rendre criminels ?

Enfin, penferai-je que Dieu eft la fainteté & la juftice, qu'il a mis en nous
l'idée de fes perfections , pour nous
guider dans notre conduite : mais que
les créatures étant fi petites & fi foibles , & lui étant fi grand & fi puiffant , il ne s'abaiffe pas jufqu'à vouloir
venger des injuftices qui ne peuvent lui
nuire à lui-même, mais feulement à quelques êtres méprifables. Cette derniere
penfée eft encore moins fatisfaifante que
les précédentes. Quelque petits, quelque méprifables que nous foyons , la fuprême Majefté n'a pas cru fe dégrader
en nous donnant le mouvement & la
vie. La dépendance effentielle où nous
fommes de fes foins pour fubfifter, entre même dans l'idée de fa grandeur.
La vengeance de nos injuftices n'entre

pas moins évidemment dans l'idée de
ſa juſtice. Dieu eſt grand ; mais il ne
l'eſt pas moins en ſainteté qu'en puiſſance. Nous ne pouvons pas lui nuire
par nos injuſtices : en ſommes-nous
moins rebelles à ſes volontés ? Plus il
eſt à l'abri de nos attentats, plus nous
ſommes coupables de ne pas nous ſoumettre à ſes loix. Mais au fond eſt-ce
notre faute, ſi nous ne lui nuiſons
point? Nous ne pouvons être injuſtes,
ſans haïr la juſtice : nous ne pouvons
haïr la juſtice, ſans un ſecret deſir ou
que Dieu ne ſoit pas, ou qu'il ignore
nos crimes, ou qu'il n'en ſoit qu'un
ſpectateur oiſif & tranquille, incapable
de les punir.

Puiſque vous êtes ſi peu content de
vos propres réponſes ; il s'en préſente
une à mon eſprit que je vais vous communiquer. Il eſt vrai que les plaiſirs,
les honneurs, les richeſſes nous aident
à couler nos jours un peu plus commodément : mais dans le fond, ce ſont
de frêles avantages qui ne ſauroient
nous rendre heureux. Ces minces biens
laiſſent dans notre ame un vuide immenſe. Ils irritent nos deſirs, au lieu de
les borner. Le plaiſir le plus vif, s'il eſt

de quelque durée, nous laſſe & nous fatigue. Les dignités nous paroiſſent toujours au-deſſous de nos mérites. L'avidité croît avec les richeſſes, & nous laiſſe toujours pauvres. La vertu, au contraire, a une beauté eſſentielle ; elle eſt féconde en ſentimens délicieux ; elle porte avec ſoi un calme, un contentement, une joie pure & inaltérable. D'où il s'enſuit que les hommes vertueux, dans leur pauvreté & dans leur humiliation, ſont encore mieux partagés que les vicieux comblés d'honneurs & de richeſſes ; puiſque ceux-ci n'ont que des biens apparens qui ne peuvent les ſatisfaire ; au lieu que ceux-là ſont en poſſeſſion d'un bien réel qui les contente.

Il me ſemble que ce dénouement n'eſt pas de votre goût. Comment voudriez-vous qu'il en fût ? Quelque fragiles que ſoient les honneurs & les richeſſes, ces biens ne ſont pas dûs au vice ; ils ne ſont dûs qu'à la vertu. D'ailleurs, eſt-il bien vrai que la vertu conſidérée préciſément comme une modification de notre ame, & ſans rapport à l'idée de Dieu, ait tous les caractères que vous venez de lui attribuer ? Il me ſemble

que la vertu féparée de l'idée de Dieu
n'eft qu'un bien fragile & paffager, de la
même nature que nos connoiffances &
les autres modifications de notre ame.
Elle demande même des facrifices qui ne
font pas propres à lui faire donner la
préférence. Il faut renoncer à la vertu, ou lui facrifier nos penchans les
plus chers, nos paffions les plus vives,
fouvent notre fortune, notre réputation, & quelquefois notre vie. Car il
ne s'agit pas d'une vertu en idée, mais
de la vertu des hommes, tels que nous
fommes réellement. Nous ne parve-
nons à l'acquérir qu'en luttant contre
un tempérament indocile, contre dés
paffions fougueufes, contre mille objets féducteurs ; & nous ne réuffiffons
à la conferver pure & fans tache qu'en
nous privant d'une foule de plaifirs,
d'agrémens & d'intérêts : car la véritable vertu eft refferrée dans des bornes
extrêmement étroites ; les régles qui lui
font prefcrites, font fixes & déterminées ; à droite & à gauche de fa route
limitée, fe découvre le vice.

Rien de fi beau, rien de fi utile,
rien de fi aimable que la vertu, mais
par fa liaifon à l'idée d'un Dieu qui

l'aime, qui la commande comme un moien de lui plaire, qui promet de la récompenfer. Sous ce point de vûe, la vertu eft une reffource & un appui dans les fituations les plus affligeantes ; c'eft une fource de joie ; c'eft un fondement de félicité. Eft-il une fatisfaction plus douce pour l'homme, que d'avoir la confiance qu'il plaît au Créateur de l'univers, qu'il obéit au fuprême Légiflateur, qu'il fert un Pere infiniment fage, puiffant, bon, jufte qui veille fur lui, qui veut que toutes chofes, les miferes mêmes travaillent à fon bonheur ? Voilà ce qui donne à la vertu un prix ineftimable fur le vice.

Si cet avantage n'étoit que pour la vie préfente ; le défordre que je remarque fur la terre, où le vice paroît en quelque forte récompenfé & la vertu punie, ne difparoîtroit pas. Mais fi la vertu plaît à Dieu, & fi le vice lui déplaît ; peut-il être douteux qu'il y ait une autre vie, où Dieu lui-même eft le rémunérateur de l'un, & le vengeur de l'autre ?

Il ne me refte plus qu'un petit fcrupule que j'efpere que vous leverez. Je ne conçois pas bien comment dès cette vie même, Dieu ne rend pas à chacun ce qui lui convient, en récompenfant toujours la vertu, & en puniffant toujours le vice. Je dis toujours : car je fais que le vertu n'eft pas toujours malheureufe, & l'hiftoire fournit des exemples de fameux coupables punis d'une maniere éclatante.

Quoique nous foions trop ignorans pour fonder toutes les profondeurs d'une juftice infinie ; il me femble que vous fuppofez trop légérement la vertu punie fur la terre, & le vice récompenfé. Ne peut-on pas fuppofer avec plus de fondement que dans la vie préfente, il n'eft prefque point d'homme fi vicieux qui n'ait quelque vertu imparfaite, & que les biens paffagers qui lui font accordés, font une récompenfe proportionnée à fa vertu. Et qu'au contraire il n'eft prefque point d'hommes vertueux qui n'ait quelque défaut, quelque foibleffe, dont la jufte punition font les miferes qu'il fouffre : jufqu'au moment que la vertu éprouvée, fortifiée, purifiée par les fouffrances ; & le vice confommé par l'ingratitude & par l'impiété, recevront ce qui leur convient dans une autre vie.

III. Dieu eft véritable dans fa parole & fidéle dans fes promeffes. L'Etre par foi eft la vérité par foi : car une chofe n'eft qu'autant qu'elle eft vraie, & elle n'eft vraie qu'autant qu'elle eft. Si Dieu eft donc la vérité par foi, incapable de précipitation, d'oubli, d'inconftance, d'impuiffance, de crainte, d'efpérance, & de tous les défauts qui font les fources du menfonge ; peut-il n'être point infiniment véritable dans fa parole & fidéle dans fes promeffes ?

IV. Je ne m'arrête qu'à regret, en vous voiant fi fatisfait des petits efforts que nous venons de faire enfemble, pour développer l'idée que nous portons en nous-mêmes de la Divinité. Méditez cette idée fublime, riche & féconde : il n'eft point d'étude plus digne d'un homme raifonnable. Mais n'efpérez pas d'égaler jamais par votre pénétration l'incompréhenfibilité de l'Etre par foi. Une feule de fes perfections épuiferoit toutes les intelligences poffibles : car quelle proportion peut-il y avoir entre le fini & l'infini ?

Jamais l'Athée n'eft plus méprifable, que lorfqu'il attaque l'exiftence de Dieu

par

par l'incompréhensibilité de son Etre ;
comme si ce n'étoit pas le caractere essentiel d'un Etre infiniment parfait de
ne pouvoir être compris par des êtres
imparfaits. Il convient bien à un Athée
de faire une difficulté de cette nature ,
lui qui propose des dogmes qui sont
non - seulement incompréhensibles ,
mais qui confondent la raison. Une
matiere existante par elle-même , pensante , éternelle , infinie , qui se meut
elle-même , s'arrange & se façonne avec
le plus grand art , est-ce une chose plus
compréhensible que Dieu ? n'est-ce pas
plutôt le renversement de la raison ?

Premiérement , la matiere existante
par elle-même est la plénitude de l'E-
tre , jointe au néant de l'être ; puisque
d'un côté , rien n'est plus être que ce
qui existe par soi-même ; & que d'un
autre côté , la matiere est nécessairement
privée d'une infinité de perfections. Secondement , la matiere pensante est un
être simple , indivisible , inétendu , &
tout à la fois composé , divisible , étendu : puisque la pensée par sa nature ,
est simple , indivisible , inétendue ; &
que la matiere est par sa nature composée , divisible , étendue. Troisiéme-

*Tome I.*                              M

ment, la matiere éternelle est un Etre d'une durée infinie, & en même-tems finie ; puisque l'éternité de la matiere est successive : or une éternité successive est infinie ; car renfermant une infinité de siécles, elle ne peut s'écouler. Elle est néanmoins finie ; car elle n'a pu arriver au moment présent, sans s'être écoulée. Quatriémement, la matiere infinie est un Etre sans bornes, qui a des bornes. Puisqu'elle est infinie, elle est sans bornes ; & elle est bornée, puisqu'elle est terminée par une superficie : car soit qu'on considere la matiere en général, soit qu'on la considere selon les parties, on ne peut la concevoir qu'avec une superficie. De plus, on peut, par exemple, séparer par la pensée la terre de l'étendue immense qui l'environne. Si cette étendue demeure encore infinie ; on peut augmenter l'infini, puisqu'on peut y ajouter la terre qu'on en avoit séparée : ainsi cette étendue sera infinie, & finie tout à la fois. Si en séparant la terre de l'étendue qui l'environne, cette étendue demeure finie, il s'ensuit que ces deux finis, savoir la terre & cette étendue, joints ensemble font un infini. Ce qui n'est pas moins contraire au sens commun. Cinquiémement enfin, la matiere qui se meut elle-même, s'arrange & se façonne avec le plus grand art, est un être brute & stupide sans connoissance, sans liberté, sans sagesse, & néanmoins le plus intelligent, le plus libre, le plus sage qui se puisse concevoir : puisque l'art, tel que celui qui éclate dans la structure de l'univers, ne peut être sans un principe d'une sagesse infinie.

Est-ce donc sérieusement qu'on refuse de reconnoître un Dieu, parcequ'on ne le comprend pas ? puisqu'il faut le reconnoître ou embrasser des dogmes non-seulement incompréhensibles, mais contradictoires. Est-il nécessaire que nous connoissions Dieu, autant qu'il se connoît lui-même ? N'est-ce pas assez pour nous d'atteindre jusqu'à son existence, & d'en avoir tant de preuves démonstratives ? Nous pourrions nous dispenser d'entendre un Epicure, un Spinosa. Mais il faut tenir ma parole. Je vous avoue néanmoins que je ne la tiens qu'avec une extrême répugnance : parceque pour rendre visibles les absurdités de ces sistêmes obscurs & ténébreux, il faudroit expliquer beaucoup de ter-

M ij

mes, en développer l'abus & l'ignorance, & porter la lumiere dans les ténébres mêmes. Il faudroit donc m'étendre beaucoup; & je veux être court,
de peur d'être ennuieux.

## CHAPITRE IV,

### *Hypothese d'Epicure.*

EPICURE reconnoît que le monde
est nouveau; mais il prétend que la
matiere dont il est composé, est éternelle. Il imagine un vuide immense,
dans ce vuide un nombre infini d'atômes, ou corpuscules de toutes figures,
tous indivisibles, tous en mouvement.
Il distingue deux espéces de mouvement, celui de *pesanteur* qui se fait de
haut en bas par des lignes perpendiculaires; & celui de *réflexion* qui arrivent
lorsque deux atômes se choquent. A
ces deux mouvemens il en joint un troisiéme qu'il nomme de *déclinaison*, & il
s'en sert pour expliquer la rencontre
des atômes : car si ces corpuscules se
mouvoient tous avec une vitesse égale

fur des lignes droites ; comment pourroient-ils fe rencontrer ? Jamais il n'y
auroit eu d'affemblages. Mais allant un
peu de côté , cette déclinaifon en accro-
che plufieurs. Delà fe forment diverfes maffes ; un ciel , un foleil , des étoiles , une terre , des plantes , des animaux ; des hommes , des intelligences
mêmes , la liberté. Voilà le beau fiftême d'Epicure. Des atômes , & trois efpéces de mouvement , fous la direction
du hafard , ont conftruit l'univers. De
pareilles inepties ne méritent pas d'ê-
tre réfutées. Faifons feulement quelques remarques.

I. Laiffons Epicure en paix dans fon
vuide ; quoique vous n'ignoriez pas que
les Carthéfiens ne font pas traitables
fur ce point. Mais nous ne pouvons lui
paffer auffi facilement l'exiftence néceffaire qu'il attribue à fes corpufcules. La
détermination d'une groffeur particuliere de quelque chofe que ce foit , ne
peut venir que d'une caufe étrangere. Il
eft impoffible de rendre raifon de telle
groffeur précife d'un atôme , ni dire
pourquoi il n'eft ni plus gros ni plus petit. Il n'y a qu'une caufe libre qui puiffe
avoir déterminé une chofe fi indifféren-

te de sa nature. Il est aussi absurde de supposer un atôme existant nécessairement d'une grosseur finie & déterminée, qu'il seroit absurde de le supposer existant nécessairement, & cependant fini dans sa durée. Chaque atôme doit donc être infini, s'il existe nécessairement. Il ne peut donc y en avoir plusieurs ; car un seul rempliroit le vuide infini, & ne laisseroit point de place aux autres. Mais en accordant que chaque atôme est fini, on ne peut du moins se dispenser d'en admettre un nombre infini ; car qui auroit fixé leur nombre ? Ils égaleront donc le vuide infini ; ils le rempliront donc tout entier, puisqu'il ne peut être plus qu'infini. Ils seront donc aussi immobiles que cette capacité qui les reçoit.

II. N'avez-vous rien à dire sur la nature des atômes ? Epicure les suppose étendus, & il le faut bien : car s'ils étoient inétendus ; en vain s'uniroient-ils, jamais ils ne formeroient d'étendue ; car l'inétendu joint à l'inétendu, demeure toujours inétendu. Mais en les supposant étendus, il les suppose en même-tems indivisibles : que pensez-vous de cette supposition ?

Tout corps étendu, quelque petit qu'il puiffe être, a un côté droit & un côté gauche, un deffus & un deffous; il eft donc un compofé de parties, un affemblage de corps diftincts : car je puis nier du côté droit ce que j'affirme du côté gauche ; ces deux côtés ne font pas au même lieu ; ils occupent diverfes parties de l'efpace. Deux atômes font deux êtres; & parcequ'ils font deux êtres, ils font féparables l'un de l'autre. Donc puifque le côté droit d'un atôme n'eft pas le même être que le côté gauche, il eft féparable du côté gauche. Rien donc de plus chimérique que l'indivifibilité d'un atôme. L'union de fes parties ne peut être un obftacle à leur diftinction.

III. Epicure fuppofe tous fes atômes en mouvement : autre fuppofition qu'il n'eft pas poffible de lui accorder. Car le mouvement ne peut être effentiel aux atômes ; puifque nous concevons trèsclairement un corpufcule, fans le concevoir en mouvement ; & que d'ailleurs nous voions dans la nature bien des corps en repos, ce qui n'arriveroit affurément point, fi les corpufcules dont les corps font compofés, étoient mûs néceffaire-

ment. Or fi le mouvement n'eſt qu'acci
dentel aux atômes; d'où leur vient-il? Il
ne ſe le donnent pas eux-mêmes, car nu
être ne ſe peut donner ce qu'il n'a pa
en ſoi. Ils le reçoivent donc d'une cau
ſe étrangere. Quelle eſt cette cauſe?

IV. Les deux mouvemens de peſan
teur & de répercuſſion qu'Epicure donne à ſes atômes, ſont riſibles. Que veut
il dire par la peſanteur? Un corps ne
tend par lui-même en bas plutôt qu'en
haut, qu'autant qu'il eſt pouſſé par un
autre corps. N'eſt-il pas ridicule de
feindre du haut & du bas dans un eſ-
pace infini? Ce n'eſt que par rapport à
un point fixe qu'il y a du haut & du
bas. Or avant la réunion des atômes,
où ſera, dans le vuide, ce point fixe?
S'il n'y en a qu'un, & que les atômes
paſſent au-delà, les voilà en haut. S'il
y en a pluſieurs; les voilà tout à la fois
en haut & en bas.

Le mouvement de répercuſſion n'eſt
pas moins inintelligible. Il faut que les
atômes ſe joignent, pour qu'ils ſe réflé-
chiſſent: or comment ſe joindront-ils
dans un vuide infini, s'ils ſont tous
portés avec une égale viteſſe, de haut
en bas ſur des lignes perpendiculaires?

Ils se mouvront éternellement les uns auprès des autres sur des lignes parallèles, sans pouvoir se rencontrer : car les lignes droites qu'on suppose parallèles, quelque voisines qu'elles soient, ne se couperont jamais, quand on les pousseroit à l'infini.

J'oublie qu'Epicure a prévû l'inconvénient, & que pour y remédier, il donne à ses atômes un mouvement de déclinaison, c'est-à-dire, un mouvement qui s'écarte un peu de la ligne droite. Vous demanderez sans doute d'où vient ce mouvement ? car puisqu'il s'éloigne du bas par son obliquité, la pesanteur n'en est plus la cause. D'ailleurs si la ligne droite pour le mouvement est essentiel aux atômes ; rien ne peut les fléchir : le mouvement de déclinaison viole donc l'essence des atômes : & Epicure se contredit sans pudeur. Ces absurdités ne sont rien en comparaison des suivantes.

V. Le mouvement de déclinaison dénué de connoissance, de sagesse, d'industrie, est l'auteur des beautés, de l'ordre & des proportions que nous admirons dans l'univers. Et ce n'est encore là qu'un foible essai de sa vertu.

M v

Sans ame , fans intelligence , fans être
capable de vouloir , de juger , de raifonner , il donne ce qu'il n'a pas , il
anime les atômes , il leur donne le
fentiment , il répand en eux l'intelligence , le jugement , le raifonnement. Et
pour opérer tant de miracles , il n'a
befoin que de trouver un certain nombre d'atômes raffemblés , & de les dé-
funir , fans y rien introduire de nouveau. Sous la main d'un ouvrier fi habile , ces atômes brutes , ftupides ,
aveugles avant leur affemblage & dans
leur affemblage , deviennent ingénieux ,
pénétrans , fpirituels , précifément par
leur féparation.

La liberté fort encore d'un fond fi riche & fi merveilleux. Notre ame eft un
compofé d'atômes qui en fe mouvant
néceffairement fur des lignes droites ,
vont néceffairement de côté ; donc nous
fommes des agens libres. La conféquence n'eft-elle pas évidente ? Epicure rê-
voit , fans doute , quand il fe livroit à
des imaginations fi grotefques. En voilà
trop contre un homme qui fe joue de la
raifon par fyftême : car dès que notre
ame n'eft que le fruit d'un fort aveugle ; nos idées , la vérité , la vertu ,

tous les objets de nos connoiffances &
de nos defirs ont la même origine ; tout
eft l'effet de la combinaifon fortuite
des atômes. Ce qui nous paroît jufte
& vrai dans la combinaifon préfente ,
feroit injufte & faux à nos yeux dans
une autre combinaifon. Ainfi la raifon ,
felon Epicure , n'eft rien , puifqu'elle
n'a ni loi fixe , ni régle immuable.
Voyons fi Spinofa nous dira quelque
chofe de plus fenfé.

## CHAPITRE V.

### Hypothèfe de Spinofa.

LE monde n'eft pas plus l'ouvrage
d'une intelligence fage & puiffan-
te , dans l'hypothefe de Spinofa , que
dans la précédente. Si Epicure attribue
tout au hafard ; Spinofa attribue tout à
une aveugle néceffité. Ce qui dans le
fond revient au même. Ces deux Philofophes n'ont plus rien de commun enfemble. Epicure admet un nombre infini d'atômes diftingués , qui par leur
union variée forment divers corps. Mais
Spinofa ne reconnoît dans l'univers

M vj

qu'une feule fubftance. Il lui donne l'étendue & la penfée pour attributs ; & il veut que tout ce qui exifte , foit corps , foit efprits , ne foient que des modifications de cette unique fubftance , en tant qu'étendue , ou en tant que penfante.

Il préfente fon fyftême fous une forme géométrique ; il donne des définitions ; il pofe des axiomes ; il déduit des propofitions , &c. Des dehors fi pompeux paroiffent vous faire craindre de trouver une démonftration qui vous enleve votre Dieu. Raffurez-vous. La prétendue démonftration n'eft qu'un tiffu de termes d'une métaphyfique feche & aride , de définitions d'une obfcurité impénétrable , d'axiomes fans idées , de propofitions hazardées , de minces fubtilités , de fophifmes groffiers. Ce qui refte de la lecture de ce galimathias inintelligible , en le réduifant à quelque chofe de net & de précis , eft que le monde matériel , & chacune de fes parties , auffi bien que leur ordre & leurs modes , eft l'unique Etre qui exifte néceffairement par lui-même. Eft-il rien de plus abfurde , de plus contraire aux idées , de plus chimérique ?

# ARTICLE I.

## *Abfurdités du Spinofifme.*

I. QU'est-ce que le Dieu de Spinofa ? Eft-ce l'Etre infini, la fuprême intelligence, le tout-puiffant, le fage, l'heureux, le libre, l'immuable ? Le Dieu de Spinofa eft un être couvert de figures ; fujet au mouvement & au repos, borné dans toutes fes parties ; qui n'a que des connoiffances fombres & fuperficielles, c'eft-à-dire, les connoiffances humaines, puifque, felon lui, il n'y a que l'homme qui penfe : qui ne peut rien hors de lui-même ; & qui en lui-même ne peut mettre que quelque arrangement dans fon étendue, & encore par une aveugle néceffité, fans art & fans deffein, fans empire fur fon action, auffi peu indépendant de fes productions qu'il l'eft de lui-même, dans un changement perpétuel, grain au moment A, puis au moment B ; farine, bien-tôt pain, chile, fang, chair. Car le Dieu de Spinofa eft tout ; il eft caufe efficiente, en même-tems sujet passif, c'est-à-dire, il produit & reçoit dans sa substance toutes les modifications que nous attribuons aux corps & aux esprits.

C'est lui qui veut & ne veut pas, qui aime & qui hait, qui nie & qui affirme, qui est triste & qui est gai, qui connoît & qui ignore, principe & sujet tout à la fois d'une infinité de pensées sottes, impures, abominables, de toutes les folies, de toutes les rêveries, de toutes les iniquités du genre humain : enforte que toutes les phrases par lesquelles on exprime ce que font les hommes les uns contre les autres, n'ont point d'autre sens que celui-ci : Dieu se hait lui-même, il se demande des graces à lui-même & se les refuse, il se persécute, il se tue, il se mange, il se calomnie, il s'envoie sur l'échafaut. Un criminel couché sur une roue, n'est autre chose que le Dieu de Spinosa modifié en criminel, couché sur Dieu modifié en roue, expirant sous les coups de Dieu modifié en boureau. Car les hommes, la roue, les coups, le boureau ne sont que des modifications de Dieu ; ils ne font rien ; la substance agit seule & reçoit la modifica-

tion : or tout ce qui exiſte eſt cette ſubſtance toute entiere. Car, pour qu'elle
ſoit unique , il faut qu'elle ſoit ſimple
& indiviſible ; il faut qu'il y ait une
identité réelle dans les corps & dans
les eſprits. Sans cette ſimplicité, ſans
cette indiviſibilité, ſans cette identité,
l'univers ne ſeroit plus une ſeule ſubſtance ; il ne ſeroit plus qu'un tout
compoſé de diverſes parties, qui auroient
chacune une exiſtence indépendante ;
qui ſeroient par conſéquent chacune
un être exiſtant par lui-même , & par
conſéquent autant de ſubſtances. L'u-
nivers dès-là même , bien loin d'être
une ſubſtance unique, ne ſeroit plus
qu'un terme pour exprimer l'aſſemblage d'une infinité de ſubſtances. Le Dieu
de Spinoſa eſt donc tel que je le viens
de craïonner. Eſt-il poſſible que l'imagination ſoit capable d'enfanter un tel
monſtre ? La raiſon en a honte & horreur.

II. Le monde matériel, chacune de
ſes parties, leur ordre, leur maniere
d'être, ſont l'unique être qui exiſte néceſſairement par lui - même : donc tout
ce qui eſt dans le monde a dû néceſſairement être ce qu'il eſt, ſoit en nom-

bre, soit en figure, soit en arrangement ; enforte qu'il y a une contradiction réelle dans les termes mêmes à dire, ou à s'imaginer le contraire. Spinofa bien loin de nier la conféquence, en fait fa troifiéme propofition 1, part. Ethic. *Dieu*, dit-il, *n'a pu produire les chofes ni d'une autre maniere, ni dans un ordre différent de celui où elles font.* Que penfez-vous d'une femblable affertion ? Si je vous difois qu'il n'eft pas un feul cheveu à votre tête qui n'ait dû exifter néceffairement, qui n'ait dû avoir telle longueur, telle couleur, être mis en papillotte & paffé au fer tant de fois ; ne me regarderiez-vous pas comme un homme né pour débiter des paradoxes ?

III. Une autre abfurdité inféparable du Spinofifme, eft qu'on ne peut fuppofer fans une contradiction formelle, aucune partie de la matiere en repos. Car felon Spinofa, le mouvement exifte par lui-même dans l'étendue divine, qui eft fimple, puifqu'elle eft attribut d'une fubftance indivifible ; donc cette étendue toute entiere eft toujours mue néceffairement. Spinofa aime mieux être inconféquent que d'admettre l'abfurdité : mais en fe jettant dans une autre aufli grofliere. Il foutient, 2. part. prop. 13. lem. 3. que le mouvement eft communiqué de toute éternité, d'une partie de la matiere à l'autre, fans qu'il ait de caufe originale : or, comme nous l'avons vu fouvent, rien n'eft plus abfurde que cette fuppofition, dans laquelle, les parties de la matiere reçoivent le mouvement les unes des autres, fans caufe primordiale : car il faudroit que deux parties de la matiere fe fuffent donné réciproquement le mouvement, & que par conféquent elles euffent été en mouvement pour fe le donner, & tout à la fois fans mouvement pour le recevoir.

IV. N'eft-ce pas le comble de l'abfurdité de nier que les yeux foient faits pour voir, les oreilles pour entendre, les dents pour mâcher, l'eftomac pour digérer ? C'eft ce que nie Spinofa à la fin de la premiere partie de fa morale, & traite de préjugé l'opinion contraire. En voilà affez pour les abfurdités ; je crains d'abufer de votre patience.

# ARTICLE II.

## Le Spinosisme est contraire aux idées les plus claires.

I. SPINOSA ne reconnoît dans l'univers qu'une seule substance, & il la suppose étendue. N'est-ce pas se jouer du sens commun ? Une substance étendue a des parties qui subsistent les unes hors des autres, & qui sont par conséquent autant de substances. Il n'est pas plus évident que le nombre six est composé de six unités, qu'il est évident qu'une toise est composée de six parties réellement distinguées l'une de l'autre, qui ont chacune l'étendue d'un pié. La sixiéme peut être séparée de la cinquiéme, être transportée à la place de la premiere. Qu'appellera-t'on partie, si l'on refuse ce nom à chaque pié d'une toise ? Il plaît à Spinosa de n'appeller cela que modification : ce changement de nom change-t'il les idées ? En conçoit-on moins la matiere comme un être composé, comme un amas de plusieurs substances ?

II. Ou l'étendue n'est pas distinguée

de la fubftance de Dieu, ou elle en eft diftinguée. Si l'étendue n'eft pas diftinguée de la fubftance de Dieu ; cette fubftance ne fauroit être fimple ; elle eft néceffairement compofée de plufieurs parties réellement féparables. Rien n'eft évident, fi cela ne l'eft pas.

Si l'étendue eft diftinguée de la fubftance de Dieu ; cette fubftance de Dieu eft en elle-même inétendue : or fi elle eft en elle-même inétendue, elle n'a pu acquérir l'étendue. Seroit-ce par émanation, c'eft-à-dire, en la tirant d'elle-même? Cette voie eft impoffible ; car l'étendue ne peut fortir d'un fujet inétendu. Il ne refte que la voie de création : or fi Dieu a créé l'étendue, ce fera quelque chofe qui ne fera plus Dieu ; autrement Dieu fe feroit créé lui-même. D'ailleurs fi l'étendue eft créée, & que la fubftance de Dieu foit inétendue en elle-même, il eft encore évident que l'étendue ne pourra plus fubfifter en Dieu, comme dans un fujet : car il eft auffi impoffible de placer les trois dimenfions dans un fujet inétendu, que dans une penfée. L'étendue ne peut donc être diftinguée de la fubftance de Dieu, fans être une autre fubftance. Et fi elle n'en eft pas diftinguée , la fubftance de Dieu eft néceffairement compofée de plufieurs fubftances.

III. Spinofa réunit la penfée & l'étendue dans la fubftance de Dieu : or nous avons prouvé que la penfée ne peut convenir à une fubftance étendue : car la penfée eft inétendue ; & il n'eft pas moins impoffible que ce qui eft inétendu convienne à l'étendu , que ce qui eft étendu foit une propriété de l'inétendu.

Ou la penfée répondroit aux trois dimenfions de l'étendue , ou elle n'y répondroit point. Si elle y répond, elle eft longue , large & profonde ; elle a des extrêmités , un milieu , des côtés ; elle a des parties ; elle eft diftante d'elle-même : la penfée qui répondroit au premier & au dixiéme pié d'une ligne compofée de dix piés , feroit éloignée d'elle-même de tous les huit qui font entre deux. Quoi de plus abfurde ! Si la penfée ne répond point aux trois dimenfions, elle ne répond à aucune ; elle en eft totalement diftinguée ; elle en eft indépendante & féparable ; elle exifte toute feule ; elle eft une fubftance.

La supposition d'une substance simple, étendue néanmoins, & tout à la fois pensante, est de toutes les suppositions la plus chimérique qui puisse tomber dans une imagination blessée. La prétendue démonstration géométrique d'une telle chimere est donc, sans autre examen, manifestement chimérique.

## ARTICLE III.

*Obscurité, mauvaise foi, contradictions, futilité des raisonnemens de Spinosa.*

I. DONNEZ-vous la peine de lire Spinosa : si l'obscurité vous plaît, vous aurez lieu d'être content. Jugez-en par cette proposition qui est la vingt-huit de la premiere partie : *Chaque chose qui est finie & qui a une existence déterminée, ne peut exister, ni être déterminée à agir, si elle n'est déterminée à exister & à agir par une autre cause aussi finie, & qui a une existence déterminée ; & cette cause ne peut non plus exister, ni être déterminée à agir sinon par une autre qui est aussi finie & qui a une exi-*

*stence déterminée, ainsi à l'infini.* La démonstration de cette proposition est encore plus difficile à entendre : car ces causes ainsi finies & d'une existence déterminée, sont les attributs de Dieu entant que modifiés d'une modification finie & qui a une existence déterminée. Toute la seconde partie est du même goût. Mais l'obscurité est le moindre défaut de Spinosa.

II. La mauvaise foi paroît être son caractere. Il n'est attentif qu'à s'envelopper pour surprendre. En voici un exemple : 1. part. ethic. defin. 1. 2. 3. Il donne des définitions de la substance nécessaire, de la substance en général, de l'attribut. Qui ne croiroit qu'il définit des choses différentes ? Toute la suite fait voir qu'il attache la même idée à ces divers termes. Pour s'en convaincre, il ne faut que lire la 2. schol. de la prop. 8.

III. Sa démonstration, malgré son obscurité & sa mauvaise foi, n'en est pas moins un tissu de contradictions visibles. Je ne veux pas que vous vous en rapportiez à moi ; décidez vous-même. *Il ne peut y avoir qu'une substance qui est Dieu ;* c'est la 14. prop. 1. part. *La penfée & l'étendue font des attributs de Dieu ;* c'eft la 1. & 2. prop. 2. part. Voilà donc deux attributs de fubftance. Or par la 10. prop. 1. part. *chaque attribut de fubftance doit être conçu par foi-même.* D'où il s'enfuit évidemment que la penfée & l'étendue font conçues par elles-mêmes, puifque ce font des attributs de fubftance : or par la définition 3. 1. part. la fubftance eft *ce qui eft conçu par foi-même.* Donc puifque la penfée & l'étendue font conçues par elles-mêmes, ce font des fubftances ; donc il y a deux fubftances dans l'univers, felon Spinofa même. Cependant fon principe eft de n'admettre qu'une fubftance dans l'univers ; c'eft à lui à s'accorder avec lui-même. Souhaitez-vous encore une preuve de contradiction ? Lifez la 4. prop. 1. part. & la 4. définition. *Plufieurs chofes font diftinguées par la diverfité de leurs attributs ;* c'eft la 4. prop. Et la 4. définition eft : *l'attribut conftitue l'effence de la fubftance.* Donc puifque l'étendue & la penfée font des attributs divers, elles conftituent des effences différentes & diftinguées de fubftance. La contradiction peut-elle être plus formelle ?

Dire qu'une substance est infinie, & dire en même-tems qu'il y a des modes finis dans cette substance, n'est-ce pas dire l'oui & le non ? Car une étendue terminée par des figures ne peut être que finie. Or Spinosa parle sans cesse de modes finis de sa substance infinie.

Cet Auteur ne reconnoît rien de contingent dans la nature. Tout y est nécessaire, prop. 29. 35. part. 1. il pose néanmoins pour premier axiôme part. 2. que l'essence de l'homme n'enferme point une existence nécessaire, c'est-à-dire, qu'*il est également possible que cet homme ou celui-là existe, ou n'existe pas.* C'est l'explication qu'il donne lui-même de son axiôme. Que peut-on entendre par contingent, sinon ce qui n'existe pas nécessairement, ce qui peut exister & ne pas exister ? Comment n'y a-t-il donc rien de contingent dans la nature, si l'homme est contingent ?

IV. Rien de si foible que les raisonnemens de Spinosa. Pour nous en assurer, choisissons une de ses propositions qui soit la base de son système, par exemple, la 13. prop. 1. part. *la substance est indivisible.* Cette proposition paroît du premier coup d'œil, d'une

fausseté

fauffeté évidente : car y a-t-il rien de plus évident que la divifibilité de la matiere ? Voions comment on va prouver cette propofition ridicule. » La matiere, dit Spinofa prop. 15. fchol. » part. 1., n'eft divifible que dans votre imagination, elle eft fimple & » fans parties dans votre entendement. » L'eau en tant qu'eau eft bien divifible, & fes parties font féparées les » unes des autres; mais non en tant » qu'elle eft fubftance corporelle «. Ce ton de maître n'a rien de perfuafif. Nous demandons des preuves. Mais demande à fon tour Spinofa : les parties que vous admettez dans la matiere, font-elles des fubftances ? Nous répondons que c'en font : car pourquoi deux piés joints enfemble feroient-ils une fubftance, & chaque pié féparé n'en feroient-ils pas ?

*Dans la nature*, réplique ce grand maître, prop. 5. 1. part. ; *il ne peut y avoir deux, ou plufieurs fubftances d'une même nature, ou d'un même attribut.* Nous répliquons que nous ne voions pas plus d'inconvénient à admettre deux ou plufieurs fubftances de même nature, qu'à admettre deux ou plufieurs

*Tome I.*            N

triangles, dont les angles feroient parfaitement égaux. Cefleroient-ils d'être
deux, parcequ'ils feroient femblables?
Pierre, Paul, ne font-ils pas deux hommes, quoiqu'ils foient d'une même nature?

*Deux ou plufieurs chofes diftinctes ne*
*font diftinguées entre elles que par des*
*attributs divers, ou par divers modes.*
prop. 4. 1. part. C'eft la derniere preuve de Spinofa. N'eft-elle pas d'une force accablante? Pour que deux chofes
foient diftinguées, il fuffit que l'une ne
foit pas l'autre, que l'une puiffe exifter
fans l'autre, quoiqu'elles aient les mêmes attributs & les mêmes modes, non
pas les mêmes en nombre, mais de femblables. Deux cercles dont les raions
font égaux, font deux figures auffi diftinctes, que deux cercles dont les raions
font inégaux. Jugez par cet exemple fi
Spinofa eft un adverfaire bien redoutable. Faifons un autre effai fur la définition qu'il donne de la fubftance. Toute
fa démonftration roule là-deffus.

*J'entends*, dit-il, defin. 3. 1. part.,
*par la fubftance, ce qui eft en foi, & ce*
*qui eft conçu par foi-même : c'eft-à-dire,*
*ce dont la conception n'a pas befoin de*

*la conception d'une autre chose, dont elle doive être formée.*

Cette définition a un grand défaut, qui est le défaut de clarté : car on peut entendre par *être en soi, être conçu par soi-même*, exister par soi, & renfermer l'existence dans son idée; ou seulement exister hors d'un sujet, être conçu tout seul sans rapport à un autre être dans lequel on existe comme dans un sujet. Si c'est dans le premier sens, que Spinosa prend le terme de *substance ;* on peut rejetter sa définition comme contraire à l'idée que les Philosophes attachent à ce mot de *substance.* Car vous savez qu'ils appellent *substance* un être qui n'a pas besoin de sujet pour exister, & qu'ils appellent *mode* ce qui ne peut exister hors d'un sujet. Suivant ces notions des Philosophes, notre ame est une substance, parcequ'elle est un être qui n'a pas besoin de sujet, c'est-à-dire, qui n'a pas besoin d'être reçu dans un autre être pour exister ; au lieu que nos connoissances & nos vouloirs ne sont que des modes ou manieres d'être, qui ne peuvent exister hors de notre ame. Ces notions ont aussi leur application par rapport à notre corps & aux manieres d'être qui lui font propres. La figure, le mouvement ne peuvent avoir d'exiftence hors du corps, mais le corps peut exifter hors de tout autre être.

La différence eft très-réelle entre ces deux genres d'être. L'exiftence de votre ame eft tellement indépendante de tous les objets qui vous environnent, qu'en fuppofant tous ces objets anéantis, vous n'en concevez pas moins l'exiftence de votre ame : au lieu qu'en fuppofant votre ame anéantie, vous ne concevez plus la poffibilité de fes modes, qui font fes connoiffances & fes vouloirs. La même chofe peut fe dire du corps & de fes manieres d'être. Malgré cette différence de la fubftance & de fes modes, il y a néanmoins entre ces êtres une liaifon effentielle & réciproque : car fi les modes ne peuvent être fans la fubftance, celle-ci ne peut être fans quelques-uns de fes modes; par exemple, une ame ne peut être fans quelque connoiffance, fans quelque fentiment, un corps ne peut être fans quelque figure.

Cette liaifon & ce rapport ne fe trouvent pas entre une caufe quelconque & fon effet : car une caufe peut exister sans produire son effet, comme il paroît dans les ouvrages de l'art. Et de plus, comme nous l'avons déja observé, on peut connoître la cause en elle-même, sans la considérer comme cause, & par conséquent sans rapport à son effet. On peut aussi connoître un effet en lui-même, sans le considérer comme effet.

Revenons à Spinosa. Ne disputons pas des mots. Accordons-lui sa définition dans le sens qui lui est le plus favorable; c'est-à-dire, accordons-lui que la *substance* est ce qui existe par soi-même, ce qui renferme l'existence dans son idée, & qu'il ne peut y avoir qu'une substance de cette nature. Que conclura-t-il de-là ? Que cette substance n'est pas libre ? Que tous les êtres qui existent dans la nature, ne sont que des modes de cette substance ? Que cette substance ne peut rien produire hors d'elle-même ? C'est en effet ce qu'il conclud, prop. 33. 15. 18. Mais toutes ces conséquences sont nulles & absurdes. Ecoutons ses preuves.

La substance qui existe par soi, n'est pas libre; parceque, dit-il, prop. 16. & 17. schol., *d'une nature infinie doit*

N iij

procéder *une infinité de chofes diverfifiées en une infinité de manieres.* Cela eft vrai, lui répondons-nous, en fuppofant que cette nature n'eft pas libre, & qu'elle agit par néceffité : mais c'eft précifément fuppofer ce qui eft en queftion. Quelle plus miférable maniere de raifonner ?

Il nie hardiment la liberté, prop. 32. *la volonté ne peut être appellée une caufe libre, mais feulement néceffaire.* En traçant fur le papier une propofition fi contraire au fentiment intérieur, ou il avoit le pouvoir de fufpendre le mouvement de fa main, ou il n'avoit pas ce pouvoir : dans le premier cas, quel menfonge ! dans le fecond quelle frénéfie ! le croiez-vous de fens froid, lorfqu'il définiffoit la liberté, defin. 7. 1. part. *Une chofe eft libre qui exifte par la feule néceffité de fa nature, & qui eft déterminée par elle feule à agir ; celle-là eft néceffaire, ou plutôt forcée & contrainte qui eft déterminée par une autre à exifter & à agir d'une maniere certaine: & déterminée.* Suivant cette ridicule définition, le feu feroit auffi libre à brûler, que l'homme à vouloir.

Si Spinofa ne prouve en aucune forte que la fubftance qui exifte par foi, n'eft pas libre ; il ne prouve pas mieux que tous les êtres font fes modes, & qu'elle ne peut rien produire hors d'elle-même. Sa preuve fe réduit à cet axiôme : *tout ce qui eft, eft dans foi, ou dans un autre.* axiôm. 1. 1. part. Axiôme faux, dès qu'*être en foi*, c'eft exifter néceffairement par foi même : car l'ame de l'homme, & la matiere n'ont point l'exiftence par elles-mêmes ; & cependant elles ne fubfiftent pas dans l'être néceffaire ; parcequ'elles font incompatibles dans un même fujet, & qu'étant imparfaites, elles ne peuvent convenir à l'être néceffaire qui eft infiniment parfait. Tout cela a été démontré.

Mais, dit Spinofa, prop. 6. 1. part., *une fubftance ne peut être produite par une autre fubftance.* C'eft ce qu'il faudroit prouver, & c'eft ce qu'on ne prouvera jamais. Paffons à Spinofa fa propofition, dans le fens qu'un être néceffaire ne peut être produit par un autre être néceffaire ; il ne s'enfuivra point qu'un Etre fouverainement parfait ne puiffe produire hors de lui des êtres imparfaits. Ainfi, en accordant à cet Auteur

N iv

la définition de la substance dans le sens le plus conforme à ses souhaits, que devient sa prétendue démonstration ? Elle ne vaut pas la peine d'être lûe.

Mais peut-être que Spinosa n'entend avec les Philosophes par *être en soi*, que n'avoir pas besoin d'un sujet d'inhésion pour exister, en faisant abstraction si ce que l'on conçoit ainsi ; est parfait ou imparfait, existant ou non existant, étendu ou inétendu, pensant ou matériel. Car vous savez que par une précision d'esprit, nous pouvons, sans considérer les substances particulieres & leurs manieres d'être, penser à la substance en général comme à un sujet capable de modes. Si Spinosa l'entend ainsi ; nous consentons qu'il n'y ait qu'une substance en général, & que la substance dans cet état d'abstraction & de généralité ne puisse en produire une autre. Mais nous lui demandons si la substance idéale exclut les individus, c'est-à-dire, si elle ne peut convenir à des êtres particuliers. S'il répond qu'elle exclut tout individu, nous lui opposerons ses principes sur les modes.

Il admet plusieurs modes, & de diverses espéces : montrons-lui qu'il a tort

par un raisonnement tout semblable à
celui qu'il fait pour prouver qu'il n'y a
qu'une substance. On entend par mode ,
*n'être pas en soi , mais dans un autre :*
or il ne peut y avoir deux ou plusieurs
modes de même attribut ; donc il n'y a
qu'un mode dans la nature. Il répondra
sans doute que ce raisonnement est im-
pertinent ; parceque , quoiqu'il n'y ait
qu'un mode en général , ou pour parler plus correctement , quoiqu'il n'y ait
qu'une définition du mode , cette définition peut convenir à plusieurs manieres d'être ; de même que , quoiqu'on,
définisse le cercle , une figure dont toutes les lignes tirées du centre à la circonférence , sont égales ; & qu'il n'y ait que
cette définition du cercle , elle convient
au cercle B. au cercle C. Pourquoi donc ,
quoiqu'il n'y ait qu'une définition de la
substance , cette définition ne conviendroit elle pas à plusieurs êtres particuliers , soit que ces êtres soient semblables , soit qu'ils soient différens ?

Mais ce n'est point par des notions
générales , ni par des mots qu'il faut juger des êtres : c'est par nos idées. Nous
en avons de très-distinctes de l'Etre parfait , de notre pensée & de l'étendue.

N v

Ces trois objets n'ont rien de commun entre eux que les noms d'*être*, *de fub-flance*, dont nous fommes obligés de nous fervir pour nous faire entendre.

Quoi ! dira Spinofa ; fi l'Etre infiniment parfait n'a rien de commun avec les êtres finis & imparfaits ; pourra-t-il leur donner l'exiftence ? Oui, il le pourra ; parceque dès qu'il eft infiniment parfait, fa volonté eft infiniment efficace ; il n'a donc qu'à vouloir pour produire.

Il ne nous refte plus qu'à examiner une dernière hypothèfe, & nous aurons épuifé tout ce que l'impiété ou l'erreur font capables d'enfanter, pour fe fouftraire à l'idée d'un Etre infiniment parfait, Créateur de l'univers.

# CHAPITRE VI.

## *Hypothèfe de quelques anciens Philofophes.*

IL faut reconnoître un Créateur de l'univers, ou imaginer, avec Epicure, un chaos éternel qui s'eft débrouillé peu à peu dans la fucceffion des fié-

cles, & qui a formé le monde tel qu'il
est ; ou imaginer, avec Spinosa, le
monde, comme un tout infini, une seule & unique substance étendue & pensante, dont les corps & les esprits qui
existent, ne sont que des manieres d'ê-
tre ; ou enfin imaginer, avec d'anciens
Philosophes, le monde comme un tout
composé de deux substances nécessaires,
dont l'une qui est la matiere, soit comme le corps ; & l'autre qui est l'esprit,
soit comme l'ame. C'est en effet à l'un
de ces systêmes que se réduisent les opinions insensées anciennes & modernes
contre l'existence de Dieu. On attribue
la derniere à Pythagore & à Platon. On
l'attribue aussi aux Lettrés de la Chine.
Il est même des Auteurs qui croient la
démêler dans le galimathias de Spinosa.

C'est ce systême que Virgile exprime
avec tant de grace dans le 4. liv. des
Georg. où il dit que les merveilles
qu'on admire dans les abeilles, ont fait
croire à plusieurs, qu'elles étoient ani-
mées par un souffle divin, & par une
portion de la divinité : dans la persuasion où ils étoient que Dieu est répandu dans la terre, dans les mers & dans
le ciel ; que c'est de-là que les moutons,

N vj

les bœufs, les hommes, les bêtes sauvages, reçoivent la vie en naissant ; & que c'est là que toutes choses rentrent & retournent, lorsqu'elles viennent à se détruire ; qu'il n'y a point de mort, & que ce qui a eu vie s'envole au nombre des astres, & monte au ciel. Le Poete développe le même système dans le 6. liv. de l'Eneide : Un esprit, dit-il, pénétre & anime les cieux, la terre & les eaux, le soleil & la lune. Cet esprit est l'ame universelle de la masse entiere de l'univers, qui mêlée dans ce vaste corps, en remue tous les membres, & leur donne la vie. Les ames des hommes & des bêtes sont des participations de ce feu céleste. Il n'est pas facile de deviner ce qu'entendent ces anciens Philosophes par *esprit*, *ame du monde*, *feu céleste* ; s'ils entendent une substance immatérielle, ou s'ils n'entendent qu'une matiere très-subtile. Leur Philosophie interprétée dans le premier sens est moins grossiere que l'Epicurianisme & le Spinosisme ; mais elle n'est pas moins pleine d'absurdités intolérables. Touchons-en quelques-unes.

I. Il est absurde d'admettre un esprit qui existe par lui-même, & qui ne soit pas infiniment parfait : car il n'eft rien de plus vifiblement contradictoire qu'une perfection, telle que l'exiftence indépendante, à qui la limitation répugne, & qui fe limite d'elle-même. Cependant il eft évident que la partie d'un tout n'eft pas infiniment parfaite; car une partie eft moindre que le tout : or ce qui eft moindre que l'infini, ne peut être infini. Il eft donc évident qu'un efprit qu'on fuppofe l'ame du monde & une partie du monde, n'eft pas infiniment parfait. De plus, la puiffance qu'on accorde à cette ame du monde, fe réduit à mouvoir ce grand corps auquel elle eft unie; cette puiffance eft dépendante du corps pour agir; elle ne peut rien au-delà. Ce n'eft donc qu'une puiffance bornée & refferrée, imparfaite. L'ame du monde eft donc imparfaite, & ne remplit en aucune forte l'idée d'un être néceffaire.

II. Il eft abfurde d'imaginer les ames des hommes, des bêtes, & de tout ce qui a vie, comme des portions de l'ame du monde : car ou l'on fuppofe ces portions forties & détachées de l'ame univerfelle, pour animer chacune un corps; ou ce font des ames particulieres prifes enfemble, qu'on regarde comme un tout, & qu'on nomme l'ame du monde. N'eft-il pas abfurde de donner des parties à un efprit, qui par fa nature eft un, fimple, indivifible? Et de plus, que deviendroit cet efprit univerfel, après qu'il n'auroit plus ce nombre infini de portions, dont il étoit compofé? N'eft-il pas également abfurde de regarder comme un tout & une ame, des êtres qui font indépendans les uns des autres, qui ne fe connoiffent pas, qui n'ont ni commerce, ni correfpondance entre eux, ou qui n'en ont que pour fe nuire? Car autant qu'il y a d'ordre, d'union & d'harmonie entre les corps, autant il y en a peu entre les ames, du moins entre celles qui font fur la terre. Ajoutez qu'un femblable tout ne peut être néceffaire; car il eft imparfait; puifqu'une ame n'eft pas l'autre, & que chacune n'étant que ce qu'elle eft, eft finie & imparfaite: or il ne peut réfulter de parties finies & imparfaites, qu'un tout parfait.

Mais peut-être que dans ce fyftême, on imagine les ames qu'on appelle portions de l'efprit univerfel, non comme des parties qui ont leur exiftence à part, mais feulement comme des manieres d'être de cet efprit. Ce n'eft point éviter l'abfurdité qu'il y a à limiter un être néceffaire ; car c'eft charger l'efprit univerfel d'autant de bornes, qu'il y a d'ames, ou de penfées finies & imparfaites. Et de plus, c'eft tomber dans une autre abfurdité : car il n'eft rien de plus abfurde, qu'un efprit qui veut en même-tems ce qu'il ne veut pas, qui aime ce qu'il hait, & qui hait ce qu'il aime, qui nie ce qu'il affure, & qui affure ce qu'il nie, qui s'afflige de ce qui le réjouit, & qui fe réjouit de ce qui l'afflige, qui ignore ce qu'il fait, & qui fait ce qu'il ignore, fage, fou, dévot, impie, &c. Tel eft l'efprit dont nos ames ne font que les modifications. C'eft lui qui eft le principe & le fujet de toutes nos penfées, de toutes nos fenfations, de toutes nos paffions. C'eft lui qui les produit & qui les reçoit en lui-même. Il eft donc vrai qu'il eft tout ce que font les ames humaines, & qu'il eft par conféquent tel que je viens de le peindre.

Ces contrariétés, direz-vous, naiffent de l'union de cette ame à diverfes parties de la matiere qui la déter-

minent à cette diverfité de fentimens.
Mais je demande qui a formé cette
union, & qui l'entretient. Si c'eft l'a-
me qui s'eft unie elle-même, ou elle
s'eft unie néceffairement, ou librement.
Si elle s'eft unie néceffairement; qu'elle
eft malheureufe ! Si elle s'eft unie librement ; qu'elle eft bizarre de s'affujettir
ainfi à une matiere aveugle & fujette
à tant de dérangemens ! De plus, que
voulez-vous dire par cette détermination que reçoit l'ame des parties de la
matiere ? Eft-ce que la matiere peut
agir fur une ame ? Un corps n'agit fur un
autre qu'en s'approchant felon fa fuperficie immédiatement, ou par l'en-
tremife de quelqu'autre corps : eft-ce
ainfi que la matiere agit fur une ame
qui eft un être immatériel? D'ailleurs
la matiere n'a d'action que par le mouvement : or comment peut-elle agir
fur l'ame par fon mouvement, fi elle
n'a de mouvement que celui qu'elle reçoit de l'ame univerfelle. Que de fic-
tions chimériques !

III. Soit qu'on imagine les ames diftribuées dans les corps vivans comme
des portions émanées de l'ame du monde; foit qu'on les imagine comme des

modifications de cette ame univerſelle ;
il faut convenir qu'elles ont l'exiſtence
par elles-mêmes, puiſque dans ce ſyſtême, il n'y a point de création, & que
tout ce qui appartient à un être néceſſaire, exiſte néceſſairement : il faut
donc convenir qu'elles ſont d'une perfection infinie ; car on ne peut trop
le répéter, il y a de l'extravagance à
ſuppoſer la plus grande perfection qui
eſt l'exiſtence indépendante ſéparée des
autres perfections, ſans que rien les
eût ſéparées. L'imperfection de nos
ames & de nos connoiſſances ne ſuffit-
elle donc pas pour faire ſentir la futilité d'un ſyſtême ſi imaginaire ?

IV. Nous ſavons qu'il faut être auſſi
brute que la matiere pour la croire éternelle & néceſſaire. Mais accordons,
pour un moment, une choſe ſi abſurde. De quel uſage eſt l'ame univerſelle par rapport à cette maſſe informe ?
Elle l'agite, dit-on, elle la remue, &
lui donne la vie. Entend-on bien ce
que l'on dit ? Suppoſer d'un côté la matiere néceſſaire, & par conſéquent indépendante par ſa nature de tout autre
être, & la ſuppoſer d'un autre côté aſ-
ſujettie à une intelligence pour avoir

la vie, n'eſt-ce pas ſuppoſer deux choſes contradictoires ? De plus, en quoi
conſiſte la vie de la matiere ? Elle conſiſte, ſans doute, dans le mouvement.
En ſuppoſant donc que la matiere reçoit la vie d'un eſprit, on ſuppoſe qu'elle en reçoit le mouvement. Mais ſi la
matiere n'a pas le mouvement par elle-
même; il faut qu'elle ſoit en repos par
elle-même : car elle eſt par elle-même
dans l'état où elle eſt par ſon exiſtence ;
& par conſéquent elle eſt en repos auſſi
néceſſairement qu'elle exiſte ; n'eſt-il
donc pas auſſi impoſſible de la tirer de
ſon état de repos, que de lui ôter ſon
exiſtence ?

Je veux que la matiere puiſſe recevoir le mouvement; je demande comment elle peut le recevoir d'un eſprit :
car un eſprit ne peut mouvoir la matiere ni par l'étendue ni par l'impulſion ; il ne peut agir ſur elle que par
ſa volonté : or comment un eſprit peut-
il mouvoir par ſa volonté la maſſe entiere de l'univers, ſi ſa volonté n'eſt infiniment efficace ? Et comment ſa volonté
eſt-elle infiniment efficace, ſi elle ne
peut que mouvoir la matiere ? Eſt-il
plus difficile à un eſprit d'une puiſſan-

ce infinie de créer la matiere que de la mouvoir ?

On peut encore propofer fur le mê-me fujet une autre queftion aux Parti-fans de ce fyftême. Prions-les de nous dire fi la partie fpirituelle du monde en meut librement ou néceffairement la partie matérielle. Ils ne peuvent ré-pondre qu'elle le fait néceffairement ; puifque le repos n'eft pas impoffible & qu'il eft des corps dans le monde en cet état. C'eft donc librement que l'ef-prit infpire la vie & le mouvement à la matiere. Delà il fuit clairement que la partie matérielle du monde, c'eft-à-dire, cet affemblage admirable de corps, a pu ne point exifter, & qu'elle peut ceffer d'exifter, & que par conféquent elle n'a point une exiftence néceffaire. Car il eft manifefte que la divifion, l'ordre, l'arrangement de la matiere, en un mot le monde matériel tel qu'il eft, n'a pu être & ne peut fe maintenir que par le mouvement. Donc fi le mou-vement dépend de la volonté libre de la partie fpirituelle du monde ; la partie matérielle a pu ne pas exifter, & elle peut ceffer d'exifter. Le monde doit donc fon exiftence à un efprit. Il eft donc ridicule & infenfé de vouloir que cet efprit faffe partie du monde : car il eft aufli évident que l'Auteur de l'univers n'en eft pas une partie, qu'il eft évident que la caufe n'eft pas l'effet.

V. Tous ces fyftêmes ne font que des fonges & des rêves, qui fe diffipent & qui s'évanouiffent, aufli-tôt qu'on ouvre les yeux. Le fpectacle de la nature montre par tout un premier moteur, fage, libre & puiffant. En effet, s'il n'y avoit point de premier moteur ; tous les corps feroient mûs néceffairement, incapables de repos, incapables d'un plus grand, ou d'un plus petit mouvement. Et comme il eft impoffible qu'un corps foit mû en même-tems dans tous les fens ; chaque corps feroit emporté par un mouvement néceffaire & immuable, ou de bas en haut, ou de haut en bas, ou de droite à gauche, ou de gauche à droite, ou en rond, ou de quelque fens de diagonale qui foit précis ; fans qu'il pût être détourné de ce fens par un autre corps, qui porteroit lui-même dans fon effence fa détermination invincible & éternelle à fuivre aufli fa ligne directe, ou oblique dans un fens précis.

Eſt-ce là ce qu'offre à nos yeux le ſpec-
cle de la nature ? Nous voions des corps
en mouvement ; nous en voions en repos ; nous voions les mêmes corps tantôt mûs, tantôt immobiles, tantôt cou-
rans avec viteſſe, tantôt ralentiſſans leur
courſe, & changeans de route en mille
occaſions. Il eſt viſible que le mouvement n'eſt pas eſſentiel aux corps, &
que les loix du mouvement ne ſont pas
néceſſaires par elles-mêmes. Il eſt viſible qu'il eſt un premier moteur infiniment puiſſant, puiſqu'il meut l'univers ; infiniment ſage, puiſqu'il fait ré-
gner entre les corps un ordre ſi ſimple,
ſi ingénieux, ſi fécond ; infiniment libre, puiſqu'il diſpoſe de la matiere
avec un empire ſi abſolu, & qu'il la
façonne avec tant d'induſtrie. Il eſt viſible qu'il n'y a qu'une intelligence ſuprême qui ait pu conſtruire une machine d'un art ſi merveilleux, en fa-
briquer les piéces, les réunir & les ar-
ranger, en entretenir les reſſorts & le
jeu. En un mot, il eſt viſible qu'il eſt
un Créateur.

VI. Il ne me reſte plus qu'à vous demander pardon de vous avoir entretenu
des vaines & ſottes productions de l'im-

piété ou de l'erreur. J'ai cru qu'après avoir prouvé l'exiſtence de Dieu, ce ne feroit pas un crime de vous mettre fous les yeux les fables ridicules & contra-dictoires de l'Athéiſme. Le contraſte m'a paru propre à vous faire craindre le délire où conduiſent les paſſions, & à vous attacher immuablement à l'idée que vous avez de la nobleſſe de votre origine. Il eſt tems d'en venir à celle que vous avez de votre deſtination.

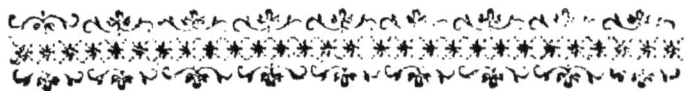

# SECTION III.

## DE L'IMMORTALITÉ DE L'AME.

*Preuves de l'immortalité de l'Ame.*
*Réponse aux difficultés.*

## CHAPITRE I.

### PREUVES DE L'IMMORTALITÉ DE L'AME.

*Il n'y a point de preuves que l'Ame périsse. Il y a des preuves qu'elle subsistera éternellement.*

VOUS croiez que votre ame est faite pour connoître & pour aimer Dieu, non-seulement durant cette vie passagere, mais éternellement. Quelle haute destination ! Les esprits forts sont trop modestes pour y aspirer. Contens des plaisirs qu'ils goutent sur la terre, ils bornent leurs desirs à cette efpéce de félicité. Sans crainte & fans efpérance pour l'avenir, ils ne fe croient faits, comme les autres animaux, que pour contribuer foit en vivant, foit en mourant, à l'ordre de l'univers, c'eft-à-dire, aux deftructions, aux réproductions, aux changemens & aux fucceffions qui réfultent des loix immuables de la nature. Ils ne vous font pas un crime de vous endormir & de vous tromper agréablement par les plus flatteufes efpérances, ils vous y exhortent même, en repréfentant comme le plus précieux tréfor de l'homme dans fes ennuis & dans fes miferes, cet inftinct qui nous emporte fans ceffe vers l'avenir, cette efpérance qui nous peint des plaifirs futurs dans la poffeffion des préfens. Mais s'il vous arrivoit de vous livrer à la plus légere inquiétude par rapport à l'avenir; vous ne feriez plus à leurs yeux qu'un imbécile qui fe forge des monftres pour s'effraier.

Il faut avouer que ces Meffieurs ont raifon, fi l'ame n'a point d'autre durée, que le tems de fa fociété avec la matiere, & qu'elle périffe à la mort de l'homme. Mais ils font fouverainement déraifonnables, fi l'ame eft immortelle.

mortelle. Nous devons tout faire pour nous procurer un bonheur qui ne finira jamais; & nous ne devons point avoir d'autre crainte que de n'y pas parvenir : parceque s'il n'eſt aucun bien qui puiſſe être comparé à un bonheur éternel ; il n'eſt aucun mal qui puiſſe être comparé à la perte d'un tel bonheur. L'immortalité de l'ame eſt donc d'une conſéquence infinie. Voions d'abord ſi l'on peut nier cette vérité avec fondement. Nous verrons enſuite ſur quelle preuve elle eſt appuyée. S'il eſt impoſſible d'avoir des preuves de la mortalité de l'ame ; il ſera clair que les Eſprits forts n'ont pour guide que leurs paſſions, puiſqu'ils ne prennent le parti de ne rien craindre & de ne rien eſpérer après cette vie, que parceque ce parti eſt favorable aux paſſions. Si l'immortalité de l'ame eſt fondée ſur de bonnes preuves : combien ſont-ils à plaindre de préférer leurs paſſions à la vérité !

*Tome I.* O

## ARTICLE I.

*Il est impossible d'avoir des preuves de la mortalité de l'Ame, dans les Hypotheses mêmes d'Epicure, de Spinosa & de Platon.*

I. LA mort fait cesser l'union de l'ame & du corps, Si vous concluez de-là que l'ame cesse d'exister; c'est sans aucun fondement : car l'ame & le corps sont des êtres distingués & de différente nature : leur union peut donc cesser, sans qu'aucun d'eux cesse d'exister. La distinction seule entre deux corps semblables fait leur indépendance mutuelle. Ils ne peuvent être l'un à l'autre une cause d'existence, ou d'anéantissement. Donc, puisque l'ame & le corps sont non - seulement distingués, mais de diverses natures, il est évident que leur désunion ne peut opérer l'anéantissement ni de l'un ni de l'autre, & que l'anéantissement du corps n'entraîneroit point l'anéantissement de l'ame,

II. L'union de l'ame & du corps consiste dans une espéce de concert ou de rapport mutuel entre les penſées de l'ame & les mouvemens du corps, con-cert que Dieu ſeul a pu établir entre deux natures ſi diſſemblables & ſi in-dépendantes. Lorſque Dieu interrompt ce concert, faut-il conclure que l'ame devient incapable de penſer ? Au con-traire, on doit conclure que lorſque ce concert eſt interrompu, chacune des deux parties rentre dans ſon indépen-dance naturelle d'opérations à l'égard de l'autre ; & que par conſéquent l'ame, bien loin d'être anéantie, eſt remiſe dans ſon état naturel, en devenant libre de penſer indépendemment de tous les mouvemens du corps.

III. Le corps non-ſeulement perd la vie, quand il eſt ſéparé de l'ame, mais il change de figure, il ſe diſſoud, il tombe en pouſſiere ; c'eſt qu'il n'eſt qu'un tiſſu de parties qui peuvent être dérangées. Mais l'ame n'a ni parties, ni figure, ni ſituation de parties entre elles, ni mouvement, ni changement de ſituation. Elle eſt une, ſimple, indiviſi-ble. Il ne peut donc rien lui arriver de ce qui arrive au corps. Elle ne peut perdre un arrangement qu'elle n'a pas, & qui ne convient point à ſa nature.

O ij

Elle ne peut périr qu'en ceſſant d'e-
xiſter.

Mais, direz-vous, eſt-il bien certain que l'ame ne puiſſe périr qu'en
ceſſant d'exiſter ? Ne peut-elle pas tomber dans un ſommeil, une inſenſibili-
té éternelle ? J'accorde, ajouterez-vous,
qu'il eſt impoſſible de prouver que l'a-
me, à ſa ſéparation d'avec le corps,
rentre dans le néant : car l'anéantiſſement n'eſt pas moins incompréhenſible
que la création ; & de plus, il dépend
de la ſeule volonté du Créateur. Mais
l'ame en ceſſant de penſer ceſſe de vivre.
Elle eſt bien un être, ſi l'on veut, dans
cet état, mais un être mort qu'on peut
comparer à un corps privé de tout mouvement. Ainſi comme notre corps,
quand il ſubſiſteroit éternellement avec
le même arrangement de parties qu'on
lui voit, ne ſeroit pas moins dans un
état de mort, s'il n'avoit aucun mouvement : de même l'ame n'eſt pas moins
réduite à un état de mort, quelque exiſtence qu'elle conſerve, ſi après ſa ſéparation elle ne penſe plus. Or n'eſt-il
pas vraiſemblable que l'ame, à la mort
de l'homme, devient inſenſible, & tombe dans un ſommeil éternel ?

Vous prévenez, fans doute, ma réponfe. Vous concevez qu'il eft auffi impoffible d'avoir aucune preuve de ce prétendu fommeil de l'ame, qu'il eft impoffible d'en avoir de fon anéantiffement. Et ne me dites pas qu'on peut conjecturer le fommeil éternel par le fommeil paffager auquel l'ame eft fujette durant fon union avec le corps. Ce fommeil paffager eft une pure chimere. L'ame penfe toujours, parcequ'elle vit toujours. De combien de penfées ne fommes-nous pas agités durant le fommeil? Nous réveillons-nous jamais fans être occupés de quelque fentiment, de quelque connoiffance? La penfée, de votre aveu, eft la vie de l'ame; & eile ne peut ceffer de penfer, fans mourir. Par conféquent, fi elle ceffoit de penfer pendant le fommeil, elle mourroit. Par conféquent, fon état ne feroit qu'un paffage prefque continuel de la vie à la mort, & de la mort à la vie. Que de morts! que de réfurrections! La penfée eft non - feulement la vie de l'ame; mais elle lui eft effentielle. Nous n'entendons par une ame qu'un être penfant : or il n'eft pas plus poffible de concevoir un être penfant, fans la penfée, qu'un corps fans quelque étendue, ni qu'un triangle fans trois angles. Le néant de l'ame & le néant de la penfée font une même chofe. Jugez par ces principes fur l'ame, qui font les feuls vrais, combien il eft impoffible de nier avec quelque fondement l'immortalité de l'ame. Il me femble qu'on ne peut la nier même dans les fyftêmes d'Epicure, de Spinofa, de Platon, quelque abfurdes que foient ces fyftêmes.

IV. Je veux bien paffer à l'Epicurien ou Matérialifte que l'ame ne foit qu'un certain nombre d'atômes plus petits infiniment, plus déliés, plus fubtils, que ceux dont le corps eft compofé. Qu'arrive-t'il à ces atômes fi fins & fi déliés, quand l'homme vient à mourir ? Ils changent de place ; ils abandonnent le corps, ils s'exhalent dans les airs. Mais quelle preuve peut-on avoir que ces atômes perdent la penfée & le fentiment ? Quelle preuve peut-on avoir qu'ils fe féparent & qu'ils fe défuniffent ? Et même, quand ils fe défuniroient, qu'ils ne confervent pas chacun la propriété de penfer ? Il eft bien fûr qu'ils confervent l'exiftence, puifqu'il n'y a point d'anéantiffement : pourquoi, s'ils exiftent, ne penferoient-ils pas ? Si l'on me répond qu'il eft néceffaire qu'ils foient dans le corps, pour penfer ; je demande où l'on a puifé une fi rare connoiffance. D'ailleurs, s'ils n'ont befoin pour devenir penfans, que d'être renfermés dans des atômes plus groffiers ; le vuide eft plein de ces atômes groffiers tout prêts à les recevoir. On n'a donc aucune raifon de nier l'immortalité de l'ame dans l'Epicurianifme.

V. On a moins encore de raifon de la nier dans le Spinofifme. Je fuppofe avec Spinofa que l'ame & le corps de l'homme ne font que des modifications de l'unique fubftance qui exifte dans la nature. Si, à la mort, il arrive quelque changement au corps ; eft-ce une conféquence qu'il en arrive à l'ame ? La liaifon entre ces deux modifications n'eft pas néceffaire, puifqu'elle n'a pas toujours été & qu'elle ne dure pas toujours. Le changement qui arrive au corps, peut donc n'en porter aucun dans l'ame. De plus, en quoi confifte ce changement qui arrive au corps ? Ce n'eft point affurément le paffage de l'être au néant ; ce n'eft que le paffage d'une figure à une autre figure : or cette nouvelle figure ne peut rien opérer contre l'exiſtence de l'ame. On dira peut-être que l'ordre de la nature ne permet pas que l'ame ſubſiſte après la diſſolution des organes corporels : mais en quel endroit eſt écrit cet ordre ? & quand il feroit auſſi réel qu'il eſt chimérique ; puiſque ſelon cet ordre, les parties du corps ne ſont que varier dans leur arrangement ; pourquoi voudroit-on aſſujettir l'ame au malheur de perdre l'exiſtence ?

VI. Enfin dans le ſyſtême de Platon, non-ſeulement on n'a point de raiſon de nier l'immortalité de l'ame ; mais on ne peut s'empêcher de l'admettre : car dans ce ſyſtême, nos ames ſont des particules de l'ame du monde ; elles exiſtent par elles-mêmes ; elles ne peuvent avoir de fin, puiſqu'elles n'ont point de commencement. Faites-les circuler avec Pythagore tant qu'il vous plaira, des hommes aux bêtes, & des bêtes aux hommes ; je ne m'y oppoſe pas, mais il faut que vous confeſſiez qu'elles ſont immortelles.

VII. Nous avons obſervé que s'il n'y avoit point de preuves de la mortalité de l'ame, il s'enſuivroit que les Eſ-

prits-fotrs ne prendroient le parti de l'i-
maginer que par l'intérêt de leurs paffions. Tirez la conféquence. Il en naît
une autre de ce défaut de preuves, c'eft
qu'il faut avoir perdu l'efprit pour fe
fier aux Efprits-forts, quand ils nous
affurent qu'il n'y a rien à craindre après
cette vie. Car dès qu'ils n'ont point de
preuves à nous donner qu'il n'y a point
d'autre vie après celle-ci ; il eft clair
que leurs promeffes ne font que des
difcours vains & téméraires. Il me
femble que fi j'étois Epicurien, ou Spinofifte, ou Platonicien, & qu'il me
reftât une étincelle de fens commun ,
je ferois dans un tremblement continuel
par rapport à l'avenir.

En reconnoiffant un Dieu fage, bon,
jufte, puiffant, je puis efpérer que fi
je m'efforce de le connoître & de l'aimer, il me rendra heureux, en me dé-
livrant de toutes les miferes qui me
tourmentent dans cette vie. Au lieu
qu'en bon Epicurien, que puis-je attendre du hazard aveugle & impuiffant ?
Il ne fait que des miférables, car tous
les hommes le font plus ou moins.
Quelle fera donc ma deftinée future,
fi le hazard veut que les atômes qui

font mon ame, paffent dans un autre corps fujet à plus de dérangemens que celui où j'habite? Que fais-je même, fi mon ame dégagée de tous les corps groffiers ne feroit pas encore plus malheureufe? Envain chercherois-je un azile contre un avenir fâcheux dans les fyftêmes de Spinofa & de Platon. Puifque je fuis en proie à la douleur, il eft hors de doute que la nature ne m'eft point favorable, & qu'il eft quelque modification de la fubftance univerfelle, ou quelque portion de l'ame du monde, qui trouve fa félicité dans mon malheur. Qui me répondra que durant l'éternité, l'ordre de la nature me fera moins contraire; & que je ferai moins expofé aux traits de quelque modification de la fubftance univerfelle, ou de quelque portion de l'ame du monde, encore plus cruelle & plus maligne que celle qui a préfentement fi peu d'humanité pour mon ame. En voilà trop fur des fyftêmes extravagans.

# ARTICLE II.

PREUVES DE L'IMMORTALITÉ DE L'AME.

*Il n'y a point d'anéantissement dans la nature. Desir du bonheur naturel à l'homme. Idée de l'infini & de l'ordre gravée dans notre ame. Sentimens de crainte qui accompagnent le crime. La justice veut qu'il y ait une autre vie où le vice soit puni, & la vertu récompensée.*

SI nous n'avions à prouver l'immortalité de l'ame qu'à un incrédule qui ne connoît point de Créateur; ce que nous avons dit dans l'article précédent suffiroit. Nous aurions pu même nous réduire à ce raisonnement si simple : l'ame existe; or s'il n'y a point de Créateur, tout ce qui existe, existe nécessairement, & par conséquent existe toujours, & toujours le même. Mais nous reconnoissons un Créateur, qui par un effet de sa bonté infinie, nous a donné l'être, & nous le conserve. Il est question de savoir si son bienfait n'est que

O vj

pour un tems, ou s'il est pour toujours. Nous n'avons aucune preuve qu'il soit limité à un certain tems. Mais avons-nous des preuves positives qu'il soit pour toujours ?

I. Quand l'homme meurt, le corps n'est point anéanti. Il n'arrive à cette machine d'une structure si belle, qu'un simple dérangement d'organes. Les corpuscules les plus subtils s'exhalent ; la machine se dissoud ; elle perd ses proportions ; elle se déconcerte. Mais en quelque endroit que soient portés ses débris, aucune parcelle ne cesse d'exister ; il n'y a point le moindre atôme qui périsse. Sur quel fondement craindrions-nous donc l'anéantissement de l'ame, cette portion de nous-mêmes, si noble, si supérieure au corps ? Ne faudroit-il pas faire violence à notre raison & à l'imagination même, pour tirer l'ame de la condition du corps, qui étant une fois ne retombe plus dans le néant ? N'est-il pas bizarre de supposer que l'ame est créée avec une existence bornée au tems de son union avec le corps ? Puisque nous voyons que l'existence du corps n'est pas bornée au tems de son union avec l'ame. N'est-il pas plus con-

forme au sens commun de penser que
puisque le corps continue à exister jusques dans ses moindres parcelles, & n'est
plus mû dépendemment des pensées de
l'ame; l'ame de son côté continue à
exister, & à penser indépendemment
des opérations du corps; & que la fin
de leur société passagere les laisse opérer librement chacun selon sa nature.

Pour nier l'immortalité de l'ame, il
faudroit que Dieu eût déclaré en termes clairs & précis qu'il n'a créé l'ame
que pour le tems que dureroit sa société
avec le corps, & que par rapport à elle,
il a mis une exception à sa loi générale de n'anéantir aucun être. Nous portons en nous-mêmes toutes les assuran-
ces que nous pouvons souhaiter, contraires à cette exception.

II. Nous voulons être heureux, l'ê-
tre toujours, & sans bornes. Ce desir
qui nous agite sans cesse, n'est point de
notre choix, ni le fruit de nos réflexions
& de nos pensées. Il naît avec nous.
Nous ne sommes pas maîtres d'en suspendre l'impression. Il fait partie de notre nature. Par une suite de ce desir,
nous ne voulons point mourir. Y a-t'il
un homme même parmi ceux qui font

semblant de se savoir bon gré d'avoir
pu se persuader qu'ils doivent tomber
dans le néant, qui ne souhaite de tout
son cœur de vivre encore un siécle,
quand il est sur le point de quitter la
vie ? Et quand il aura vécu ce siécle,
ne souhaitera-t'il pas d'en recommen-
cer un autre, de le finir pour en re-
commencer un million d'autres ?  Par
une suite du même desir, nous ne voulons point être trompés. Nous voulons
tout savoir. Les découvertes les plus heureuses ne servent qu'à irriter notre ardeur pour la vérité. Par une suite du
même desir, aucun bien particulier ne
nous satisfait. Envain nous efforçons-
nous de nous y coler & de nous en remplir. Quand nous posséderions la terre,
nous sentirions au milieu de nous un
vuide immense ; nous serions inquiets ;
nous serions dévorés par une faim in-
satiable : parceque nous sentons que
nous pouvons goûter une félicité plus
pleine & plus parfaite ; qu'il nous faut
un bien dont nous puissions jouir immuablement, & qui par son infinité
réponde à l'étendue de nos desirs.

Il est évident que Dieu a mis en nous
ce desir, & qu'il ne peut se terminer

qu'à lui. Oserions-nous soupçonner sa
bonté de vouloir nous flatter par des
impressions trompeuses, en nous pous-
sant vers une félicité qu'il ne nous pré-
pare pas ? Il est manifeste que Dieu a
voulu nous donner une légitime espérance qu'il ne se refusera pas à nos em-
pressemens ; & qu'un jour en se décou-
vrant à nous, il nous mettra en possession d'un bonheur que nous cherchons
en lui, & que nous ne pouvons trouver qu'en lui.

III. Nous avons une idée claire &
distincte de Dieu, mais imparfaite, &
bien au-dessous de la proportion de notre ame à l'infini. Nous sommes capables de connoître tout ce qui est vrai,
& d'aimer tout ce qui est bien. C'est
même de cette capacité sans bornes que
coule ce desir du bonheur dont nous
venons de parler, desir que rien ne
satisfait & ne remplit sur la terre. Car
il est sensible que si notre ame n'avoit
pas cette capacité de connoître & d'aimer l'infini; ses desirs seroient fixés par
la connoissance & par la possession des
objets visibles, puisqu'en connoissant
& en possédant ces objets, elle connoîtroit tout ce qu'elle pourroit con-

noître, & qu'elle posséderoit tout ce qu'elle pourroit posséder. Rien n'est donc plus réel que cette capacité de notre ame pour connoître & pour aimer l'infini. Or il est évident qu'une telle perfection ne peut venir que du Créateur. Il est constant d'ailleurs que durant son union avec la matiere, notre ame ne connoît & n'aime pas l'infini, autant qu'elle est capable de le connoître & de l'aimer. Peut-il donc être douteux que nous ne soions réservés à une autre vie ? & pouvons-nous ne pas espérer que Dieu se communiquera à nous selon toute la proportion qu'il a mise entre l'infini & notre ame ? Car pourquoi l'auroit-il formée avec une capacité infinie pour le recevoir, s'il ne vouloit pas la remplir lui-même ? Pourquoi auroit-il mis entre elle & les biens visibles cette disproportion, s'il ne la destinoit qu'à la jouissance de ces biens ?

IV. La sagesse qui régit l'univers, est aussi visible que l'ordre merveilleux qu'elle y a établi, & qu'elle y entretient, en conduisant chaque chose à sa fin. On ne peut se persuader sérieusement que l'empire de la sagesse est borné aux corps, & qu'il ne s'étend pas fur les efprits. On ne peut fe perfuader que la partie du monde la plus excellente a reçu l'être, fans aucune vûe, fans aucun deffein, fans aucune deftination de la part du Créateur : de telles penfées choquent ouvertement le fens commun. Or quelle peut être la fin des efprits? Ne font - ils faits que pour les corps? Si cela eft, notre ame devenant inutile par la diffolution de nos organes, doit perdre l'exiftence. Mais un efprit vaut mieux que tous les corps poffibles : or felon les idées de l'ordre, le parfait ne peut être pour l'imparfait. Notre ame ne peut donc être pour le corps. Il n'y a que Dieu feul qui puiffe être fa fin. C'eft où elle tend par tout le poids de fa nature. C'eft où elle doit retourner, après fa féparation d'avec la matiere, pour être heureufe, ou malheureufe : car l'efpérance que nous portons en nous-mêmes d'une félicité éternelle, eft accompagnée de menaces effrayantes, fi nous ne fommes pas fideles à nos devoirs.

V. Au milieu de nous eft un Juge invifible qui nous fait entendre une voix terrible, au moment qu'il nous arrive de nous écarter de la raison. Cette voix intérieure nous trouble, nous effraie, nous confond. Envain nous efforçons-nous de l'étouffer ; elle surmonte tous les obstacles qu'on lui oppose. Envain cherchons-nous à sortir de nous-mêmes pour ne pas l'entendre & la fuir ; elle nous suit par-tout. D'où vient cette voix menaçante qui nous reproche si vivement nos crimes, & qui nous fait frissonner jusqu'au fond des moëles ? Il n'y a que le souverain Etre qui puisse agir sur notre ame. Il n'y a que la vérité incorruptible qui puisse nous montrer nos devoirs, nous consoler par la vûe d'un avenir heureux, quand nous y sommes fideles, & nous confondre par la crainte d'un avenir malheureux, quand nous y manquons.

Vous direz peut-être que comme on nous entretient des jugemens de Dieu, & qu'on nous en fait peur dans notre enfance ; ces sentimens de crainte & de tristesse qui suivent le crime, pourroient bien n'être que le fruit de l'éducation. Ce n'est point là leur véritable origine : une sage éducation peut appuyer ces sentimens ; mais elle ne peut en être la source primitive. L'éducation

n'eſt pas la même chez tous les hommes ;
elle varie ſelon les tems & les lieux : &
ces ſentimens ſont communs à tous. Il
ſuffit d'avoir la raiſon pour être ſuſceptible. Ils naiſſent de ces premieres
lumieres qui forment le ſens commun.
De même que dans certaines actions,
par exemple, dans l'amour de Dieu,
dans la reconnoiſſance pour un bienfaiteur, il y a une rectitude, une bonté qui nous frappe, & qu'il nous eſt
impoſſible de ne pas approuver : nous
découvrons dans d'autres, par exemple,
dans le mépris & la haine de Dieu,
dans l'aſſaſſinat d'un bienfaiteur, une
difformité, une noirceur qu'il nous eſt
impoſſible de ne pas condamner, & de
ne pas juger dignes de punition. C'eſt
par les mêmes lumieres que nous ſommes perſuadés que Dieu connoît ces
actions telles qu'elles ſont, que s'il approuve les unes, il ne peut approuver
les autres, & qu'il punira celles qu'il
condamne. Une ſage éducation eſt auſſi
peu la ſource de ces lumieres que de la
raiſon. Un homme qui ſeroit dépourvû
de ces lumieres, ſeroit dès-là même incapable de toute inſtruction. Il eſt donc
évident que nous ſommes réſervés à

une autre vie. Nous en avons vû une preuve bien claire, en méditant fur la juftice de Dieu. Reprenons cette preuve.

VI. La fouveraine Juftice approuve les juftes, & défapprouve les injuftes. Elle fe doit donc à elle-même de faire éclater fon approbation & fon improbation, en récompenfant les uns & en puniffant les autres. Il faut donc qu'il y ait une autre vie : car la terre n'eft affurément pas le lieu des récompenfes ni des châtimens. Combien y voit-on d'heureux coupables, & de vertueux infortunés ! La vertu y eft ordinairement opprimée, & le vice y triomphe. Les juftes y vivent dans le mépris & dans la mifere, tandis que les injuftes y coulent leurs jours dans la profpérité & dans les délices. Rien de plus fragile, rien de plus caduc que ce bonheur des méchans : mais fi tout périt à la mort ; cette ombre de bonheur ne feroit-elle pas le feul bien de l'homme ? La preuve eft fimple, mais fans replique.

Direz-vous que Dieu ne connoît pas les actions des hommes, ou qu'il ne voit entre ces actions aucune différence, ou que s'il en voit, il n'en juge point ?

Vous ne pouvez refuſer à Dieu la connoiſſance de nos actions, qu'en lui re-
fuſant l'intelligence, & par conſéquent
qu'en niant ſon exiſtence. Car ou Dieu
eſt une intelligence infinie, ou il n'eſt
point. Si vous prétendez que Dieu ne
voit aucune différence entre les actions
des hommes, par exemple, entre louer
ſon nom & le blaſphêmer, entre le
remercier & l'outrager, entre l'aimer
& le haïr, entre faire du bien à un pere & lui plonger le poignard dans le
ſein, entre être fidele à un ami & le
trahir; vous ſoutenez dès-là même qu'il
ne voit point ce qu'il nous fait voir;
vous lui ôtez donc la connoiſſance; ou
vous ſoutenez qu'il n'eſt point l'auteur
de notre raiſon, ou que s'il en eſt auteur, il nous trompe, en nous faiſant
voir les choſes autrement qu'elles ne
ſont : car le rapport d'égalité entre deux
& deux, ne nous eſt pas plus clairement
connu, que la droiture qu'il y a d'un
côté à louer le nom de Dieu, à le remercier, à l'aimer, à faire du bien à
un pere, à être fidele à un ami ; & le
déréglement qu'il y a de l'autre à blaſphêmer le nom de Dieu, à l'outrager,
à le haïr, à plonger le poignard dans

le fein d'un pere, à trahir un ami.

Enfin avouer que Dieu connoît la différence de nos actions, & dire qu'il n'en juge point, c'eft faire de Dieu un être infenfible, qui ne penfe rien, qui ne veut rien : c'eft par conféquent ne plus admettre un Dieu. De plus n'eft-il pas infenfé de vouloir que Dieu n'approuve, ou ne condamne point ce qu'il nous fait approuver néceffairement, ou condamner par toutes les lumieres & par tous les fentimens qu'il a mis dans notre ame ? à moins que vous ne vous imaginiez qu'en nous donnant ces lumieres & ces fentimens, il ait voulu nous tromper, en mettant en nous des principes d'erreur. Il eft donc évident que Dieu connoît les actions des hommes, qu'il voit leur différence, qu'il en juge, qu'il approuve la vertu & qu'il condamne le vice. Il eft donc évident qu'il aime plus les vertueux, que les vicieux; qu'il leur veut plus de bien, & qu'il leur en fera davantage; puifque pour leur en faire, il n'a qu'à vouloir. Il eft donc évident que s'il fouffre l'oppreffion de la vertu & le triomphe du vice fur la terre; c'eft qu'il les réferve à une autre vie pour punir l'un & pour récompenser l'autre. Un Dieu, un Dieu juste, une autre vie, toutes ces vérités tiennent l'une à l'autre par un enchaînement nécessaire.

Mais, direz vous, pourquoi imaginer une autre vie, où le vice soit puni, & où la vertu soit récompensée ? Est-ce que ces craintes, ces frayeurs qui tourmentent les coupables, ne sont pas une juste punition du crime ? Est-ce que la vertu ne trouve pas sa récompense dans le témoignage qu'elle se rend à elle-même ? Vous sentez sans doute le faux de ces pensées extravagantes. C'est faire consister tout le châtiment du vice & toute la récompense de la vertu dans une erreur, c'est-à-dire, dans la persuasion que Dieu punira l'un & récompensera l'autre ; quoiqu'il ne doive ni punir ni récompenser. Suivant ce beau système, le vicieux feroit bien de ne point mettre de bornes à ses désordres, & de ne rien négliger pour étouffer les remords de sa conscience par l'excès de sa corruption. Ce seroit un moien sûr d'être vicieux impunément, & de triompher de la sagesse & de la justice divine. Suivant le même système, la vertu n'a plus d'appui. Sa

deſtinée eſt d'être la victime de la violence. Privée des biens préſens, ſans
eſpérance pour l'avenir, elle ne peut ſe
conſoler dans ſes humiliations & dans
ſes ſouffrances, que par la vûe de ſon
anéantiſſement prochain.

La vertu a ſans doute ſes douceurs:
mais comme nous l'avons obſervé, elle
ne les puiſe que dans l'idée d'un Dieu
bon & juſte qui la commande, comme un moien de lui plaire; & qui veut
en être le rémunérateur. La vertu ſéparée de cette idée n'a plus de reſſource
pour ſe ſoutenir dans les combats que
lui livrent les paſſions, dans les priva-
tions auſquelles il faut qu'elle ſe rédui-
ſe, dans la pauvreté & dans la miſere
où elle ſe trouve. Ajoutons que la vertu ne peut être ſa fin à elle-même. Elle
n'eſt aimable que parcequ'elle conduit
à l'Etre ſouverainement parfait. En derniere analiſe, elle n'eſt que l'amour de
la vérité & de la juſtice qui eſt Dieu
même. Un juſte qui aimeroit la vertu
ſans aucun rapport à Dieu, ſans deſi-
rer de la voir perfectionnée, en un
mot, qui ne l'aimeroit que parcequ'elle eſt une perfection de ſon être, n'aimeroit que lui-même, s'établiroit lui-
même

même fa derniere fin ; & par conféquent feroit injufte & infenfé. Concluons qu'il eft une autre vie après celle-ci, où les peines & les récompenfes dûes au vice & à la vertu feront difpenfées avec une équité infinie. Concluons que l'ame eft immortelle.

Quand nous n'aurions pas toutes ces preuves de l'immortalité de notre ame ; il femble que pour nous en flatter, il devroit nous fuffire de n'avoir point de preuves de fa mortalité : car il fuffit de nous aimer pour avoir horreur de notre extinction entiere. Comment donc fe trouve-t'il des hommes qui s'aiment le plus éperduement, & qui à force de s'aimer fans régle, deviennent ennemis d'eux-mêmes jufqu'au point de fouhaiter que tout périffe en eux, malgré le defir naturel qu'ils ont de vivre & de vivre toujours. Qu'elle eft cruelle la tirannie que les paffions exercent fur l'homme, quand il a le malheur de s'y livrer !

# CHAPITRE II.

### RÉPONSE AUX DIFFICULTÉS,

*Exemple des bêtes. Dépendance de l'ame des dispositions du corps.*

I. JE sens bien, dites-vous, le mérite des preuves sur lesquelles est appuyée l'immortalité de l'ame ; & qu'avec un peu de droiture, on ne peut s'en défendre. Mais l'exemple des bêtes affoiblit étrangement ces preuves. Les rapports entre la bête & l'homme sont visibles ; & il y en a souvent plus entre certains hommes & certaines bêtes, qu'il n'y en a entre un homme & un autre homme. On refuse néanmoins aux bêtes l'immortalité : pourquoi l'accorde-t-on aux hommes ?

La question que vous proposez, est celle de tous les Esprits-forts ; c'est la grande réponse qu'ils font à nos preuves ; & ils la croient sans réponse. Ces Messieurs si hauts & si vains, quand il s'agit de la Divinité & de la Religion, s'appétissent tellement, lorsqu'il y va de l'intérêt de leurs passions, qu'on ne peut presque plus les appercevoir. Ils relevent les bêtes; ils abbaissent l'homme; ils croient lui faire grace, en le mettant de niveau & sur la même ligne. C'est pour eux une satisfaction infinie de pouvoir dire: tout meurt dans les bêtes; donc tout meurt dans l'homme: afin de pouvoir conclure: vivons commes les bêtes, parceque nous mourrons comme elles. Revenons à la difficulté.

Je vous prie d'abord de me dire si vous avez une entiere certitude qu'il y a dans les bêtes une substance qui connoît, qui juge, qui raisonne, & qui a un sentiment intime de ses connoissances, de ses jugemens, de ses raisonnemens; en un mot, une substance semblable à votre ame. Je demande une réponse nette & précise. Si vous avez cette certitude; quelle preuve la raison vous fournit-elle de la mortalité de cette substance dans les bêtes? Si vous n'avez point cette certitude; pourquoi voulez-vous donc confondre l'homme & la bête? Mais sans prétendre décider de la nature des bêtes, qui nous est aussi peu connue que la nature des étoiles; faisons quelques réflexions. Les plus simples suffiront pour dissiper tous ces nuages dont les passions cherchent à couvrir leur opprobre.

Il y a une grande conformité entre le corps des bêtes & le corps de l'homme. C'est une machine composée de sang, de membres, d'organes, de ressorts propres à recevoir les impressions des objets extérieurs, & à se mouvoir en mille manieres. Tout cela peut être sans aucune connoissance & sans aucun sentiment : parceque tout cela n'est que matiere. Or tant que la matiere est seule, quelques délicats que soient ses organes, quelque action qui suive de leur jeu & de leur harmonie, la matiere demeure toujours aveugle & insensible : parceque la connoissance & le sentiment de quelque espéce qu'on les suppose, sont les caracteres d'une autre substance.

Dans les opérations des bêtes est une conduite réglée, un art merveilleux, une industrie qui va jusqu'à l'infaillibilité dans certaines bornes. Tout cela peut être encore sans aucune connoissance dans les bêtes. Et même la connoissance qu'on leur prêteroit, ne serviroit de rien pour expliquer leurs mouvemens les plus étonnans ; puisque ces

mouvemens se font sans aucune délibération dans notre corps même. Selon les
impressions qui se font sur les yeux, le
palais, les oreilles, & les autres organes qu'on appelle les sens, il y a dans
chaque animal un ressort impétueux
qui rassemble tout à coup les esprits,
qui tend tous les nerfs, qui rend toutes
les jointures plus souples, qui augmente d'une maniere incroiable dans certaines occasions, la force, l'agilité, la vitesse & les ruses pour fuir l'objet qui
le menace de sa perte, ou pour s'appro-
cher de celui qui est utile à sa conser-
vation. Tous ces mouvemens sont exé-
cutés selon les plus fines régles de la
méchanique.

Ne seroit-il pas bisare de soutenir
que les bêtes font avec délibération &
avec science, des mouvemens que les
hommes mêmes font sans étude & sans
y penser? Il ne seroit pas moins absurde de vouloir rendre raison de ces mouvemens par ce qu'on appelle *instinct*,
*nature*. Ce sont des mots qui ne signifient rien, & qui ne sont propres uniquement qu'à couvrir l'ignorance. Il y a
aussi peu de bon sens à les emploier ces
mots pour expliquer les opérations des

animaux, qu'il y en auroit à les emploier pour expliquer les mouvemens
réguliers d'une montre.

Ce qu'il faut conclure, à la vûe de
la structure & des opérations des animaux, c'est qu'il est une sagesse supérieure qui a composé ces machines, qui
en a fait les ressorts, qui en a réglé les
mouvemens : de même que dans la ju-
stesse d'une montre, nous admirons l'art
& l'industrie de l'horloger. Ce qu'il faut
conclure encore, c'est que nous n'avons
aucune certitude qu'il y ait rien dans les
bêtes, qui soit distingué de la matiere.
Est-il impossible que Dieu fabrique de
pures machines capables de tous les
mouvemens des bêtes? Si l'homme est
assez industrieux pour faire des ouvrages, qui par mille ressorts secrets & imperceptibles, marchent, jouent des instrumens, &c. Refuserons-nous à l'auteur des arts & de l'industrie, la puissance d'en faire, dont l'invention humaine ne soit que l'ombre? Qui nous
assurera donc que les bêtes ne sont pas
de pures machines; puisque la chose
n'est pas impossible? Et parceque ces
machines sont démontées après un certain tems; où est le bon sens de préten-

dre que nos ames qui font indivifibles, & immatérielles, auront la même de-ftinée?

Mais fuppofons qu'il y a dans les bêtes un principe de vie & d'induftrie diftingué de la matiere ; on ne peut nier que ce principe, de quelque nature qu'on l'imagine, ne foit d'une nature entiére-ment différente de celle de notre ame. Les bêtes font totalement bornées au fenfible. Leur induftrie fe réduit à s'ap-procher des chofes utiles pour leur nour-riture, à fuir ce qui peut leur nuire, & à fe perpétuer. Chaque efpéce a fa mé-thode particuliere de vivre, qui ne fe dérange point. Tirez-la de cette façon qui lui eft propre, elle eft déroutée & ftupide. Elle eft incapable de nouvelles idées, de nouveaux efforts, de nouveaux ouvrages. C'eft une routine invariable. Tout confifte dans une impreffion d'a-dreffe & de force pour produire certai-nes opérations uniformes par des orga-nes proportionnés.

S'il en eft quelques-unes qui aient de la facilité à imiter certaines chofes qui frappe leurs fens ; tout cela peut s'expliquer par un pur méchanifme. Si à force de coups, d'amorces & d'exerci-

ce, on leur apprend quelques tours, &
à varier leurs mouvemens fuivant les
fignes qu'on leur donne ; leur adreffe
réfide dans l'homme qui les dreffe, &
ne marque aucun deffein, aucune perfection qu'elles aient acquifes par le raifonnement. Nul veftige chez elles de
l'activité, de l'étendue, de l'élévation,
de la liberté, de la fécondité de la raifon. Nul veftige de l'immenfité des defirs du cœur humain. Elles font infenfibles à la beauté de l'ordre, de la vérité, de la juftice, de la fageffe. Elles ne
font fufceptibles ni de vertu, ni de religion.

Il n'eft point de bête qui ne foit au-
deffous de l'homme. Qu'on vous préfente le plus barbare & le plus groffier,
qui ne foit pas entiérement dépourvû
de la raifon ; interrogez-le fur l'origine
du monde ; aidez-le à développer un peu
fes idées ; les preuves de l'exiftence de
Dieu auront fur fon efprit leur effet
immanquable. Vous réuffirez avec la
même facilité à l'inftruire des régles de
la morale. Effaiez la même chofe fur
une bête. C'eft trop peu dire qu'il n'eft
point de bête qui ne foit au-deffous de
l'homme. Il n'en eft point qui ne foit

au - deſſous du plus petit enfant.

On peut apprendre à un perroquet à articuler quelques ſons : mais il paroît ſenſiblement qu'il n'attache aucune idée aux mots qu'il prononce. Il eſt viſible au contraire qu'un enfant exprime des idées auſſi-tôt qu'il prononce. Si ces idées ſont confuſes d'abord, il les débrouille bien-tôt; & l'on en voit ſouvent qui ſachant un plus grand nombre de mots qu'aucun perroquet, n'en ont pas aſſez pour rendre tout ce qu'ils penſent : & cela dès l'âge le plus tendre où les organes ne ſont pas achevés de ſe former. A peine ſont-ils ſortis de cette premiere enfance, on apperçoit dans leur eſprit une main, s'il m'eſt permis de parler ainſi, qui manie les idées, les retourne, les arrange en différentes manieres, en tire des conſéquences qui ſont de nouvelles idées.

Ne troublons pas le plaiſir que les Eſprits-forts trouvent à ſe confondre avec les bêtes, & à penſer qu'en peu de jours ils ſeront abîmés à jamais dans le goufre du néant ; pourvu qu'ils conviennent que ce goût de baſſeſſe & de déſeſpoir n'a point d'autre ſource que les paſſions brutales.

P v

II. Pourquoi, direz-vous, chercher l'origine de ce goût dans les paſſions? Les Eſprits-forts voient l'ame naître avec le corps, demeurer dans un état d'enfance auſſi long-tems que le corps, croître & ſe fortifier avec lui, être ſaine & pleine de vigueur, dormir & veiller, raiſonner & extravaguer avec lui. N'ont-ils pas raiſon de croire que l'ame ſujette à toutes les diſpoſitions du corps, tant que les reſſorts de celui-ci conſervent leur jeu, ceſſe abſolument d'être, lorſque la machine eſt démontée pour toujours?

Il eſt vrai, mon cher Euſebe, qu'il n'eſt pas facile de concevoir comment l'ame ſi ſupérieure à la matiere, eſt aſſervie aux diſpoſitions d'un corps; comment elle n'eſt pas maîtreſſe d'en ſuſpendre & d'en changer les mouvemens; ou du moins, comment ce corps avec lequel elle eſt en une ſociété ſi intime, & auquel elle prend un ſi vif intérêt, eſt expoſé à tant de divers & étranges dérangemens.

La difficulté doit paroître encore plus embarraſſante à un Spinoſiſte & à un Platonicien. Car nous ne donnons l'ame que pour un être créé, conſéquemment, imparfait & défectible, qui peut mériter d'être réduit au triste état où nous le voions. Au lieu que dans les systêmes de Spinosa & de Platon, l'ame étant une modification, ou une portion d'une substance nécessaire, doit être indépendante, & incapable d'aucune espéce d'assujettissement. Un Epicurien même qui auroit des principes liés & suivis sur les atômes qui font l'ame, ne se tireroit jamais de la même difficulté. En attendant que Dieu nous instruise de la véritable cause de cette dépendance où est l'ame des dispositions du corps, montrons qu'on n'en peut rien conclure contre son immortalité.

Cet assujettissement de l'ame aux dispositions du corps ne fait pas que l'ame & le corps soient une même chose; que ce ne soient deux êtres distingués & de différente nature. Il ne fait pas que l'existence de l'un soit l'existence de l'autre. Il n'empêche donc pas qu'ils ne puissent exister séparément. On n'en peut donc point conclure que l'ame périsse, lorsqu'elle est séparée du corps: Celui-ci, à la rupture de l'union, ne perd pas un grain de poussiere dont il est composé. Pourquoi donc périroit

l'ame ? La dépendance eſt réciproque ;
l'Auteur de l'ame n'eſt-il pas également
l'Auteur de la matiere ? Lui eſt-il plus
difficile de conſerver l'un de ces deux
êtres, que l'autre ? C'eſt lui qui les unit ;
c'eſt lui qui les déſunit. Il pourroit, s'il
le vouloit, conſerver éternellement le
corps plein de force & de vigueur, ſans
l'ame. Il eſt également maître de conſerver l'ame, ſans le corps. Tout lui eſt
facile, parcequ'il eſt le Tout-puiſſant.
N'eſt-il pas même plus digne de ſa
grandeur de conſerver l'eſprit que le
corps ?

De plus, votre difficulté n'eſt ſpé-
cieuſe, que parcequ'elle ſuppoſe que
l'ame ſuit en tout les diſpoſitions du
corps. La ſuppoſition eſt fauſſe. L'ame
a une naiſſance toute différente ; elle
ſort immédiatement des mains du Créateur. Elle ne ceſſe jamais de penſer, ſoit
que le corps ſoit foible, ſoit qu'il ſoit
robuſte, ſoit qu'il veille, ſoit qu'il dor-
me. Elle ne tient de lui ni l'idée de l'infini, ni le déſir de la vérité & du bonheur, ni les réflexions ſur ſes propres
penſées, ni toutes ſes plus ſublimes connoiſſances : au lieu que le corps ne fait
point les mouvemens qui dépendent de

la volonté, fans qu'elle les lui commande. Si l'ame reçoit des impreſſions à
l'occaſion de ce qui arrive dans les organes des ſens ; elle agit ſans ces attraits ;
elle agit contre ces attraits ; elle s'éleve
au-deſſus ; elle en juge ; elle en affoiblit,
ou elle en augmente le ſentiment, ſelon qu'elle s'y applique plus ou moins ;
quelquefois même elle s'y rend inſenſible par une application tendue à d'autres objets. Elle impoſe ſilence à l'imagination ; elle en corrige les erreurs. Elle déſavoue les paſſions ; elle les condamne ; elle en gémit ; elle les calme &
les appaiſe. Et le corps lui eſt redevable de la ſanté, ſelon qu'elle eſt attentive à éloigner de lui, ou à modérer ces
mouvemens tumultueux qui l'agitent
& le déconcertent.

S'il y a donc une dépendance réciproque entre l'ame & le corps, le partage
n'en eſt pas égal : l'ame a tous les caracteres de ſupériorité & de puiſſance ;
& le corps n'eſt que comme un dome-
ſtique qui obéit ſelon l'étendue de ſes
facultés, ou plutôt comme un inſtru-
ment qui eſt commode & utile, ou in-
commode & inutile, ſelon les divers
états où il ſe trouve. Les organes ſont

trop foibles & trop délicats dans l'enfance, trop embarraffés & trop engourdis dans le fommeil; trop dérangés dans les maladies, pour fe prêter à l'ame & lui fervir. Entre les mains du plus habile écrivain, la plume mal taillée ne trace que des lettres informes. On ne grave pas avec un burin émouffé. Quelque expert que foit le pilote, il eft le jouet des vents, lorfque fon vaiffeau a perdu fon mât, fes voiles, fes cordages. Entrons plus avant dans les loix de l'union de l'ame & du corps.

Suppofons, 1°. que cette union confifte en ce que l'ame reçoit des modifications, je veux dire des connoiffances, des vouloirs, des amours, du plaifir, de la douleur, &c. à l'occafion des mouvemens du corps; & que le corps reçoit des mouvemens à l'occafion des modifications de l'ame. Suppofons, 2°. que ces mouvemens qu'occafionnent les modifications de l'ame, ou à l'occafion defquels l'ame eft affectée de divers fentimens, fe paffent dans le cerveau par le moien d'une matiere fine & déliée, comme font les parties les plus fubtiles du fang, & qu'on peut appeller avec les Philofophes modernes, *efprits ani-*

*maux.* Suppofons, 3°. que les efprits animaux impriment dans le cerveau des veftiges , en donnant un certain plis à des fibres nerveufes; & que toutes les fois qu'ils repaffent par les mêmes veftiges , foit qu'ils y rentrent au gré de l'ame , foit qu'ils y rentrent d'eux-mêmes , foit qu'ils y foient déterminés par des impreffions qui leur viennent du dehors , l'ame reçoit les mêmes modifications. Enfin , fuppofons que lorfque les objets font abfens , les efprits animaux ne font pas mûs de la même maniere, qu'à la préfence des objets. Ces fuppofitions très-fimples peuvent fervir à rendre raifon des différens états où fe trouve l'ame , durant fon union avec le corps.

Le tendre cerveau d'un enfant reffemble à une matiere molle , qui n'a prefque pas de confiftance , qu'on ne peut toucher fans l'ébranler toute entiere , & qui recouvre auffi-tôt fa premiere figure. Quels veftiges peuvent graver les efprits animaux fur une matiere fi délicate ? Ces veftiges , fi l'on excepte des impreffions extraordinaires , ou fouvent réitérées , s'effacent à mefure qu'ils fe forment , ou ne fauroient être que confus & brouillés. Est-il donc étonnant que l'ame d'un enfant ne fasse pas usage de sa raison ? Manquant de signes déterminés de ses idées, elle est hors d'état de se les rappeller, de les comparer les unes aux autres, & d'en tirer des conséquences ; ce qui est cependant nécessaire pour la raison, qui consiste à suivre un ordre de principes & d'idées, & à en réduire les conséquences.

Pendant le sommeil, une partie des esprits animaux est engourdie ; de petites écluses qui devroient être fermées, sont ouvertes ; & d'autres qui devroient être ouvertes, sont fermées. De-là ces pensées sans ordre & sans suite, qu'on nomme songes, occasionnées par les esprits en mouvement. L'ame n'a pas en sa disposition les signes de ses idées, pour les confronter, les unir, ou les séparer. Le cerveau endormi est comme un lut dont quelques cordes sont tendues & accordées, & les autres relâchées. Peut-on en tirer de l'harmonie ?

Si les esprits animaux sont épais & grossiers, & qu'ils ne sortent pas des vestiges qu'ils ont une fois creusés ; l'ame doit être affectée des mêmes sentimens. S'ils font trop agités, & qu'ils courent fans ceffe de veftiges en veftiges ; les modifications de l'ame doivent fe fuccéder les unes aux autres avec une rapidité incroiable. S'ils font mûs, lorfque les objets font abfens, de la même maniere que lorfque les objets font préfens ; l'ame doit voir les objets abfens, comme s'ils étoient préfens. Voilà l'origine de cette triftefle morne & conftante qu'on apperçoit dans certains hommes ; de ces penfées & de ces difcours fans liaifon & fans fuite qu'on remarque dans d'autres ; de ces craintes & de ces fraieurs dont font frappés d'autres vaporeux qui croient voir par-tout un fleuve, du feu, &c.

En un mot, l'ame eft affujettie à un concert d'opérations avec le corps : il eft donc naturel que ce concert foit troublé dans les dérangemens qui arrivent au corps. Suit-il de-là que l'ame ceffe d'exifter, lorfque ce concert vient à ceffer ? Il fuit au contraire que l'ame délivrée d'un commerce humiliant & onéreux, & rendue pleinement à elle-même, devient plus libre dans fes opérations.

Me ferez-vous donc un crime d'attribuer le goût de défespoir dont fe glo- tifient les Efprits-forts, à l'intérêt de leurs paffions ? L'attribuerez-vous enco- re ce goût à leur amour pour la vérité ? Les raifons fur lefquelles ils appuient la mortalité de leur être, n'arrêteroient pas un enfant. Mais j'ai une nouvelle preuve à vous adminiftrer qui affuré- ment me juftifiera de toute calomnie : ce font leurs principes fur les mœurs ; car il faut rendre juftice à ces grands perfonnages ; ils ont un fyftême, en faveur des paffions, qui ne fe dément par aucun endroit.

# SECTION IV.

## PRINCIPES DES MOEURS.

*Premiers devoirs de l'homme. Réfutation de Spinosa sur ce sujet.*

---

# CHAPITRE I.

## PREMIERS DEVOIRS DE L'HOMME.

*Il y a un ordre immuable qui régle les devoirs de l'homme. Une loi éternelle qui lui défend de les violer. Une loi naturelle qui les lui découvre. La Religion est la fin de son être.*

NOUS sommes destinés à un bonheur éternel : mais quelle est la route qu'il faut suivre pour y parvenir ? La vertu & le vice y conduisent-ils également ? Les Esprits-forts complaisans &

indulgens encore plus par intérêt que par fyſtême, nous laiſſent le choix entre ces deux routes; aſſurent que nous n'avons rien à craindre pour notre ſort futur; & promettent que dans ce monde, ou dans quelque autre fphère, nous ne pouvons manquer d'être heureux. Nous avons déja obſervé qu'il ne falloit pas avoir le ſens commun pour compter ſur des promeſſes deſtituées de toute preuve. Si la vertu & le vice ne ſont pas des mots qui ne ſigniffent rien, il ne peut être indifférent d'embraſſer l'un ou l'autre pour arriver au bonheur. Approfondiſſons un ſujet de cette importance. Etabliſſons d'abord la vérité; nous refuterons enſuite l'erreur.

I. L'idée de Dieu que nous portons en nous-mêmes, nous le repréſente comme l'Etre ſouverainement parfait, qui eſt infiniment au-deſſus de tous les êtres poſſibles. L'idée que nous avons de l'eſprit, nous le repréſente comme un être qui vaut mieux que la matiere: un eſprit quelque miſérable qu'on le ſuppoſe, préciſément parcequ'il ſe connoît miſérable, eſt plus parfait que tous les corps poſſibles: car ne pas connoître qu'on eſt, c'eſt en quelque ſorte n'être pas. Ainſi autant qu'un homme eſt ſemblable à un autre homme, autant eſt-il ſupérieur à tout ce qui n'eſt que matiere. Or nous devons conformer nos amours à nos idées, en aimant plus ce qui eſt plus parfait, moins ce qui eſt moins parfait, & d'un amour égal les êtres qui ſont égaux.

Il y a un ordre entre le Créateur & les créatures, & entre les créatures les unes à l'égard des autres, ſelon lequel il eſt auſſi évident que le Créateur eſt préférable aux créatures, l'eſprit au corps, l'homme à la bête, qu'il eſt évident que le Créateur eſt plus parfait que les créatures, l'eſprit que le corps, l'homme que la bête. Et cet ordre eſt immuable, puiſqu'il eſt fondé ſur la nature de Dieu & des créatures. Nous devons donc préférer Dieu à la créature, l'eſprit au corps, l'homme à la bête : or préférer une choſe à une autre, c'eſt la vouloir plus, c'eſt l'aimer plus. Nous devons donc aimer Dieu plus que les créatures, l'eſprit plus que le corps, l'homme plus que la bête.

Lorſque nous aimons moins Dieu que la créature, moins l'eſprit que le corps, moins l'homme que la bête, moins un autre homme que nous-mêmes ; nos amours font auffi oppofés à la nature de leurs objets, que les jugemens fuivans font oppofés à la vérité : un moment furpaffe une durée infinie : deux momens font moins qu'un : un moment n'eft pas égal à un moment. Il eft manifefte que nous ne pouvons porter ces jugemens, fans abufer de notre raifon. N'eft-il pas également manifefte que nous ne pouvons, fans abufer de notre liberté, aimer moins Dieu que les créatures, moins les efprits que les corps, moins les autres hommes que nous-mêmes ? Il y a donc un ordre immuable qui régle nos amours. Et il nous eft défendu par une loi éternelle de le troubler & de le violer.

II. Dieu fe connoît ; & il connoît les êtres qui exiftent, leurs degrés de perfections & leurs rapports. Il fe veut lui-même dans le rang où il eft par fa nature. Il veut les créatures dans le rang où il les a placées. Il connoît qu'il eft plus que tous les êtres, & qu'il eft préférable à tous ; & il fe veut fous ce rapport. Il connoît que l'efprit eft plus que le corps, que l'homme eft plus que la bête, que les hommes font égaux ; & il les veut fous ce rapport. En un mot, Dieu veut l'ordre qui eft entre lui & fes ouvrages, & celui qui eft entre fes ouvrages les uns à l'égard des autres. Il y a donc une loi éternelle qui nous oblige d'aimer plus Dieu que les créatures, plus les efprits que les corps, plus les hommes que les bêtes, & les autres hommes comme nous-mêmes : parceque Dieu eft plus que toutes chofes, les efprits plus que les corps, & que les hommes font égaux.

Dieu aime fa fageffe, fa bonté, fa juftice, fa véracité. Il ne peut donc approuver le défaut de fageffe, de bonté, de juftice, de véracité dans les êtres qu'il a créés capables de participer à ces perfections : or l'homme eft capable de fageffe, puifqu'il peut tendre à fa fin par des moiens qui y conduifent. Il eft capable de bonté, puifqu'il peut vouloir du bien à fes femblables. Il eft capable de juftice, puifqu'il peut vouloir rendre à chacun ce qui lui appartient. Il eft capable de véracité, puifqu'il peut vouloir ne pas tromper. L'homme ne peut donc éviter l'improbation de Dieu, lorfqu'il tend à une fin étrangere à fon être, ou qu'il rend malheureux fes femblables, ou qu'il les prive de ce qui leur est dû, ou qu'il les trompe. Nous sommes donc obligés d'être sages, bons, justes, vrais. Ce font des devoirs indispensables que nous impose une loi éternelle, & que nous découvre la loi naturelle.

III. J'appelle loi naturelle, cette lumière qui nous montre nos premiers devoirs, qui semble naître avec nous, qui se fait sentir au premier moment que nous sommes capables de réfléchir, qui s'étend & se fortifie à proportion que notre raison se développe, qui nous éclaire & nous suit par-tout, qui est la même dans tous les hommes de tous les siécles & de tous les pays. Il en est des premieres régles des mœurs, comme des premiers principes du raisonnement. Ce font des vérités également universelles, qui ne sont le fruit ni de l'éducation, ni de l'instruction, ni du caprice. Il n'est point d'homme raisonnable qui ne sache que le néant n'est capable de rien : qu'il faut être avant que d'agir : que l'étendue a des parties : que le tout est plus grand qu'une de ses parties : que la même chose ne peut tout ensemble être &
n'être

n'être pas : que le centre d'un cercle parfait est également éloigné de tous les points de la circonférence ; & une infinité de maximes pareilles qui ne peuvent jamais ni changer ni s'effacer en nous , ni être altérées.

De même , il n'est point d'homme raisonnable , quelque dépravé qu'il soit, qui ne sache que l'ordre est un bien : que le Créateur est préférable à la créature : qu'il ne faut pas faire à autrui ce qu'on ne voudroit pas qui nous fût fait : qu'il est plus estimable d'être sincere que d'être trompeur , d'être modéré que d'être emporté , d'être bienfaisant que d'être malfaisant : & une foule d'autres maximes qui portent avec elles leur évidence & leur preuve , & qui sont au-dessus des passions & du caprice. Les plus vicieux ne peuvent venir à bout d'effacer en eux l'idée de la vraie vertu , ni parvenir à la mépriser ; ils l'estiment toujours dans les autres. Et s'ils paroissent approuver le vice en eux-mêmes ; ils ne l'estiment assurément pas , & le condamnent immanquablement dans les autres. Où est l'homme qui ait vû sa vie attaquée , sans crier à l'injustice ? Où est

*Tome I.* Q

l'homme qui ne détefte l'affaffinat d'un innocent ?

J'avoue, direz-vous, qu'il y a un rapport entier entre les maximes des mœurs & les principes du raifonnement ; que ce font des vérités également certaines, univerfelles, immuables, connues de tous les hommes qui ont le fens commun. S'enfuit-il que les maximes des mœurs foient des loix qui doivent nous guider dans notre conduite, & dont nous ne puiffions nous écarter fans devenir criminels ? Oui, c'eft une conféquence néceffaire. Il eft auffi évident que nous devons nous conduire felon les maximes des mœurs, qu'il eft évident que nous devons raifonner fuivant les principes du raifonnement. Il ne feroit pas moins abfurde d'avancer que des actions contraires aux maximes des mœurs font bonnes & louables, qu'il feroit abfurde d'avancer qu'un raifonnement n'eft pas défectueux, lorfqu'il eft contraire aux premiers principes. Les maximes des mœurs font des loix de conduite, comme les premiers principes font des loix du raifonnement. Elles ne nous font données que pour nous guider ; & nous ne pouvons nous en écarter sans insulter la souveraine Justice, de même que nous ne pouvons nous écarter des loix du raisonnement, sans insulter la Raison souveraine.

IV. Nous avons encore à prouver que la Religion est la fin de l'homme. Mais c'est une vérité qui n'a plus besoin de preuves. Elle est une conséquence qui suit nécessairement des vérités que nous venons d'établir. Car en quoi consiste l'idée précise de la Religion, si ce n'est dans l'assujettissement de l'homme tout entier à l'auteur de son être ? Or il est manifeste que c'est-là l'effet propre de l'amour que nous devons au Créateur.

Dieu s'aime nécessairement ; il est sa fin à lui-même, son bonheur & sa gloire. Il peut bien établir un tel ordre entre les êtres qu'il tire du néant, que l'un soit pour l'autre : mais il veut nécessairement pour lui tout ce qu'il fait passer du néant à l'être. Il est aussi impossible que Dieu veuille préférer ses ouvrages à lui-même, qu'il est impossible qu'il veuille que ces ouvrages soient indépendans, ou qu'une unité surpasse un nombre infini. C'est donc pour lui-même que Dieu nous a faits. Il est donc notre fin essentielle. Nous devons donc l'aimer & n'aimer que lui. Dieu ne peut nous dispenser de ce devoir. Or l'amour est le culte suprême. Il est donc évident que la Religion est la fin de l'homme.

Quand je dis que Dieu nous a faits pour lui, & qu'il veut que nous l'aimions, ce n'est pas que Dieu ait besoin de nous, ni qu'il fasse son bien de notre amour : mais c'est que ce devoir étant essentiellement juste, il est impossible que Dieu étant la justice même ne le prescrive. Ainsi il est impossible qu'il n'exige pas de nous cet amour essentiel : parcequ'il est impossible qu'il ne soit pas juste que l'homme ne soit pas obligé de se rapporter à sa fin. Qu'un libertin demande après cela, qu'importe à Dieu qu'on l'aime ou qu'on le haïsse.

Quelle autre fin substituerions-nous au Créateur ? Il n'y a point de milieu entre lui & son ouvrage. Si nous refusons donc de chercher en Dieu le repos & la paix, & de nous attacher à lui comme au seul vrai bien ; il faut nécessairement que nous mettions des créatures à sa place ; car la nature de l'homme est de ne pouvoir être sans une fin ;

parce que fa nature eft de ne pouvoir être fans amour ; & que l'amour ne peut être fans un objet qui en eft le terme & la fin. Or placer notre fin dans la créature, c'eft un défordre manifefte : car aimer une chofe comme notre fin, c'eft l'aimer pour elle-même, & la préférer à tout autre objet. Or il eft plus évidemment faux que la créature foit préférable, ou même égale au Créateur, qu'il n'eft faux qu'une partie foit plus grande que le tout, ou qu'elle foit égale au tout. Dieu feul eft donc notre fin légitime. Nous ne devons donc aimer que lui feul. Nous ne devons rien aimer que pour lui. Nous devons faire fervir à fa gloire tout ce qui a quelque rapport avec nous. Et comme nous fommes liés à toutes les créatures, il eft vifible que la Religion eft la fin effentielle de notre être, & le plus fimple dénouement du myftere de l'union de l'ame & du corps.

V. Cette union eft fi étroite que notre efprit fe confond perpétuellement avec notre corps, & que fes actions paroiffent dépendre de cette machine. Il regarde comme fon bien, ou comme fon mal, ce qui eft utile ou nuifible à

cette petite portion de matiere. Il y
prend un vif intérêt par le plaisir ou par
la douleur. Il se sent porté à rendre graces , ou à s'affliger de tout ce qui con-
tribue à sa tranquillité , ou qui en al-
tére l'œconomie.

Ce qui est encore plus étonnant :
notre corps entre en partage de tout
ce qui arrive à notre esprit, de sa joie
ou de sa tristesse , de son espérance ou
de sa crainte , de sa douleur ou de sa
colere , dont les motifs sont souvent
très-spirituels. Il exprime tout en lui-
même ; sa couleur , sa parole, ses regards, ses gestes prennent l'image &
la teinture de toutes les actions de l'a-
me. Il s'offre tout entier à elle , pour
entrer dans ses vûes & ses sentimens,
comme n'ayant que le même intérêt &
la même fin.

Il s'unit même à sa piété & à sa religion, & d'une maniere si admirable ,
que lorsque notre ame n'a pas la liberté de satisfaire son zele , en se servant
de la parole , des mains , des prosterne-
mens , elle se sent comme privée d'une
partie du culte qu'elle voudroit rendre.
Mais si elle est libre , & si ce qu'elle
éprouve au - dedans , la touche vive-

ment & la pénétre ; alors les regards
vers le ciel , les mains étendues , les
cantiques , les profternemens , les larmes la foulagent. Et il femble alors que
c'eft moins l'ame qui affocie le corps à
fa piété & à fa religion , que ce n'eft
le corps qui fe hâte de venir à fon fecours , & de fuppléer ce qu'elle ne fauroit faire.

La fuprême Sageffe paroît n'avoir uni
l'efprit à un corps , que pour l'unir à
tous. Quelle intime correfpondance entre l'homme & l'univers ! Depuis le Firmament , où font les étoiles les plus
éloignées, jufqu'à la furface de la Terre , tout ce qui eft vifible eft pour notre œil : toutes les beautés font pour lui :
c'eft à lui à ufer de tout l'art qui em-
bellit la nature. Tous les fons diverfi-
fiés en tant de manieres , font pour nos
oreilles. Toutes les odeurs font pour
notre odorat. Les fruits & les plantes
font pour notre goût. Les animaux de
toute efpéce , foit qu'ils vivent dans
l'eau , foit qu'ils vivent dans l'air , ou
fur la terre , font pour notre fervice.
Ainfi le monde entier eft réduit à notre ufage , & par cet ufage à l'unité :
car tout eft compris dans l'étendue des

fenfations, dont notre corps a les organes, & dont notre efprit eft le terme.

Mais fi nous fommes la fin immé-
diate & le centre de tous les êtres corporels ; n'eft-ce pas afin qu'ils retournent par nous à leur principe, comme
ils en font fortis pour nous ? Il n'y a
que la religion qui puiffe rendre intelligible l'union de l'efprit avec la matiere. Sans cette union, l'efprit eût be-
ni Dieu, l'eût remercié, l'eût adoré ;
mais la matiere fût demeurée muette
& ingrate. Par cette union, l'homme
devient l'ame & l'intelligence de toutes
les créatures infenfibles. Il eft leur voix
& leur député. Il eft chargé feul de
remplir dans toute fon étendue, la fin
que Dieu s'eft propofée dans la création de l'univers.

Tous nos devoirs fe réduifent donc à
nous rendre heureux, puifque tous fe
réduifent à l'amour du fouverain bien
qui eft notre fin effentielle. Nous naiffons les uns des autres, les peres pleins
de tendreffe pour leurs enfans, & les enfans pour leurs peres ; avec des befoins
réciproques qui nous lient néceffairement ; avec des organes propres à nous
communiquer mutuellement nos be-

foins & nos penfées ; avec les mêmes idées primitives de Dieu, de nos devoirs, de notre deftination. Il eft donc vifible que nous fommes faits pour vivre en fociété, c'eft-à-dire, pour nous aimer les uns les autres, afin que d'un même cœur & d'une même bouche, nous puiffions adorer la Majefté fuprême, louer fa grandeur, remercier fa bonté, craindre fa juftice, nous foumettre & nous confier à fa Providence, en un mot, l'aimer comme notre premier principe, & notre fin derniere.

Convenir que les hommes font faits pour la fociété, & nier en même-tems qu'ils font faits pour la religion, c'eft vifiblement extravaguer. Tous les liens qui les attachent à Dieu, font incomparablement plus forts & plus naturels que ceux qui les uniffent les uns aux autres. Eft-ce l'intérêt qui nous unit ? Le Créateur eft la fource de tous les biens, & les créatures ne peuvent être que de foibles canaux que fa Providence daigne emploier pour nous enrichir. Eft-ce la reconnoiffance ? Tout ce qu'il y a de bon en nous, coule de la libéralité du Créateur. Eft-ce la crainte ? Le Créateur eft le feul puiffant, & le

Q v

souverain arbitre de la vie & de la mort.
Eſt-ce l'amour ? Le Créateur eſt le ſeul
aimable. Tout ce qui peut donc lier les
hommes en un corps de ſociété, tend
à les unir dans l'exercice de la Religion.
Examinons les principes de Spinoſa.

# CHAPITRE II.

*Réfutation du Spinoſiſme ſur les mœurs.*

I. VOus regardez la raiſon comme
le don le plus précieux que nous
aions reçu du Créateur : non-ſeulement parceque la raiſon nous rend ſu-
périeurs à toutes les autres créatures,
& qu'elle les fait ſervir à notre uſage :
mais parceque c'eſt une lumiere qui
nous éclaire & qui nous rend capables
de diſcerner le vrai du faux, & le bien
du mal. Ce n'eſt point-là l'idée que
les Eſprits-forts ont de la raiſon. L'inſtinct qui, ſelon eux, nous eſt commun
avec les bêtes, eſt d'un tout autre prix. La
raiſon n'eſt preſque à leurs yeux qu'un
délire continuel ; au lieu que l'inſtinct
va toujours droit au but marqué par la

nature. C'eſt donc à l'inſtinct à nous guider , & nullement à la raiſon. Vous demandez ce que c'eſt que cet inſtinct ? C'eſt l'amour-propre , diſent-ils , ce ſont les paſſions. Telles ſont les loix auxquelles il faut céder pour être heureux.

Vous direz peut - être que l'amour-propre & les paſſions ſont des inſtincts ſujets à des excès capables d'altérer la ſanté & d'abreger nos jours. Les Eſprits-forts en conviennent ; & ils chargent la raiſon de prévenir ces excès , en retenant & en modérant la fougue de l'amour-propre & des paſſions. Vous avez ſans doute de la peine à concilier ces idées enſemble. Comment l'amour-propre , comment les paſſions ſont-elles des régles ſûres & infaillibles , ſi elles ont beſoin d'être réglées par la raiſon ? Et comment appartient-il à la raiſon de régler l'amour-propre & les paſſions , ſi elle n'eſt point elle-même la premiere régle ? C'eſt trop nous arrêter aux Diſciples ; écoutons leur Maître.

II. » Par le droit naturel, dit Spi-
» noſa , Tract. Theol. Polit. ch. 16 , je
» n'entens autre choſe que les régles
» de la nature de chaque individu ,

Q vj

» fuivant lefquels nous conçevons que
» chacun d'eux eft déterminé à être &
» à agir d'une certaine maniere. Com-
» me, par exemple, les poiffons font
» déterminés par la nature à nager, &
» les grands à manger les petits ; d'où
» il fuit que les poiffons jouiffent de
» l'eau de droit naturel & abfolu, &
» que les grands, par ce même droit,
» mangent les petits. Car il eft certain
» que la nature confidérée en général a
» un droit abfolu fur tout ce qu'elle
» peut ; c'eft-à-dire, que ce droit s'é-
» tend auffi loin que fa puiffance : car
» la puiffance de la nature eft la puif-
» fance même de Dieu, dont le droit
» n'eft point limité. Or comme la puif-
» fance univerfelle de la nature n'eft
» autre chofe que la puiffance de tous
» les individus pris enfemble, il s'en-
» fuit que chaque individu a un droit
» abfolu à tout ce qu'il peut, c'eft-à-
» dire, que le droit de chaque indivi-
» du s'étend auffi loin que fa puiffance.

Il avertit que par rapport au droit,
il ne met aucune différence entre les
hommes & tous les autres individus de
la nature : » Car, ajoute-t'il, chaque
» chofe a droit d'agir felon les loix de

» fa conftitution , c'eft-à-dire , felon
» qu'elle eft déterminée par fa nature à
» telle ou telle chofe , fans qu'elle puiffe
» faire autrement. D'où il conclut que
» fous la nature les hommes ne fau-
» roient pécher. «

» Ce n'eft point à la raifon, dit-il
» tout de fuite , à régler le droit natu-
» rel ; mais à la convoitife & aux for-
» ces de chacun en particulier. Car tant
» s'en faut que la nature nous ait dé-
» terminés à vivre felon les loix & les
» régles de la raifon , qu'au contraire
» nous naiffons tous dans une profon-
» de ignorance ; & nonobftant la bon-
» ne éducation , notre vie eft fort
» avancée , avant que nous puiffions
» connoître ni raifon ni vertu. Ce-
» pendant comme nous vivons avec
» obligation de conferver notre être na-
» turel , ce ne peut être que par les loix
» de l'appétit ; puifque la nature nous
» refufe l'ufage actuel de la raifon , &
» que chacun de nous n'eft pas plus
» obligé de vivre fuivant les régles du
» bon fens , qu'un chat felon les loix
» de la nature du lion. D'où il s'enfuit
» que dans l'état purement naturel ,
» nous avons droit légitime fur toutes

» chofes fans diftinction , & pouvons
» en ufer fans crime , fi nous les pou-
» vons obtenir , foit par force , par ru-
» fe , ou par priere , jufqu'à tenir pour
» ennemi quiconque nous empêche de
» contenter notre appétit. Donc le droit
» naturel , fous lequel tous les hommes
» naiffent & vivent pour la plûpart , ne
» leur défend que ce qu'aucun d'eux
» ne defire , & qui n'eft point en leur
» pouvoir : il n'interdit ni la difcorde ,
» ni la haine , ni la colere , ni la frau-
» de , ni rien enfin de tout ce que veut
» l'appétit.

Vous ne devez pas être étonné d'entendre dire à Spinofa que l'homme *eft déterminé par fa nature , qu'il ne peut agir autrement.* Vous favez qu'il ne reconnoît
point de liberté. Vous ne devez pas être
furpris qu'il confonde la Divinité avec
la nature & les individus , c'eft-à-dire ,
les êtres particuliers qui compofent l'u-
nivers ; vous favez que le Dieu de ce
prétendu Philofophe eft l'univers même. Mais n'êtes-vous pas un peu furpris
qu'il foumette l'homme à l'obligation
de conferver fon être naturel ? Où eft-
elle écrite ( dans fon Syftême ) la loi
qui impofe à l'homme cette obligation ?

N'êtes-vous pas encore surpris du raisonnement qu'il fait pour prouver que
l'homme n'est pas tenu de se conduire
par la raison ? Dans notre enfance, nous
n'avons pas l'usage de la raison ; donc ,
lorsque nous jouissons de cet usage dans
la suite de notre vie , nous ne sommes
point obligés d'en suivre les régles. On
concluroit également que nous ne devons jamais nous servir de nos piés pour
marcher , ni de nos mains pour sai-
sir les corps ; parceque ces membres ,
dans l'enfance, sont trop foibles pour
être de service ; ou que jamais nous ne
devons agir en hommes , parceque nous
avons été enfans. Les Ecrits de Spinosa sont un tissu de raisonnemens semblables. Mais que pensez-vous de sa Maxime ?

*Nous avons droit légitime sur toutes
choses sans distinction , & pouvons en
user sans crime , si nous les pouvons
obtenir , soit par force , par ruse , ou
par prieres , jusqu'à tenir pour ennemi
quiconque nous empêche de contenter notre appétit.* Cette maxime doit vous paroître étrangement absurde : n'est - ce
pas composer le droit naturel de droits
contradictoires ? Car si vous avez droit

de m'ôter les biens & la vie ; j'ai droit
de me les conferver ; par conféquent
votre droit eft contraire au mien , &
le mien au vôtre. Votre droit eft jufte
& tout à la fois injufte ; & le mien réunit les deux caractères.

Si la maxime n'étoit qu'abfurde , elle
ne mériteroit pas d'être relevée dans un
homme tel que Spinofa né pour avancer
des paradoxes. Mais la maxime eft exécrable & fait dreffer les cheveux à la
tête. Suppofez-la reçue dans le genre-
humain : nous devons vivre dans une
défiance générale les uns des autres ; il
n'y a plus ni foi , ni fureté ; chacun pour
fa propre confervation , ne peut rien
faire de mieux que de prévenir fon voi-
fin en lui arrachant la vie : car , felon
Spinofa , en vous dépouillant de vos
biens & en vous donnant la mort , fi je
le puis , j'ufe d'un droit que je tiens de
la nature ; je difpofe d'un bien qui m'appartient ; je fuis auffi innocent que Dieu
même , dont le droit eft le mien , fondé
fur la même puiffance.

Il faut rendre juftice à Spinofa : ici
il eft conféquent. Il n'y a point de Légiflateur , donc il n'y a point de loix.
Les hommes ne font que des modifica-

tions de la substance universelle qui
est Dieu même ; donc l'amour-propre ,
les passions , l'appétit , tout ce qu'on appelle crimes & horreurs ne sont que des
modifications de la même substance. Et
il seroit ridicule de penser qu'il y a en
cela quelque chose de contraire à l'ordre. Tout y est conforme. Tout est nécessairement soumis aux loix de la nature. Mais Spinosa ne se soutient plus ,
lorsque pour donner des bornes à sa maxime exécrable , il conseille aux hommes de faire par amour-propre ce à quoi
ils ne sont pas obligés.

III. „ Cependant , dit-il , malgré ces
„ grands avantages & cette vaste liber-
„ té que donne la nature , il n'est pas
„ douteux qu'il est plus avantageux aux
„ hommes de vivre suivant les loix &
„ la raison qui ne regardent que ce qui
„ est véritablement utile. D'ailleurs il
„ n'est personne qui ne souhaite de me-
„ ner une vie paisible & tranquille au-
„ tant qu'il est possible : ce qui ne peut
„ néanmoins arriver , tant qu'il est per-
„ mis à chacun de faire ce qu'il lui
„ plaît , & que la haine & la colere
„ l'emportent sur la raison. Car nul ne
„ peut vivre en repos , & sans inquié-

» tude, au milieu des diffentions, des
» haines, des emportemens & des four-
» beries, que chacun tâche d'éviter par
» toutes fortes de moiens. Ajoutez à
» cela que n'y aiant rien de plus trifte
» que notre vie deftituée d'un fecours
» mutuel, il falloit de néceffité que les
» hommes, pour vivre tranquilles &
» heureux, confpiraffent unanimement
» à fe défaire de leur droit naturel pour
» le poffeder en commun, & à renoncer
» à leur appétit pour le foumettre à la
» puiffance & aux édits de toute une
» communauté : ce que l'on eût néan-
» moins tenté vainement, fi chacun eût
» voulu demeurer ferme dans la réfolu-
» tion de tout facrifier à la convoitife :
» car les convoitifes ou paffions ne font
» pas les mêmes en tous ; & c'eft pour-
» quoi il falloit demeurer d'accord de
» n'écouter que la raifon ; ( à quoi per-
» fonne n'ofe contredire ouvertement
» de peur de paroître manquer de fens )
» & confentir en même-tems de répri-
» mer l'appétit, en tant qu'il veut nui-
» re au prochain ; de ne point faire aux
» autres ce que nous ne voulons pas
» qu'ils nous faffent ; enfin de défen-
» dre l'intérêt des autres comme le nô-
» tre propre.

Il eſt viſible que Spinoſa & ſes Diſciples ne ſe ſoutiennent plus , lorſqu'ils
nous donnent de ſi beaux conſeils : c'eſt
oublier que nous ſommes auſſi peu libres que les animaux & les plantes.
C'eſt oublier que l'amour-propre & les
paſſions ſont les loix de notre nature ,
qui nous déterminent , *ſans que nous
puiſſions faire autrement*. Si ces grands
Politiques adreſſoient leurs avis aux
hommes les plus forts & les plus puiſ-
ſans , & qu'ils les invitaſſent à ſoumettre les plus foibles à leur empire ; de
tels avis s'ajuſteroiént très-bien à la nature de l'amour-propre , qui tend à do-
miner , & à tout s'aſſujettir : de même
que les grands poiſſons pour me ſervir de la comparaiſon de Spinoſa , cherchent à manger les petits. Mais préſenter ces maximes indiſtinctement à tous
les hommes , n'eſt - ce pas vouloir que
les petits poiſſons ſe laiſſent manger par
les plus gros , & que les gros craignent
d'être mangés par les petits ?

Mais quand les hommes jouiroient
de la liberté la plus parfaite ; l'emplâ-
tre que Spinoſa tâche d'appliquer à ſon
principe meurtrier , n'eſt qu'un remede
palliatif. Car ſi avant les conventions

des hommes & les loix civiles, rien n'eſt
bon, rien n'eſt mauvais; rien n'eſt juſte,
rien n'eſt injuſte; il feroit donc vrai qu'a-
vant l'établiſſement des loix humaines,
qui défendent, par exemple, l'homicide, il étoit auſſi bon, auſſi juſte, auſſi
louable d'ôter la vie à un innocent,
que de la lui conſerver; que c'étoit une
choſe abſolument indifférente, & que
les hommes n'ont eu aucune raiſon de
faire des loix pour défendre l'un plûtôt que l'autre. Il s'enſuit que les loix
contre l'homicide ne ſont appuyées ſur
aucun motif raiſonnable; & que des
loix qui lui ſeroient favorables, ne ſeroient pas moins ſenſées, que celles qui
lui ſont contraires. Il s'enſuit que les
loix contre l'homicide, ſont purement
arbitraires, frivoles, inutiles, & que
chaque homme en particulier n'eſt point
obligé de leur obéir.

Quelle obéiſſance dois-je aux autres
hommes? quel eſt le fondement d'une
obéiſſance de cette eſpéce? Les hommes qui m'ont précédé, avoient-ils
quelque droit ſur ma liberté? ont-ils
pris mon avis pour borner ma puiſſance naturelle? Quand j'aurois été appel-
lé à leurs délibérations, & que j'aurois

ratifié leurs loix par mon confentement volontaire ; eft - ce un engagement inviolable que celui qui n'a point d'autre appui que ma parole ? Où eft la régle qui me prefcrive d'être fidele à mes engagemens ?

Il n'y a donc que la crainte feule du chatiment qui puiffe m'empêcher de violer les loix civiles. Mais fi le Spinofifme eft vrai ; plein de mépris pour ces loix, je fuis libre de les fuivre, ou de ne pas les fuivre. Mon unique attention doit être de me fouftraire à leur rigueur. Suis-je affez heureux pour me faire un parti puiffant dans un état ? j'en renverferai tous les établiffemens , & j'en fubftituerai d'autres. Suis-je affez malheureux pour être le plus foible , mais affez adroit pour me dérober à la lumiere & au fupplice : je prendrai mes penchans pour mes loix; & s'ils me portent à faire couler un poifon lent dans les veines de mon pere , je n'y réfifterai pas ; j'uferai d'un droit que la nature me donne , & que perfonne n'a pû me ravir.

Ces conféquences vous font horreur ; elles fuivent néceffairement du fiftême de Spinofa , qui ne peut les nier , fans ſe contredire dans les termes. Car s'il replique que le bien de la ſociété demandoit qu'on défendit l'homicide par des loix ; c'eſt avouer qu'il y a des choſes bonnes , & qu'il y en a de mauvaiſes avant l'établiſſement des loix humaines ; qu'il eſt des choſes contraires au bien de la ſociété , & qu'il eſt des choſes qui y ſont conformes ; en un mot , qu'il eſt des choſes que la raiſon condamne , & qu'il en eſt que la raiſon approuve néceſſairement.

IV. Soupçonneriez-vous les Eſprits-forts , avec des principes ſi monſtrueux ſur les mœurs , de ſe donner pour les ſeuls vrais adorateurs de la Divinité ? Spinoſa ne débite tous ſes cruels-paradoxes , qu'après avoir exalté l'amour de Dieu , & qu'après avoir fait conſiſter la perfection & la béatitude de l'homme dans cet amour. Mais il ne faut pas s'y tromper : cet amour n'eſt qu'une connoiſſance philoſophique de la nature , ou l'amour de cette connoiſſance. *Notre ſouverain bien* , dit-il , *doit conſiſter dans la perfection de notre entendement : or toutes nos connoiſſances dépendent de la ſeule connoiſſance de Dieu ; parceque rien ne peut ni exiſter , ni être*

*Tract.*
*Theol. Polit.*
*c. 4.*

conçu fans Dieu... Il n'y a rien dans
la nature qui ne renferme en foi, & à
raifon de fon effence, & à raifon de fa
perfection, l'idée de Dieu. Et par conféquent plus nous avons de connoiffances des chofes naturelles, plus nous connoiffons Dieu, & plus l'idée que nous en
avons, eft parfaite.

Il eft donc manifefte que, felon Spinofa, la connoiffance de Dieu n'eft que
la connoiffance de la nature ; & que par
conféquent l'amour de Dieu n'eft que
cette connoiffance, comme il l'établit
2. part. Ethic., ou, comme il s'explique
ici, l'amour de cette connoiffance. D'où
il fuit que l'amour de Dieu étant l'a-
mour même de l'univers qui comprend
le plus petit grain de fable comme le
foleil, & le plus vil infecte comme la
terre entiere, n'eft autre chofe que la
cupidité ou l'amour des biens fenfibles.
Spinofa & fes Difciples fe jouent donc
de leurs Lecteurs par des expreffions prifes à contre-fens, lorfqu'ils parlent de
l'amour de Dieu ; comme ils s'en jouent,
lorfqu'ils parlent de Dieu même. De-
mandez-leur ce que c'eft que Dieu: C'eft,
vous répondront-ils, l'Etre univerfel,

l'Etre infiniment parfait, l'Etre qui pof-
féde toutes les perfections poffibles.
Mais preffez-les de vous expliquer ce
qu'ils entendent par cet Etre univerfel,
& par ces perfections ; ils vous diront
que ce n'eft que l'univers , & tous les
êtres qui le compofent. Et s'ils font fin-
ceres ; ils ajouteront pour ne rien vous
laiffer à defirer, qu'ils ne connoiffent d'ê-
tre que la matiere. De même , fi vous ne
vous en tenez pas à leurs difcours équivo-
ques fur l'amour de Dieu & que vous les
poufliez jufqu'à un certain point ; vous
verrez qu'ils n'entendent par cet amour,
que l'amour d'eux-mêmes, c'eft-à-dire,
de leurs corps & de leurs plaifirs.

V. Une conféquence qui fuit naturellement des principes des Efprits-forts,
eft que ces Meffieurs ne doivent pas être
des gens fort vertueux : car l'amour-propre & les paffions n'inclinent pas le cœur
vers la vertu : ce font - là les loix des Efprits-forts : tirez la conféquence. Il en
eft cependant parmi eux qui fe piquent
d'un grand amour pour la vertu : mais
comme ils fe piquent encore plus d'un
génie tranfcendant ; ils nous pardonne-
ront plus volontiers de les croire vicieux
plutôt

plutôt qu'inconféquens & extravagans.
Or il faut qu'ils s'avouent coupables de
ces deux derniers excès, s'ils préferent
la vertu au vice. D'abord il eft clair
qu'ils feroient inconféquens ; car dans
leurs principes la vertu n'a rien qui la
mette au - deffus du vice. Nulle différence entre l'un & l'autre. Toutes les
actions font pleinement indifférentes.
On ne peut pas donner la moindre raifon, pourquoi il vaut mieux témoigner
de la tendreffe à fon bienfaiteur, que
lui plonger le poignard dans le fein. Il
n'eft pas moins clair qu'il feroit extravagant de préférer la vertu au vice ;
puifque cette préférence ne peut être
appuiée fur aucun motif raifonnable,
ni fur la beauté de la vertu, ni fur le
bien de la fociété, ni fur la réputation.
Tous ces motifs font puériles, incapables par conféquent de faire impreffion
fur un Efprit-fort, qui eft attaché à fes
principes.

Quelle beauté a la vertu que n'ait
pas le vice ? eft-elle plus une maniere
d'être de *l'unique fubftance ?* eft-elle plus
conforme à l'ordre de la nature ? con-
tribue-t'elle plus au bien général ? Le
vice & la vertu font affortis également

*Tome I.* R

à la perfection du *grand tout*, du *tout universel*. Mais le vice a un avantage sur la vertu ; il s'accommode bien mieux avec l'amour-propre de chaque individu ; on le suit sans effort ; il ne faut combattre ni contre le tempérament, ni contre les passions ; il ne faut ni se gêner ni se contraindre : au lieu que la route de la vertu est hérissée d'épines ; à chaque pas se trouvent des ennemis à vaincre, des obstacles à surmonter. Il est vrai que le vice effréné entraîne après foi bien des inconvéniens ; il réduit à la misere ; il dérange la santé ; il abrége la vie. Mais un Epicurien circonspect peut le ménager avec prudence ; en ne refusant rien à ses desirs, de quelque nature qu'ils soient, il peut trouver la juste proportion entre ses plaisirs & ses intérêts. La vertu exacte ne connoît ni ces ménagemens ni ces proportions : tout ce que le devoir proscrit est sacrifié sans réserve.

Il faut avouer cependant que la vertu seroit un moien assez sûr de parvenir à une vie douce & tranquille, si elle dominoit dans le genre humain : l'estime & le respect, les emplois & les dignités, & mille autres agrémens marcheroient toujours à sa suite. Mais il eſt certain que le vice l'emporte dans la ſociété. Le vice artificieuſement conduit arrive à tout ; & la vertu avec ſa candeur, ſa modeſtie, ſon déſintéreſſement, ſa juſtice, demeure enſévelie dans l'oubli & dans la miſere. Elle ſe conſole, elle ſe dédommage par la confiance qu'elle a de faire ſon devoir ; ſatisfaction que ne peut goûter l'incrédule : puiſque ſon devoir ne conſiſte qu'à bien ménager ſes intérêts pendant une vie de peu de durée, c'eſt-à-dire, à ſe procurer tous les plaiſirs & tous les agrémens poſſibles.

Mais, dira l'incrédule, faut-il compter pour rien le bien de la ſociété ? L'équité, la juſtice, la modération contribuent au repos & à la félicité du genre humain. Si les hommes étoient tous des brigands & des ſcélérats ; s'ils s'aſſaſſinoient les uns les autres ; la terre ne ſeroit qu'un gouffre de déſordres & de malheurs.

Oui, dans les principes de l'incrédule, le bien de la ſociété doit être compté pour rien. Eſt-il un devoir de travailler à ſon bonheur ? Sur quelle baſe eſt-il fondé ce devoir ? De quelle ſource découle-t'il ? J'y trouve mon intérêt, répond l'Eſprit-fort, ( & c'eſt tout ce qu'il peut répondre ) parceque mon bonheur eſt lié à celui de la ſociété où je vis. Il ſuit évidemment de cette réponſe que les crimes les plus noirs, l'adultere, le parricide, la deſtruction même de la ſociété ne ſeroient que des actions indifférentes pour un Eſprit-fort, ſi elles étoient compatibles avec ſon bonheur particulier.

Il traitera, ſans doute, ces conſéquences de ſuppoſitions impoſſibles ; parceque, dira-t'il, le bonheur d'un particulier ne peut être détaché de celui de la ſociété ; celle-ci ne pouvant crouler ſur ſes fondemens, ſans envelopper ſes membres dans ſa ruine. Mais cette réponſe n'en eſt pas une : c'eſt ignorer comment les ſociétés ſubſiſtent. Un état peut fleurir, quoiqu'il nourriſſe dans ſon ſein un grand nombre de malhonnêtes-gens ; & les crimes peuvent y être portés juſqu'à un certain degré, ſans en cauſer le renverſement. Par conſéquent, ſelon les principes de l'Eſprit-fort, les crimes ſont indifférens & même vertueux, s'ils influent dans la félicité de ceux qui les commettent. Par conſéquent, l'unique précaution que doit prendre l'Esprit-fort, c'est d'éviter les actions qui peuvent lui faire trouver son malheur particulier dans le malheur général d'un état ; & celles qui pourroient l'exposer aux rigueurs des loix, ou lui attirer quelque désastre.

Je conviens, dira l'Esprit fort, que mes principes ouvrent à mes attraits un vaste champ : mais dans le monde, la réputation est attachée à la vertu ; & cet avantage me paroît assez grand pour lui faire des sacrifices. Quoi ! faire des sacrifices à une vaine fumée ? Quel cas peut faire de l'estime publique un Esprit-fort, lui qui ne juge de tout que par les plus pures lumieres ; qui ne proportionne ses attachemens qu'au prix véritable que sa raison épurée découvre dans les objets ? Qu'il ambitionne une place dans l'esprit & dans le cœur de Messieurs les incrédules ; je n'en serai pas surpris : il est flatteur pour l'amour-propre d'être applaudi par de si justes estimateurs du mérite. Mais n'est-ce pas s'avilir que de vouloir être estimé par des hommes assez imbéciles pour croire en Dieu, & pour pratiquer la vertu par religion ; car ce n'est qu'à

ceux-ci qu'il peut chercher à plaire par
fa prétendue vertu. Il eſt ſûr des ſuf-
frages & des applaudiſſemens des incrédules, en ſe livrant au vice, comme
en ſuivant la vertu : puiſqu'aux yeux
de ces ſages, l'un eſt parfaitement égal
à l'autre.

Au reſte, s'il ne cherche qu'à ſe faire
un nom auprès de la multitude ; il eſt
trop éclairé pour prétendre d'y réuſſir
par une vertu exacte. La véritable vertu eſt polie, douce, patiente, modeſ-
te, bienfaiſante ; mais comme elle ne
ſe permet rien ni contre la vérité, ni
contre la juſtice, ni contre la religion,
elle eſt expoſée ſans ceſſe au danger de
s'attirer la haine & le mépris de la multitude. Le vice prudent & ruſé eſt plus
propre à ſe ſaiſir de la réputation. La
fauſſe vertu s'arroge toute la liberté
qu'elle veut ; aucune régle inaltérable
ne la gêne ; elle fait varier ſes maximes & ſa conduite ſelon ſes intérêts,
& arriver preſque ſans contrainte aux
récompenſes que la gloire lui étale. Il
n'y a que ce phantôme de vertu qui
puiſſe être du goût de l'Eſprit - fort,
s'il n'eſt pas extravagant.

Un chicaneur, en avouant que tous

les motifs capables de porter à la vertu, sont chimériques dans l'irréligion, dira peut-être, qu'on n'en peut rien conclure contre la probité de tel incrédule en particulier : parcequ'il est des naturels heureux qui éloignent autant du vice que tous les motifs qu'offre la religion. Nous avons déja observé qu'il faut manquer de sagesse pour se fier à des hommes de ce caractére, dans les occasions où l'on sait que leur naturel porté machinalement à la vertu, est combattu par un intérêt un peu important. Mais il s'agit moins ici des mœurs des incrédules que de leurs dogmes, ne fût-ce que celui-ci, qui est le précis de tous les autres : *l'étendue de notre pouvoir est la mesure de tous nos devoirs.* Auriez-vous jamais pu croire que l'esprit humain fût capable de si grands excès ? Jugez par-là de la profondeur de nos ténébres & de nos maladies, & de l'extrême besoin que nous avons de toutes les lumieres & de tous les remedes dont la Religion est la source. C'est le meilleur & même l'unique usage que nous puissions faire de l'aveuglement & de la perversité des Esprits-forts.

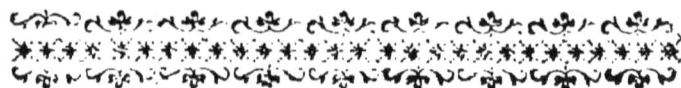

# SECTION V.

*Nécessité de la révélation. Conclusion de la premiere Partie.*

## CHAPITRE I.

### NÉCESSITÉ DE LA RÉVÉLATION.

I. L'HOMME naît dans l'ignorance d'un grand nombre de vérités qui doivent le guider dans sa conduite. Ce n'est qu'avec une extrême peine qu'il s'applique à la recherche de ces vérités, & de toutes celles qui n'ont point de rapport à ses sens & à son imagination. Les objets les plus réels, dès qu'ils se dérobent à ses organes, qu'ils ne peuvent être vûs ni touchés, trouvent à peine accès dans son esprit. Il n'a presque de goût & de penchant que pour les biens sensibles. Il s'aime d'un amour aveugle & effréné, ennemi de l'ordre

& de la dépendance. Il suffit en quelque sorte qu'une chose lui soit défendue, pour qu'il la desire ; ou qu'elle lui soit commandée, pour qu'il n'en veuille plus. Voilà l'homme tel qu'il naît.

II. Dire avec les Esprits-forts que c'est-là l'état naturel de l'homme, qu'il est tel qu'il doit être ; qu'il ne peut être mieux ; que l'ignorance, la cupidité, les passions qu'il éprouve, font autant partie de sa nature, que les yeux & les oreilles font partie de son corps ; c'est avancer des paradoxes qui eussent excité l'indignation des Philosophes les plus judicieux du Paganisme, des Ciceron, des Pline, des Xenophon. Cet asservissement bas & servile de l'homme à toutes sortes de passions, cette pente malheureuse qui le porte aux vices & aux déréglemens, cette double loi dont l'une le pousse au bien, & l'autre l'entraîne au mal ; en un mot, les erreurs & les miseres dont sa vie est pleine, faisoient sur ces Philosophes une si vive impression, & leur paroissoient si peu être l'appanage de la nature humaine, qu'ils les regardoient comme un châtiment dont une justice supérieure punissoit certaines fautes commises dans une autre vie.                              R v

Ces Philosophes se trompoient sans doute sur l'origine & le principe de leurs miseres : mais les premieres lueurs de la raison ne leur permettoient pas de regarder cet excès de miseres comme faisant partie de la nature de l'homme. Il n'est pas nécessaire que nous connoissions tout ; car nous ne sommes pas l'intelligence infinie. Dès que nous avons un corps sujet à des besoins, nous ne pouvons qu'admirer la sagesse qui, par les organes des sens & par l'imagination nous avertit des rapports qu'ont avec nous les objets qui nous environnent, & qui sont destinés à notre usage. Il est naturel aussi que nous nous aimions, & conséquemment que nous soions susceptibles de desir, d'espérance, de crainte, & d'aversion, pour nous porter vers le bien, & pour nous éloigner du mal.

Mais cesserions-nous d'être homme, si nous connoissions tout ce que nous devons à Dieu, tout ce que nous nous devons à nous-mêmes, tout ce que nous devons à nos semblables ? Si nous avions moins de difficultés à remplir nos devoirs ? La nature de notre ame exige-t-elle qu'elle soit asservie aux sens & à l'imagination dans le degré où elle l'est ?

Qu'elle soit comme entraînée par des inclinations involontaires vers les objets qui remuent les organes de son corps ? Est-il naturel que nous nous aimions comme des êtres indépendans, jusqu'à nous établir notre fin à nous-mêmes, jusqu'à vouloir être la fin de nos égaux ? Est-il naturel que nous soions agités par des mouvemens impétueux de colere, de vengeance, d'envie, de fureur, si contraires à notre repos, & à celui de nos semblables ? On ne peut se le persuader, sans être livré à un aveuglement qui n'est pas naturel.

Il faut renoncer au sens commun, ou convenir que l'homme n'est pas tel qu'il est sorti des mains du Créateur. L'opposition entre nos passions & notre raison est trop palpable pour croire qu'il nous ait créés dans cet excès de contradiction. La raison veut que nous fassions pour les autres ce que nous voudrions que les autres fissent pour nous ; que nous soions modérés, justes, équitables ; que nous rendions à chacun ce qui lui appartient ; que nous conservions les droits de la société ; que nous ne fassions tort à personne ; que nous aimions nos bienfaiteurs ; que nous aions compassion des malheureux. Et nos passions, ces tyrans si cruels, veulent que nous nous aimions plus que nos semblables; que nous acquerions des richesses à leurs dépens; que nous nous établissions sur leur ruine; que nous recherchions les plaisirs, quelque criminels qu'ils soient; que nous sacrifiions nos ennemis à nos ressentimens. Si la raison est bonne; il faut nécessairement que les penchans effrénés qui nous poussent avec tant d'empire vers ce que la raison nous défend, soient déréglés & mauvais. Si Dieu est l'auteur de la raison; & qu'elle nous soit donnée pour commander à nos sens & pour les régler; cet état d'asservissement où elle se trouve, ne sauroit être son état primitif. Il est impossible qu'il soit l'auteur de l'ordre, & qu'il nous ait faits pour être les esclaves des principes qui en détournent. Il seroit contraire à lui-même, & démentiroit sa propre sagesse.

III. Vous me demanderez ce qu'il faut conclure de cet état d'ignorance & de déréglement où naît l'homme. Je vous le demande à vous-même. Premiérement, il est visible que les lumieres que nous apportons en naissant, & que nous avons appellées *Révélation natu-relle*, ne fuffiffent pas pour nous faire connoître tous nos devoirs. Secondement, il eft vifible que nous fommes trop foibles pour régler notre conduite fur les devoirs que nous connoiffons par la révélation naturelle. D'où il s'enfuit évidemment que nous avons befoin de nouvelles lumieres & de nouveaux fe-cours. Les Philofophes du Paganifme ne tiroient pas cette conféquence du trifte état où ils voioient l'homme : par-cequ'ils ne connoiffoient pas affez Dieu pour le croire la fource de la vérité & de la vertu ; & qu'ils ne fe connoif-foient pas affez eux-mêmes pour fentir toute la profondeur de leurs ténébres & de leur corruption.

On découvre dans leurs écrits, les traces de la plûpart des vérités que nous avons établies, la néceffité & l'exiften-ce d'un Etre fuprême, indépendant, éternel, dont la providence s'étend à tout & entre dans les moindres détails : dont la bonté prévient tous les befoins de l'homme, & le comble de biens : dont la juftice punit les défordres pu-blics par des calamités publiques, & fe laiffe fléchir par le repentir : dont là puiſſance infinie diſpoſe des roiaumes & des empires, & décide ſouverainement du ſort des particuliers & des peuples. On y voit que cet Etre, préſent & attentif à tout, écoute les prieres, reçoit les vœux, intervient dans les ſermens, & en punit les violateurs : qu'il porte ſa lumiere dans les profondeurs les plus obſcures des conſciences, & les trouble par les remords qu'il protége l'innocent, favoriſe la vertu, hait le vice, & le punit ſouvent dès cette vie : qu'il ſe plaît à humilier les ſuperbes, & à ôter aux injuſtes le pouvoir dont ils abuſent. On y voit par-tout des preuves éclatantes de l'immortalité de l'ame, auſſi-bien que des récompenſes & des peines de l'autre vie.

Mais on n'y découvre ces précieuſes étincelles de vérités qu'à travers un amas d'erreurs, de variations, d'incertitudes, de doutes, de contrariétés, de ſuperſtitions & de ténébres épaiſſes. Que de rêveries, que d'extravagances, que d'abſurdités ſur la nature de la Divinité, ſur la formation du monde, ſur la nature de l'ame, ſur une autre vie ! Tous ces beaux eſprits ſi ſubtils, ſi pénétrans, ſi profonds, ré-

duits à difputer, à examiner, à dogma-
tifer, fans pouvoir convenir de rien
entre eux, ne favent ni ce qu'ils adorent, ni ce qu'ils efpérent du culte qu'ils
rendent à la Divinité, ni ce qu'ils font
eux-mêmes, ni ce qu'ils feront, ni quelle eft la fource & la régle des devoirs,
ni quelle eft leur véritable fin. Et le fentiment où ils paroiffent être univerfel-
lement qu'il n'y a que les biens extérieurs qui foient foumis à la providence
Divine, mais que les biens les plus folides de l'ame, la connoiffance & l'a-
mour de la vérité & de la juftice, dépendent uniquement de la volonté humaine, montre que ces faux fages n'étoient
que des enfans, des aveugles, des infenfés. Auffi n'apperçoit-on dans les
portraits qu'ils nous ont laiffés d'eux-
mêmes, que des hommes vains, fuperbes, ingrats, fuperftitieux, injuftes, &
fouvent livrés aux vices les plus groffiers.

IV. Nous ne pouvons éviter de leur
être femblables, qu'en reconnoiffant
humb'emen: le befoin que nous avons
d'être éclairés & guéris. Sans de nouvelles lum.eres, & fans d'efficaces remedes, nous confefferons, avec ces Phi-

lofophes, l'exiftence de la Divinité ;
mais comme eux, nous la deshonore-
rons par les idées groffieres que notre
imagination s'en formera, & encore plus
par nos mœurs. Nous lui attribuerons la
grandeur & la puiffance ; mais nous lui
attribuerons en même-tems nos paffions, afin de les fatisfaire par religion :
ainfi notre religion en étouffant les remords de notre confcience, ne fervira
qu'à nous corrompre. Nous aurons de
belles idées de la vertu & du vice : mais
nous les changerons felon nos caprices.
Si nous avons honte d'être avares ; nous
ne rougirons point d'être voluptueux.
Si nous regardons comme un crime d'ê-
tre ingrats envers un bienfaiteur ; nous
ferons gloire d'être cruels envers un ennemi. Nous attendrons une autre vie ;
mais quels biens nous y figurerons-nous ?
Des biens propres à augmenter l'ardeur
de la cupidité. L'exemple des hommes
les plus fenfés du Paganifme fuffit donc
pour nous convaincre que nous avons
befoin d'être éclairés & réformés.

V. Mais qui nous éclairera ? Qui nous
réformera ? Ce ne feront pas les autres
hommes. Nos défauts leur font communs. Leur raifon n'eft pas moins timi-

de & bornée que la nôtre. Il ne tient pas
à eux que ce que nous favons le mieux,
ne devienne incertain. Ils ne peuvent
qu'augmenter nos ténébres & nos perplexités, au lieu de nous donner le
moyen d'en fortir. Dieu feul eft la lumiere des efprits & le maître des cœurs.
Lui feul nous inftruit par la révélation
naturelle, mais nous avons fait voir
qu'elle eft infuffifante. Lui feul peut
nous inftruire, par une révélation plus
étendue & plus détaillée, des vérités
qui nous font inconnues & cependant
néceffaires, de fes volontés, du culte
que nous lui devons, de l'origine de
nos miferes, & des fources où nous devons puifer des remedes à nos maux. Il
n'y a qu'une telle révélation qui puiffe
être fûre & proportionnée aux befoins
des hommes. Elle feroit infaillible. Elle
nous difpenferoit d'une difcuffion dont
nous ne fommes pas capables. Elle fixe-
roit tous les efprits; décideroit tous les
doutes; marqueroit tous les devoirs;
manifefteroit les volontés libres de
Dieu; apprendroit ce que nous devons
efpérer de fa bonté, ou craindre de fa
juftice; régleroit le culte extérieur; &
détermineroit en quoi confifte l'intérieur & véritable.

VI. Dieu a-t-il fait à l'homme cette révélation ? Pouvons-nous en douter ? Nous nous sommes convaincus, dans la section précédente, par les idées de Dieu & de l'ordre gravées en nous-mêmes, que l'homme est fait pour la Religion, c'est-à-dire, pour rendre à Dieu quelque culte, qui exprime les sentimens d'amour, de reconnoissance, de soumission, de confiance, de respect, d'anéantissement, &c. qu'il doit à sa suprême Majesté. Par une conséquence nécessaire, l'homme ne peut être dans l'ordre, ni plaire à Dieu, qu'en l'honorant de la maniere dont il veut être honoré. Or comment l'homme, dans l'état actuel où il est, si Dieu ne lui fait connoître sa volonté, peut-il découvrir la maniere dont il doit l'honorer, & être assuré que celle qu'il choisiroit, lui seroit agréable ? D'où il s'enfuit, ou qu'il n'y a jamais eu d'homme sur la terre qui ait rempli la fin & la loi de son être, ou qu'il y a toujours eu une révélation, qui a prescrit & déterminé le culte qu'il devoit rendre au Créateur.

Ne me dites pas qu'il importe peu au Créateur quel que soit le culte qui lui est offert ; & qu'il en a laissé le choix à la créature.

Quelle idée avez-vous du Créateur ?
Avez-vous oublié qu'il eſt la ſageſſe, la
juſtice, la bonté par eſſence ? Quoi ! la
ſouveraine Sageſſe aura tout réglé dans
l'univers ; elle y aura établi un ordre admirable ; elle n'aura pas négligé le plus
vil inſecte ; elle en aura formé les organes ; elle en aura marqué les fonctions ;
elle en entretiendra le jeu ; & elle n'aura rien ſtatué ſur ſon culte, qui eſt le
centre où tout doit aboutir ? Elle en aura abandonné le choix aux ténébres &
au caprice de ſa créature ? Une ſuppoſition ſi biſarre & ſi extravagante peut-
elle trouver entrée dans votre eſprit ?
Le Créateur eſt non-ſeulement la ſageſſe, il eſt la juſtice même ; il ne peut par
conſéquent agréer qu'un culte digne de
lui : or qu'eſt-ce que l'homme peut
trouver en ſoi-même, fini & borné,
aveugle & injuſte comme il eſt, qui ſoit
digne de l'Etre infini & infiniment ſaint ?
A quoi pourroit donc ſe terminer cette
liberté de choiſir un culte qu'il vous
plaît d'attribuer à la créature, ſinon à
ne faire aucun choix, ou à n'en faire
qu'un indigne du Créateur ?

J'ajoute que votre ſuppoſition eſt in-
jurieuſe à la bonté du Créateur : car

dans cette suppofition, l'homme frappé fans cesse de l'évidence de ce principe: *je ne puis plaire à mon Créateur*, *qu'en l'honorant de la maniere*, *dont il veut être honoré*; ne pourroit se réfoudre à lui rendre fes hommages, dans la crainte de ne lui en rendre que de contraires à fa volonté; ou s'il fe déterminoit à lui en rendre, il ne pourroit le faire qu'avec un cœur timide, flottant, incertain, & par conféquent indigne d'être agréé. Or eft-il de la bonté infinie d'impofer des loix à fa créature, fans même lui en notifier l'objet, & par conféquent de la mettre dans l'impoffibilité de les accomplir.

Si ces réflexions fi fimples ne fuffifoient pas pour vous convaincre de la fauffeté de votre fuppofition; je ferois paffer en revûe, en votre préfence, les divers cultes inventés par les nations anciennes & modernes, pour honorer la divinité, ou ce qu'elles prenoient pour la divinité; & je vous demanderois fi vous penfez que le Créateur dût être bien fatisfait de tous ces cultes, abfurdes, cruels, inhumains, des Egyptiens, des Chaldéens, des Gaulois, des Carthaginois, des Grecs, des Romains, des Indiens, des Siamois, des Turcs, des Chinois.

Il ne faut qu'écouter la raison pour être forcé de convenir qu'il n'y a que le Créateur qui puiſſe inſtruire l'homme de la maniere dont il veut en être honoré ; qui puiſſe lui mettre en main une victime digne de lui être offerte ? qui puiſſe déterminer les ſignes ſous leſquels elle doit lui être offerte ; qui puiſſe inſpirer les ſentimens, qui en doivent accompagner l'offrande. S'il eſt donc évident qu'il n'a tiré du néant & qu'il ne conſerve l'univers, que pour ſa gloire ; s'il eſt évident qu'il n'a donné l'être à l'homme, que pour une fin ſi légitime & ſi auguſte ; c'eſt une conſéquence qu'il a toujours eu ſur la terre de vrais adorateurs ; qu'il s'eſt communiqué aux hommes dans tous les tems ; qu'il y a toujours eu une révélation depuis l'origine du monde, & que cette révélation ſubſiſte. Hâtons-nous d'en faire la découverte, & de conclure cette premiere Partie.

## CHAPITRE II.

### Conclusion de la premiere Partie.

I. LES vérités que nous venons d'é-
tablir, font des vérités de fentiment. L'homme ne peut fe recueillir en
lui-même, fans être intimement convaincu qu'il y a en lui un être qui penfe, diftingué de la matiere. Qu'il n'e-
xifte pas néceffairement. Qu'il y a un
être plus parfait que lui. Qu'il defire
l'immortalité. Qu'il a des devoirs; &
des inclinations contraires à fes devoirs.
Ces vérités font appuiées fur des preuves fi claires & fi multipliées, que pour
ne pas en fentir la force, & ne pas s'y
rendre, il faut être privé de la raifon,
ou renoncer à la raifon.

II. C'eft ce qui me fait douter, s'il y
a jamais eu de véritables athées, c'eft-
à-dire, des hommes convaincus & perfuadés qu'il n'y a point de Dieu. Il y
a eu, fans doute, des hommes, & il en
eft encore qui perfuadés intérieurement
de l'exiftence de Dieu, s'efforcent d'ar-

racher de leur cœur cette perfuafion,
cherchent à en douter, travaillent continuellement à exciter des nuages pour
obfcurcir une vérité fi pure qu'ils ne
peuvent éteindre, s'épuifent en fyftêmes qui faffent au moins douter les autres, & augmentent le nombre des incrédules, pour donner à l'incrédulité une
apparence d'autorité par la multitude
apparente des incrédules. Il eft des hommes affez méchans pour dire dans leur
cœur qu'il n'y a point de Dieu, c'eft-à-
dire, pour le defirer : mais la raifon leur
reproche fans ceffe l'impoffibilité de
leurs defirs.

La raifon n'eft affoiblie dans aucun
homme jufqu'à méconnoître entiérement fon auteur, jufqu'à ignorer une
vérité qui eft gravée dans tous les êtres
qui nous environnent, & qui eft encore plus vifible en nous-mêmes que dans
tous les autres ; jufqu'à donner férieufe-
ment à la matiere cet être ftupide, ce
qu'il y a de plus incompréhenfible en
Dieu, je veux dire l'éternité, l'indépendance, la plénitude de l'être ; & à
les refufer à Dieu ces perfections, précifément parcequ'on ne les comprend
pas. L'Athéifme peut donc trouver pla-

ce dans un cœur qui eſt corrompu, &
qui aime ſa corruption ; mais il ne peut
pénétrer juſqu'à l'eſprit.

III. Il me ſemble que le ſyſtême de
ces Déiſtes qui nient les peines & les
récompenſes futures, & qui prétendent
que Dieu n'exige d'eux que le ſtérile
aveu de ſon exiſtence, de ſa grandeur
& de leur petiteſſe, ne réſide non plus
que dans le cœur, & qu'il ne va point
juſqu'à l'eſprit. Un mauvais cœur ſu-
perbe & voluptueux peut bien ſouhaiter
qu'il n'y ait point d'autre régle de ſes
devoirs, que le plaiſir ; que le ſentiment
qu'il a du juſte & de l'injuſte ne ſoit
point une loi du Créateur, mais un
ſimple préjugé de l'éducation, que ſa
deſtinée éternelle ne dépende point du
bon ou du mauvais uſage de ſa liberté.
Mais les vapeurs qui s'élévent d'un
cœur ſi gâté & ſi infect, ſont-elles aſſez
épaiſſes & aſſez noires pour dérober à
l'eſprit la vûe du vrai ? Cela ne ſe conçoit point, ſuppoſé que la raiſon ſubſiſte.

IV. Quelque pouvoir que l'on accorde aux paſſions ſur l'eſprit ; il n'eſt
pas vraiſemblable qu'elles faſſent paſſer les Athées & les Deiſtes au-delà du
doute

doute : parçeque si les passions peuvent fournir des difficultés contre l'existence de Dieu & de l'ordre ; il est évident qu'elles ne peuvent fournir des preuves qui établissent l'Athéisme & le Déisme. Il n'est point d'Athée assez extravagant, pour se croire en état de démontrer que le monde est l'assemblage d'une infinité de corps existans par eux-mêmes , qui n'ont été ni produits , ni ordonnés par une cause infiniment sage & puissante. Il lui seroit plus facile de prouver que la raison n'a aucune part à un discours sensé , conséquent , systématique , plein de lumiere , de force & de beauté : car il n'est point de discours , où la raison éclate aussi évidemment , que dans l'architecture de l'univers , & la juste proportion de ses parties. Tout ce que peut dire un Athée , c'est qu'il ne comprend pas la nature d'une intelligence infiniment parfaite ; & qu'il ne peut allier avec son existence , les desordres qui régnent sur la terre , où l'on voit le crime non-seulement impuni , mais honoré & récompensé.

Sont-ce-là des preuves de la vérité de son système sur le monde , ou seulement des bornes de son esprit ? Je

*Tome I.*                                   S

suppose que l'Athée fît un discours, où fût réuni tout ce qu'il y a de plus noble dans les pensées, de plus majestueux dans les expressions, de plus hardi dans les figures, de plus touchant & de plus fort dans les passions : que penseroit-il de moi, si, parceque dans ce discours il y auroit quelques endroits que je ne pourrois comprendre, je lui soutenois que c'est un amas de vains sons formés par le mouvement fortuit de l'air, où son esprit n'a influé en aucune sorte ?

Il n'est point non plus de Déiste assez extravagant pour se croire en état de démontrer que Dieu ne se mêle point du gouvernement du monde, qu'il ne met aucune différence entre le juste & l'impie, qu'il n'a ni châtiment pour l'un, ni récompense pour l'autre ; que ce qu'il plaît aux hommes d'appeller vice & vertu, est à ses yeux entiérement égal. Le Déiste peut bien dire qu'il ne comprend pas que Dieu, cet Etre si grand, s'abbaisse jusqu'à prendre soin de l'homme, jusqu'à veiller sur ses mouvemens, jusqu'à lui imposer des loix, jusqu'à vouloir le punir ou le récompenser ; comme si l'homme, cette pétite créature, étoit capable de l'honorer & de l'offenfer. Ici, de même que chez l'Athée, nulle preuve fi ce n'eft des bornes de l'efprit humain.

Nous ne comprenons ni toute la grandeur de Dieu, ni toute la petiteffe de l'homme. Mais nous comprenons que fi Dieu eft le Créateur de l'univers, il en eft le confervateur & le modérateur : parceque Dieu étant la fuprême intelligence, la création ne peut être que l'exécution d'un plan conçu par fa fageffe éternelle. Ainfi fa volonté, en créant les corps & les efprits, les embraffe avec tous leurs mouvemens & toutes leurs modifications, dans tous les inftans de leur durée ; c'eft une feule & même volonté qui les produit, qui les maintient, qui les gouverne : car en Dieu, il n'y a point de fucceffion. Ses ouvrages commencent ; ils font éloignés les uns des autres ; ils fe fuccédent ; ils ont un paffé, un préfent, un avenir. Il n'y a en Dieu qu'un préfent éternel.

Nous comprenons que fi Dieu eft Créateur ; il eft la fource de nos idées : or eft-il plus évident que deux chofes égales à une troifiéme font égales entre elles, qu'il eft évident que nous ne de-

vons pas faire à autrui ce que nous ne
voudrions pas qu'il nous fît ? Nous comprenons que, de même que Dieu eſt
l'auteur de la correſpondance de la lumiere avec nos yeux, il l'eſt de la liaiſon de notre ame avec le vrai, conſéquemment avec le juſte : car qu'eſt-ce
que le juſte, ſinon le vrai moral ? En
un mot, nous comprenons que comme
il eſt des choſes dont l'eſſence eſt de
devoir être crues, parcequ'elles ſont
vraies ; il en eſt dont l'eſſence eſt de devoir être faites, parcequ'elles ſont juſtes ; & que comme Dieu eſt l'auteur
des principes par leſquels nous jugeons
des choſes vraies, il eſt l'auteur des
principes par leſquels nous jugeons des
choſes juſtes.

Si les paſſions ſont capables d'affoi-
blir la force des preuves qui établiſſent
l'exiſtence de Dieu, & la réalité de l'ordre : ſont-elles capables de faire préva-
loir, dans l'eſprit des Athées & des
Déiſtes, les difficultés qu'elles ſuggé-
rent ? C'eſt ce qui ne ſe conçoit point.
Les preuves ſont trop fortes, pour n'ê-
tre point ſenties ? Les difficultés ſont
trop foibles, pour être convaincantes.
Accorder aux paſſions le pouvoir de jet-

ter les Athées & les Déistes dans le doute, c'est tout ce qu'il est possible de leur
accorder.

V. J'ignore ce que vous pensez d'u-
ne si affreuse situation. Il me semble
qu'elle doit être étrangement pénible.
Tout crie qu'il y a un Dieu à l'homme
qui n'en veut point reconnoître. L'A-
thée rentre-t'il en lui-même ? L'idée
d'un Etre infiniment parfait se présente aussi-tôt ; & son ame lui dit d'une
voix claire & distincte qu'elle n'a pas
toujours été ; qu'elle a un commencement ; que ne s'étant pas faite, elle ne
peut tenir son existence que d'un Etre
qui n'a ni commencement ni cause.
Tourne-t'il ses regards sur cette portion de matiere qui fait partie de lui-
même ? Il est frappé de la sagesse de
l'ouvrier qui éclate dans la structure
d'une machine si réguliere. Réflechit-il
sur l'union de son ame avec cette machine ? Il y découvre la liberté & la
puissance d'une intelligence souveraine.
Porte-t'il les yeux sur les objets qui l'environnent ? L'art & l'industrie s'y montrent trop à découvert pour n'être pas
apperçus. Il peut bien recourir à des
mots tels que ceux de *hazard*, *nature*,

*néceſſité :* mais ces mots ne portant aucune lumiere dans ſon eſprit, ne peuvent effacer l'impreſſion qu'y fait la vue
de ſon être particulier & de l'univers.
Il peut imaginer une matiere éternelle, & un mouvement néceſſaire qui,
dans un progrès infini, ſe communique
d'une partie de la matiere à l'autre :
mais plus il a de pénétration & de ſa-
gacité, moins il peut démêler les contradictions entaſſées les unes ſur les autres, qu'il apperçoit dans ces efforts de
l'imagination.

Au milieu de ſes ténébres, de ſes
doutes, de ſes incertitudes, l'Athée
n'eſt pas maître de ne pas ſe dire à lui-
même : je ne ſuis pas aſſuré qu'il y ait
un Dieu qui m'ait donné l'exiſtence,
& qui ait tiré du néant l'univers : mais
je ne ſuis pas aſſuré qu'il n'y ait pas un
Dieu. S'il exiſte; que dois-je attendre
des efforts que je fais pour ne pas le
reconnoître dans les témoignages qu'il
ſemble me donner de ſon exiſtence ?
Un ſouverain Bienfaiteur peut-il voir
d'un œil tranquille un ſujet s'efforcer de
ſe ſouſtraire à ſon empire & à la reconnoiſſance ? S'il exiſte ce Dieu ſouverain, cet Auteur de mon être; ne ſera-

t'il pas affez puiffant pour me punir de ma révolte & de mon ingratitude, & affez jufte pour le vouloir ? Telle eft la fituation de l'Athée. En concevez-vous une plus trifte, une plus défefpérante ?

VI. La fituation d'un Déifte qui reconnoît un Dieu, fans vouloir reconnoître un Dieu vengeur du vice & rémunérateur de la vertu, ne doit pas être moins pénible que celle d'un Athée. Si tout dit à un Athée qu'il y a un Dieu ; tout dit à un Déifte que Dieu eft un Dieu jufte qui hait le vice & qui aime la vertu. Rentre-t'il en lui-même ? L'idée de l'Etre parfait qu'il y découvre, lui montre la fageffe même, la fainteté, la bonté, la juftice, la providence. Sa confcience, en l'approuvant ou en le condamnant, lui tient le même langage. Sort-il de lui-même ? Les plus foibles traits qu'il apperçoit dans fes femblables, de la bonté, de la douceur, de la modération, de la juftice & de la vertu, enlévent fon eftime & fon amour. L'orgueil, au contraire, la dureté, la tyrannie & le vice le rempliffent de mépris, d'indignation, de haine & de colere. Il ne peut obfcurcir fes idées & fes fentimens naturels, qu'en leur op-

S iv

posant son amour-propre, son inclination pour le plaisir, ses passions. Mais la contrariété entre ses lumieres & ses penchans, ne lui rend-elle point ceux-ci un peu suspects? N'a-t'il point à se reprocher de s'y être livré à ses penchans trop lâchement, & d'en avoir augmenté la force & la violence? Est-il bien sûr que ce soient des présens de la Divinité, & que ce ne soient pas de funestes maladies dont il ait hérité de ses peres, en remontant jusqu'au premier, en qui elles seroient pleinement volontaires? Est-il bien sûr qu'un Etre aussi sage, & aussi bon que doit l'être l'Auteur de son existence, l'ait composé de telle façon qu'il fût ainsi en contradiction avec lui-même?

Ne sent-il aucun pouvoir de réprimer & de vaincre ses penchans? Lui est-il aussi facile de faire plier ses lumieres sous ses penchans, que de faire plier ses penchans sous ses lumieres? Est-il sûr que ses penchans soient faits pour le guider dans sa conduite; & que ses lumieres ne soient destinées qu'à l'aider à se procurer les plaisirs des sens? Il convient que sa raison doit modérer ses passions, & les éloigner de l'excès;

de peur d'altérer fa fanté & d'abreger
fes jours : l'empire de la raifon eft-il
borné à cet ufage, & ne va-t'il point
jufqu'à fe foumettre les paffions pour
une fin plus excellente, c'eft-à-dire,
pour obéir au Créateur ? Mais enfin fi
la raifon n'eft chargée que de ménager
aux paffions leurs fatisfactions & leurs
plaifirs ; pourquoi le Déifte fe plaint-il
de l'injuftice des autres hommes, quand
ils cherchent leurs intérêts au dépens
des fiens ? Tout eft-il permis & indifférent au Déifte, lorfqu'il s'agit de fon
bien être ? Et tout eft-il mauvais & injufte dans les autres, lorfqu'ils cherchent
le leur ? De ces réflexions fi fimples & fi
communes, quand on n'en concluroit
pas l'exiftence certaine d'une loi naturelle, il en réfulte au moins que fi les
penchans qui nous courbent vers les
biens fenfibles, font propres à jetter
des nuages dans l'efprit d'un Déifte ;
ces penchans font incapables d'y porter une conviction pleine & entiere de
la vérité de fon fyftême. Tout ce qu'ils
peuvent y produire, c'eft le doute.

Or dans le doute fi fon fyftême eft
vrai ou faux, le Déifte ne peut s'empêcher de fe dire à lui-même : il ne m'eft

pas évident que Dieu foit attentif aux
actions humaines , ni que les fentimens
que j'ai du jufte & de l'injufte, foient
des loix qu'il m'impofe. Mais il ne m'eft
pas évident non-plus que Dieu ne fe
mêle point des actions humaines , ni
qu'il ne m'ait pas affujetti à un ordre ,
ni impofé des loix. Si Dieu voit tout ;
s'il juge de tout avec une fouveraine
juftice ; s'il réferve l'homme à une autre vie , pour le punir ou pour le récompenfer ; puis-je me flatter de lui plaire,
en bornant tous mes hommages à la
confeffion de fon exiftence , en ne le
préférant à rien , en lui préférant toutes chofes , en m'efforçant d'effacer en
moi toutes les traces de l'ordre , en vivant au gré de mes paffions ? Quel doit
donc être le partage du Déifte qui examine de fens froid fon fiftême ? Eft-ce
la paix , la férénité , la confiance , ou
le trouble , la confufion , le défefpoir ?

VII. Que notre fituation eft différente ! Nous reconnoiffons un Dieu, &
un Dieu faint, bon, jufte & puiffant ,
qui commande la vertu comme un
moien de lui plaire , & qui veut en
être le rémunérateur. Si nous tâchons
de régler nos mœurs fur des idées fi

pures & si propres à nous rendre heureux, & à contribuer à la félicité de
nos semblables ; quelle source de joie,
de paix, d'espérance, pour la vie présente & pour la future ! Si nous nous
trompons ; que nous arrivera-t'il ?
Rien, de l'aveu des Athées & des Déistes. Mais, diront-ils, vous vous pri-
vez de plusieurs satisfactions, en préférant à des biens présens un avenir incertain & douteux. Est-ce là un si grand
mal ? Nous avons, dans notre choix,
la satisfaction présente de nous conduire avec prudence & sagesse : car la prudence & la sagesse ne défendent pas de
préférer un grand intérêt quoiqu'incertain, à un petit intérêt quoique présent.
Elles veulent que dans le doute on prenne le parti le plus sûr. Ce sont-là des maximes dont les incrédules ne s'écartent
point dans les choses humaines. Combien de petits intérêts ne négligent-ils
pas, pour arriver à une place éminen-
te où ils aspirent, & où peut-être ils
ne parviendront jamais ? Lorsqu'il s'a-
git de leur santé, de leur fortune, ou
même de leurs plaisirs, suivent-ils le
parti le moins sûr & le plus douteux ?
Or quel intérêt plus grand qu'un bon-

heur , ou un malheur éternel ? Pour arriver à l'un , & pour éviter l'autre , lequel des deux syftêmes , du leur ou du nôtre , eft le parti le plus fûr ?

Mais il eft tems de me rendre à l'empreffement que vous avez d'en venir à la Révélation. Il n'y a qu'une lumiere fi pure qui foit capable de diffiper toutes les ténébres que les fens , l'imagination , & les paffions s'efforcent de répandre fur les idées naturelles.

*Fin de la premiere Partie.*

www.ingramcontent.com/pod-product-compliance
Lightning Source LLC
Chambersburg PA
CBHW070759030726
47504CB00003B/610